山东体育学院·人文社会科学研究文库

高校体育公共服务有效供给研究

王　芹　著

山东大学出版社

图书在版编目(CIP)数据

高校体育公共服务有效供给研究/王芹著.—济南：山东大学出版社，2015.12

ISBN 978-7-5607-5451-2

Ⅰ.①高… Ⅱ.①王… Ⅲ.①高等学校－体育－社会服务－研究－中国 Ⅳ.①G807.4

中国版本图书馆 CIP 数据核字(2015)第 321083 号

责任策划：刘旭东
责任编辑：傅 侃 王文珺
封面设计：张 荔

出版发行：山东大学出版社
社 址 山东省济南市山大南路 20 号
邮 编 250100
电 话 市场部(0531)88364466
经 销：山东省新华书店
印 刷：泰安金彩印务有限公司
规 格：720 毫米×1000 毫米 1/16
13.25 印张 243 千字
版 次：2015 年 12 月第 1 版
印 次：2015 年 12 月第 1 次印刷
定 价：30.00 元

目　录

第一章　导　论

第一节　问题的提出

长期以来，政府部门一直是我国体育公共服务供给的绝对主体。在公民体育公共需求不断增长的情况下，“政府包办”的单中心体育公共服务供给日益凸显其不足，体育公共资源不足、供给总量不足、供给结构失衡、供给方式简单、供给制度缺位等问题使体育行政部门的体育公共服务供给日益显得力不从心，单中心的体育公共服务供给已不能满足公民多样化的体育公共服务需求。

提供体育公共服务是政府的责任，必须有政府介入，但却并不一定必须由政府直接生产，也不应由政府直接包办。2002 年《中共中央国务院关于进一步加强和改进新时期体育工作的意见》提出，体育行政部门要把工作重点转移到贯彻国家体育方针，研究体育事业发展规划，制定体育行业政策，加强管理和提供服务上来，要构建起面向大众的多元的体育服务系统。2006 年，《体育事业“十一五”规划》指出要明确政府在发展体育事业中的基本责任，强化政府的政策规划和公共服务职能，充分调动社会各界兴办体育事业的积极性，强化体育行政部门制订发展规划、加强宏观调控、完善规章制度、提供公共服务、维护行业秩序的职能。可见，传统的政府单中心体育公共服务已经不能适应现代社会的发展，构建多中心、多元化的体育公共服务供给体系，已经成为体育公共服务有效开展的必然选择。

体育公共服务的实现形式与手段应是多样的，其所依托的组织机构也应是多元的。提供体育公共服务的机构既可以是公共行政机构，即正式的政府机构，也可以是专门的公共服务机构（在我国被称作事业单位），如公立学校等。在我国，高等学校（指大学、独立设置的学院和高等专科学校，其中包括高等职业学校和成人高等学校，以后简称高校）在不同程度上使用了公共资金、公共资源以及公共权力。高校属非政府的公共组织，是具有非营利性特点的专门的公共服务机构，在一定情况下可以成为体育公共服务的供给主体之一。

现阶段，我国高校系统拥有相对丰富的体育信息、场地、科技以及人才等资源，为高校提供体育公共服务奠定了强有力的人力、物力、信息及组织等基础。然而高校许多体育公共资源一直以来与社会发展较难产生深刻的联系，在体育公共服务的大环境下尚未较好充分利用自身体育资源。如何利用好学校体育资源为社会提供服务已成为我国体育、教育等部门考虑的重要议题。为使学校体育资源更好地为社会提供服务，促进学校体育资源开发利用，在全国7个省(市)开展学校体育场馆向社会开放试点工作的基础上，2006年10月国家体育总局、教育部联合下发了《关于印发〈全国学校体育场馆向社会开放试点工作方案〉的通知》，拉开了学校参与体育服务的序幕。通知要求各省(区、市)在抓好开放工作的同时，积极探索和建立公共体育场馆向广大学生开放的办法和机制，成立由体育、教育、安保、社区等部门参加的领导小组和工作小组，全面负责本省(区、市)和试点区工作的开展，加强组织协调，加强对开放工作的研究和政策研究。为此，许多高校开始了体育场馆等资源的社会共享尝试。体育场馆资源的对外开放只是高校提供体育服务的一部分，随着高校提供场馆设施服务的不断发展以及公民体育公共需求的不断提高，寻求有效利用高校体育公共资源促进公民体育公共利益实现的机制显得越来越重要。

本书正是基于体育公共服务多中心、多元化发展的需要以及有效利用高校体育公共资源促进公民体育公共利益实现的需要而进行研究的。尽管目前关于高校体育社会服务的研究较多，但从公共服务的角度对高校提供体育公共服务的理论分析及运行机制研究还极少。对于高校为什么提供体育公共服务，能不能提供体育公共服务，应为谁提供体育公共服务，提供什么样的体育公共服务以及怎样提供体育公共服务等问题，目前尚极少有人做出较有力的论证，而这正是本书的着眼点所在。

第二节　研究的依据

一、构建社会主义和谐社会的需要

党的十七大报告明确指出："科学发展、社会和谐是发展中国特色社会主义的基本要求。"党的十六届六中全会《中共中央关于构建社会主义和谐社会若干重大问题的决定》中明确提出了民主法治、公平正义、诚信友爱、安定有序、人与自然和谐相处的总要求，为推进社会主义和谐社会建设指明了方向。社会和谐之本是人的全面发展，良好的身体素质则是人全面发展的基础。随着经济与社会的迅猛发展，人们的生活水平逐渐提高，体育锻炼也逐渐成为人们生活方式的重要组成部分，社会对体育资源的需求逐渐提高到更高的水平。然而长期以来，城乡居民在参与体育活动方面存在许多客观的问题，如缺少时间、精力不足、缺乏场地（馆）、经费欠缺、不懂体育锻炼方法等，这些问题严重制约了全民健身计划的推行，对构建社会主义和谐社会造成了不利影响。① 高校体育公共服务则可以提高现有高校体育资源在课余时间特别是节假日中的使用效率，在一定程度上缓解和弥补社会体育资源在场地、人力和信息等方面的不足，满足社会公民对各种体育资源的需求，对推动全民健身，提高国民身体素质和促进人的全面发展具有极为重要的现实意义。

和谐的社会离不开和谐的校园，高校体育公共服务是构建和谐校园的重要内容和手段。高校就像一个小型的社会，将要步入社会的高校大学生是承载社会高期望值的特殊群体，每个大学生都肩负着构建和谐校园的责任，肩负着构建和谐社会的使命感和责任感。高校体育公共服务对于高校校园的安定团结以及大学生的全面发展则具有重要作用，对构建和谐校园具有重要意义。

二、高等教育职能发挥的需要

人才培养、科学研究和社会服务是高等教育的三大职能。人才培养是高等教育的重要职能之一，在高等院校全面推进素质教育，是造就数以亿计的高素质劳动者、数以千计的专门人才和一大批拔尖的创新人才的有力保证。21 世纪要求年轻一代要有较高的道德水准，而且在智育、体育、美育和劳动方面都要有较高的素质。在这样的时代背景下，我们必须重视当代大学生的素质教育，促进大学生的全面发展。然而，2000 年全国学生体质监测结果显示，我国学生体质健康状况喜忧参半。学生体能素质全面下降、肺活量指标继续下降、肥胖学生明显增多，大学生体育基础差、意识淡薄、锻炼习惯未养成，教师现有知识结构滞后等多方面问题制约着学生身心健康的发展。造成这些问题的原因是多方面的，但与高校体育服务跟不上学生的需求发展必然有一定联系。高校体育寻求新的发展出路，促进大学生的全面发展，已成为现代教育体制和培养目标对高校体育的要求，高校体育公共服务正是高校体育发展的新出路，可以为大学生的全面发展提供丰富的教育内容和手段。

服务社会是高等教育的出发点和落脚点。《国家中长期教育改革和发展规划纲要》指出，高校应增强社会服务能力，“要牢固树立主动为社会服务的意识，

① 参见张永保、周学荣：《和谐社会进程中高校体育社会服务的必要性》，载《体育文化导刊》2007 年第 12 期。

全方位开展服务，鼓励师生开展志愿服务”[①]。高校体育公共服务则为高校发挥自身服务职能提供了一个平台，为师生展开志愿服务提供了更多机会。

三、实现体育强国的需要

2008 年 9 月 29 日，在北京奥运会、残奥会总结表彰大会上，胡锦涛同志提出了进一步推动我国由体育大国向体育强国迈进的奋斗目标，为新时期体育事业的发展指明了方向。[②] 为促进体育强国梦想的实现，2009 年，国务院制定并实施《全民健身条例》，对学校组织学生参加校内外体育活动提出了明确要求，要求学校保证学生在校期间每天参加 1 小时的体育活动，在课余时间和节假日向学生开放体育设施等。高校体育公共服务的有效开展作为全民健身活动的有力实践，是实现体育强国的重要环节，也是我国由体育大国向体育强国迈进的重要基础。

四、大众体育可持续发展的需要

当今全球范围内，强调可持续发展的观念已得到各国政府及社会各界人士的普遍认同，可持续发展已经成为我国各行各业发展战略的主导思想。大众体育必须走可持续发展道路是全人类的需要。人口膨胀、资源短缺、环境恶化、人口老龄化严重等问题，使现代各国在加大人口投资的同时，也将加大对体育的投资作为治本的决策，体育保健养生逐渐成为减少老年人口对国家绝对压力的系统工程之一。在我国，改革开放以来，人民生活水平不断提高，人们在满足基本的生存资料需要后，更加关注自己的身体健康，积极参加各种体育健身活动，对体育场地等的需要也日益增长。随着体育产业的发展，近几年经营性的体育场地不断增加，但相对于居民较低的体育消费水平，收费较高的各种体育健身场地服务，使普通大众望而却步。人们到高消费体育场地健身的次数有限，而更倾向于接受收费低廉的公益性体育场地的服务。因此，在目前我国人民群众不断增长的体育需求与有限的社会体育资源之间的矛盾还很突出的情况下，大力开展群众性体育活动，走可持续发展道路，不断提高人民群众的身体素质，是体育工作的根本目标，也是促进人的全面发展的重要手段。2002 年，《中共中央国务院关于进一步加强和改进新时期体育工作的意见》提出要构建起面向大众的多元的体育服务系统。2006 年，《体育事业“十一五”规划》中提出：“明确政府在发展

---

① 《国家中长期教育改革和发展规划纲要》，新华网：2010 年 7 月 29 日。

② 参见刘鹏：《在 2009 年全国体育局长会议上的讲话》，http://www.sports.cn，2009 年 1 月 20 日。

体育事业中的基本责任，强化政府的政策规划和公共服务职能，充分调动社会各界兴办体育事业的积极性”，“强化体育行政部门制定发展规划、加强宏观调控、完善规章制度、提供公共服务、维护行业秩序的职能”。可以看出，更好地提供体育服务，寻求更多体育资源已成为大众体育可持续发展的重要条件。

随着学校体育场馆等提供社会服务工作的不断发展，寻求发挥学校，尤其是高校其他体育资源优势提供体育服务的途径显得越来越重要。高校开展体育公共服务作为多种体育资源向公共服务开放的重要途径，既是盘活高校体育公共资源的需要，也是大众体育可持续发展的需要。

第三节　国内外相关研究综述

近年来，国内外一些学者在公共服务、体育服务、公共体育服务（体育公共服务）方面，在高校体育社会服务与高校体育公共服务方面，在发达国家公共服务模式及发达国家体育公共服务等方面进行了卓有成效的研究，取得了可喜的研究成果。随着我国体育公共服务的发展，相关研究成果越来越多，但由于个人获取资料的多种限制，现仅将部分成果介绍如下：

一、国内相关研究综述

（一）基于公共服务的体育公共服务供给

1. 基于公共服务的体育公共服务供给的主客体

肖林鹏等人从社会实践活动的视角对公共服务的主体与客体的构成要素进行了分析，他们认为，公共组织是公共服务的提供主体，是直接参与公共服务提供或生产的实体。公共组织主要负责管理社会公共事务、协调社会公共利益，并不断提高和改进社会公共福利。[①] 从广义上讲，凡是不以营利为目的，以提高公共利益为宗旨服务于社会大众的组织都属于公共组织。我国公共组织较多，主要包括政府部门、公益性企、事业单位、民间公益性组织、社会中介组织与社会自治组织等公共部门机构载体。我国公共服务提供过程中，政府发挥主导作用，但政府并不是唯一的提供者，公共服务并非全部由政府来提供。[②] 据研究，公共服务的客体，即服务对象，是全体公民。公共服务的目的在于满足广大公民的公共需求。广大公民的公共需求可以分为个人需求和公共需求。所谓“公共需求”，

---

① 参见肖林鹏、李宗浩、杨晓晨：《公共体育服务概念及其理论分析》，载《天津体育学院学报》2007年第2期。

② 参见刘熙瑞：《中国公共管理》，党校出版社2005年版，第65页。

是人类社会共同面临的生产与生活需求，是实现公民个人需求的重要前提条件。[①] 因此，公共服务应该是广大公民所共同需求的，是能够使广大公民获益的某种直接需求。正如卢映川等人认为的，公共服务的目的在于满足公民最基本、最直接的需求。在现实生活中，公民最基本、最直接需求往往受多方面因素影响，在不同的时代显示出不同的特点，由公民所处社会的经济发展水平、社会文化背景、公民的价值取向、政治经济体制等多种因素决定。[②]

公共服务体系是政府为保障公民基本权利的制度安排，是现代文明社会的基本标志，也是现代社会全面、协调和可持续发展的基础。体育公共服务是以政府为主导的多元化供给主体为满足全体社会成员体育需求而提供体育公共产品的过程，[③]体育公共服务体系是公共服务体系的子系统之一，也是公共服务体系的重要组成部分。体育公共服务作为公共服务的重要组成部分，与公共服务具有相似的供给主体，主要包括政府和体育行政部门、准政府组织、非政府组织、企业以及个人等，其中非政府组织主要有体育社团、体育基金会、民办非企业体育单位等。[④] 与公共服务相似，尽管主要由政府提供体育公共服务，但政府并不是唯一的提供者。对于体育公共服务的客体，我国《宪法》和《体育法》都明确规定，国家发展体育运动或体育事业，开展群众性的体育活动，以增强人民体质，提高民族素质。尽管无论我国《宪法》还是《体育法》，都不曾明确规定公民的体育权利，从而使体育权利仍归于推定权利，但公民体育权利具有基本权利的属性。[⑤]因此广大享有体育权利的公民是体育公共服务的客体，任何公民都应依法享有平等的体育运动权利和义务。

2. 基于公共服务的体育公共服务模式

“我国的公共需求正处于由消费型向发展型升级的关键时期，而现行的政府模式与这一趋势很难适应。”[⑥]提供社会公共服务是服务型政府的重要职责，公共服务应当由政府来提供，但并不意味着政府是公共服务唯一的提供者。很多公共服务可以由其他公共组织提供。政府部门不一定是直接的公共物品生产者，而更应该是规则和制度的制定者和执行的监管者。[⑦] 非营利组织的出现为

① 参见中国(海南)改革发展研究院:《聚焦中国公共服务体制》，中国经济出版社 2006 年版，第 66、333 页。

② 参见卢映川、万鹏飞:《创新公共服务的组织与管理》，人民出版社 2007 年版，第 37 页。

③ 参见范冬云:《广州市大众体育公共服务研究》，上海体育学院博士学位论文，2011 年。

④ 参见肖林鹏:《我国公共体育服务供给的基本问题》，载《体育文化导刊》2008 年第 1 期。

⑤ 参见张振龙、于善旭、郭锐:《体育权利的基本问题》，载《体育学刊》2008 年第 2 期。

⑥ 迟福林:《政府转型与改革攻坚》，中国经济出版社 2005 年版，第 2 页。

⑦ 参见咸台灵:《中国政党政府与市场》，经济日报出版社 2002 年版，第 226～228 页。

打破公共物品的政府垄断提供了可能，承担了部分政府部门提供公共服务的职能，进而形成“政府——市场——社会”共同提供公共服务的多中心服务供给的模式。在该模式中，志愿型供给模式是非营利组织提供公共服务的重要形式，是以自愿贡献的方式提供或生产公共服务，志愿型供给模式以志愿求公益，是政府供给与市场供给以外的一种公共服务供给模式，对政府供给与市场供给是一种有益的补充。[①]

体育公共服务作为公共服务的重要内容和任务，有研究认为其供给方式也将由政府单一中心供给模式逐渐向“政府——市场——社会”的多中心、多元化供给的供给模式转变。据研究，公共体育服务的供给方式是公共体育服务提供过程中所采用的方法与途径等的总称。[②] 公共体育服务的供给方式主要有政府供给、市场供给以及志愿供给等。其中，政府供给分为政府直接供给和政府间接供给两种方式。市场供给是指采用市场机制供给体育公共服务，随着我国市场机制逐渐在体育事业中发挥作用，政府逐渐将体育事业纳入市场经济轨道，用市场规律和市场机制不断规范体育活动。志愿供给是个人或社会团体以志愿贡献的方式供给体育公共服务，是除政府供给和市场供给以外的体育公共服务供给方式，供给者往往在自愿的基础上向社会捐赠，或以公益彩票等形式无偿或部分无偿地筹措资金以提供体育公共服务。目前，志愿型模式在欧美国家比较盛行，往往有无偿捐赠公益事业、志愿服务以及非营利目的的收费服务三种志愿方式。[③]

3.公共体育服务的内容

由于公共体育需求多种多样，必然要求公共组织也相应提供丰富多样的公共体育服务内容。根据公共体育服务的表现形式，公共体育服务的内容可分为：①基础性的公共体育服务，如提供公共体育场馆、公共图书馆等；②制度性的公共体育服务，主要包括提供有关体育的法律、行政法规和相应的规章制度、国家体育发展战略规划等；③信息性的社会公共体育服务，如普及科学健身知识和锻炼方法、面向公众的体育科研；④政策性的公共体育服务，如提供体育制度、方案与策略等。我国公共体育服务的供给主体必须充分认识到我国公共体育服务内

---

① 参见唐娟、曹富国：《公共服务供给的多元模式分析》，载《华中师范大学学报》(人文社会科学版)2004年第2期。

② 参见唐娟、曹富国：《公共服务供给的多元模式分析》，载《华中师范大学学报》(人文社会科学版)2004年第2期。

③ 参见于嘉：《我国公共服务多元化供给模式的构建》，载《黑河学刊》2005年第6期。

容的多样性，采取灵活多样的手段保证公共体育服务的供给。[①]

（二）体育公共服务的困境

据研究，目前我国体育公共服务（公共体育服务）存在诸多薄弱环节，亟待改善，主要包括以下几个方面：

1. 供给主体单一

有研究认为，长期以来，公共需求的全面快速增长与公共产品的供应不足已经成为我国经济社会发展中面临的主要矛盾。[②] 在体育公共服务方面，我国体育行政部门一直是供给的绝对主体。在集权决策过程中，公共体育资源的配置往往依赖决策者们的偏好。长期以来，在公共体育需求不断增长的情况下，以政府为中心的单中心体育公共服务供给已不能满足公民的多样化、多层次体育公共需求，并制约了有关体育组织的活力。由于体育行政部门长期将竞技体育成绩作为体育工作的重要考核标准，逐渐形成了非意愿选择下的竞技体育产品过分供给，从而使其他体育公共服务内容的供给显得更加力不从心。[③]

2. 供给对象有限

政府包办式的公共体育服务供给毕竟有限，这必然导致能够享受到政府供给的公共体育服务的对象也有限。由于我国社会体育指导员缺口较大，人均分配数量不足，即使公共体育部门大量投入人、财、物来提高公共体育服务水平，在短时间内也难以满足广大人民群众的公共体育服务需求，况且广大公民的公共体育期望仍在不断增长，对增加或开放体育场地（馆）、提供科学的健身指导以及增加体育活动经费等方面的期望也在日益增高。[④]

3. 供给总量不足，投入不足，场地设施不足

据研究，当前我国公共体育服务部门存在“缺位”“错位”“越位”等现象。长期以来，诸多不足没有得到有效的控制或弥补，社会民间资本不能较好地介入公共体育领域，使公共体育产品或服务的供给与公共体育需求之间的矛盾加深，公共体育产品的供给与公民的公共体育需求严重脱离，也使部分公共体育服务的供给成为无效供给。因此，在原有公共体育服务总量不足的情况下，又出现有效供给总量不足的新困境。[⑤] 据李建国的研究，体育公共服务的投入存在严重不

---

① 参见唐娟、曹富国：《公共服务供给的多元模式分析》，载《华中师范大学学报》（人文社会科学版）2004 年第 2 期。

② 参见丁元竹、江汛清：《社会公共服务供给与社会管理体制安排》，载《理论与现代化》2006 年第 5 期。

③ 参见郇昌店、肖林鹏：《公共体育服务均等化初探》，载《体育文化导刊》2008 年第 2 期。

④ 参见肖林鹏等：《论我国公共体育服务的供给困境》，载《山东体育学院学报》2008 年第 8 期。

⑤ 参见郇昌店、肖林鹏：《公共体育服务均等化初探》，载《体育文化导刊》2008 年第 2 期。

足的问题，主要表现在国家对体育公共服务事业的拨款投入严重不足和社区体育服务等基本保障性公共体育产品供给和服务太少两个方面。这在一定程度影响了体育事业的发展进程。他认为，由于体育公共服务或产品的总量不足，日益增加的公民体育需求与严重不足的体育公共服务供给形成了体育事业发展过程中的一大矛盾。①

据研究，除供给总量与资金投入不足以外，公共体育场地设施也存在严重不足的问题。据第五次全国场地普查结果，我国体育场地总数量有 85 万，总面积达到 13.2 亿平方米。然而，从每万人拥有的体育场地数量情况来看，我国每万人仅仅拥有 6.58 个体育场地，而美国、日本等发达国家每万人则拥有 200 多个体育场地，这两组数字相差很大。从人均拥有的体育场地面积情况看，我国人均仅拥有 1 平方多米，美国人均拥有的体育场地面积则是我国的 16 倍之多。从现有场地的质量看，我国现有的体育场地设施大多质量不高，比较简陋。从体育社会组织在公共体育服务供给中的作用来看，目前我国体育社会组织在体育公共服务过程中发挥的作用还非常有限。据国家体育总局群体司的调查，在我国 26 个省、市、区，省级以下的各级体育社会团体有 53220 个，团体会员有 212959 个，个人会员有 8664455 人。体育社团的种类较多，包括项目体协、行业体协等 308 种，诸多体育社会团体在开展各类群众体育活动过程中，是具体的领导者和组织者。② 然而，由于其存在整体数量不足、官民二重性或缺乏规范管理等多种问题，在提供公共体育服务的过程中，并未起到应有的作用。③

4. 供给结构失衡，服务分配不均衡

据研究，公共体育服务供给的结构失衡主要包括物质性与非物质性供给失衡、经济性与公共性供给失衡。主要表现在：①在有些地区，国家与社会注重资金投入与物质基础建设，但往往忽视人员队伍、信息宣传、制度建设等方面的“软环境”建设。②在部分体育事业单位的改制过程中存在过度“私有化”的现象，致使许多国有资产流失，使大量公共性体育服务成为人们必须交费才能获得的“经济性”体育服务。③政府投资与社会投资的比例也存在失衡的现象。长期以来，我国在体育事业发展方面存在“重竞技，轻社会”“重赛事，轻健身”的现象，从而导致有限的体育公共服务产品或服务的分配存在严重的不均衡。如：我国大量优质体育资源被用于竞技体育方面优秀运动员的培养，而青少年的体育活动却

---

① 参见李建国：《体育强国的基础——体育公共服务体系建设》，载《体育科研》2009 年第 4 期。

② 参见王才兴等：《构建完善的体育公共服务体系》，载《体育科研》2008 年第 2 期；张馨：《公共财政论纲》，经济科学出版社 1999 年版，第 34 页。

③ 参见肖林鹏等：《论我国公共体育服务的供给困境》，载《山东体育学院学报》2008 年第 8 期。

总是被忽视，直到近几年青少年体质问题凸显以后，该问题才开始被纳入议事日程，但纳入议事日程之后的青少年体育活动开展情况也值得深思。在群众性体育投入方面也存在重视节庆与赛事活动而轻视日常健身活动，重视体育爱好者而轻视一般人群的现象，且弱势群体的体育公共服务也存在严重不足。[①]

5. 供给方式较少[②]

所谓体育公共服务的供给方式，是体育公共服务供给过程中所采用的途径和方法的总称。目前，我国大量的公共体育资源主要由各级政府机构掌控，政府的管制往往多于服务，长期延续着“自上而下”的关系。因此，我国体育公共服务的供给方式一直以政府供给为主。尽管有各级民间体育组织，但一般都是名义上的，大多数仅仅是政府事业单位或只是“挂牌”的民间体育组织。政府通过财政拨款、专项资助、授权委托、购买等方式与民间体育组织合作提供体育公共服务，但实质上并没有依法赋予民间体育组织提供体育公共服务的相应职能。体育公共服务的另外一种供给方式是市场机制供给，在该模式中，政府一般通过招标采购、合约出租、特许经营、政府参股等形式，将政府承担的部分体育公共服务职能转交给市场主体进行供给。然而，由于目前我国市场体系并未十分完善，市场机制形式在供给公共体育服务的过程中必然会有些许不规范，因此，体育公共服务的供给方式还需要进一步丰富和完善。

6. 供给制度不健全，运作机制不完善

据有关资料显示，公共体育服务的相关制度尚不完善，无法保证公共体育服务的有效供给。尤其是公共体育服务的监督制度、激励制度、评价制度还相当不完善，对政府公共体育服务工作的绩效评价更是无从着手。除此此外，我国现有的公共体育服务制度并未完全摆脱计划经济时期的范式，如受计划经济管理方式的影响，权力过度集中而难以实施跨行政部门的系统管理。正是由于制度的不完善，有一部分体育事业单位运用体制与制度的缺陷，无偿利用国有资产或资源开展有偿服务以创收营利。[③] 总的来讲，目前我国体育事业的政府行为与体育社会化的大趋势仍然存在较严重的矛盾，体育事业的发展仍以政府行为为主，一直没有形成依托社会来办体育的运行机制，在大多数情况下，所有者、委托人以及监管者的职能是不明确的。这在很大程度上阻碍了公共体育服务的有效提供，公共体育服务部门长期存在“错位”与“缺位”的现象。

从专家学者的研究可以看出，体育公共服务存在的诸多问题与困境正阻碍

---

① 参见李建国:《体育强国的基础——体育公共服务体系建设》，载《体育科研》2009 年第 4 期。

② 参见肖林鹏等:《论我国公共体育服务的供给困境》，载《山东体育学院学报》2008 年第 8 期。

③ 参见肖林鹏等:《论我国公共体育服务的供给困境》，载《山东体育学院学报》2008 年第 8 期。

我国体育公共服务的发展，寻求解决之道的任务迫在眉睫。

(三)学校、家庭、社会整体教育网络

1.学校在整体教育网络中的功能[①]

据赵琴的研究，由于学校是专门的教育机构，拥有自己特有的教育力量和独特的功能，因而成为学生成长的主要教育环境，也成为教育网络中不可替代的教育力量。学校在整体教育网络中具有多方面功能，主要有：

(1)重要的导向作用。学校在促进学生成长方面具有全面的导向作用，它通过严密的组织管理系统、专职的教育管理人员、科学的教育活动安排、完备的教育方式方法以及浓郁的校园文化环境对学生的全面发展起主要作用，在思想、政治、道德方面，在价值观、思维方式等方面，在提高学生的身心健康方面发挥着全面的导向作用。

(2)较强的组织与协调能力。此功能尤其体现在促进学生社会化的过程中。在该过程中，学校主要通过集体教育促进学生的全面发展，以完成政府与社会的委托，培养社会所需的人才，这既是学校教育工作的特色，又是学校教育工作的优势。由于集体教育既有外在的教育影响力，同时又有内在的自我教育内驱力，从而可以克服家庭教育过程与社会教育过程中的不足。正因如此，学校既可以主动协调家庭教育与社会教育的关系，又可以更好地指导家庭教育和社会教育，使家庭教育与社会教育的社会化和现代化更加趋于完善，从而形成学校教育—家庭教育—社会教育的整体教育网。

(3)促进发展功能。在整体的社会教育网络中，学校教育与家庭教育及社会教育密切联系，可以不断从家庭和社会教育中吸取经验和教训，并不断完善自己。另一方面，学校教育又可以在社会文化建设中起到重要的骨干作用，发挥高层次文化中心的作用。也就是说：学校教育一方面在发展和提升社区文化方面发挥着重要作用；另一方面，学校教育又顺应着学校教育社会化的大方向发展。

正因如此，学校教育应充分发挥其固有的文化与教育功能，不仅要积极传递文化知识与精神传统，创造与发展校园文化，还要担负起引导社区文化以及升华社区文化内涵的重任。学校教育应不仅仅在校园内对学生进行规范的教育和引导，还要承担社区文化发展的重要任务，积极主动地配合各种教育力量，并与各种社会文化机构进行合作，对社区成员的价值观施以积极有效的影响。毫无疑问，学校教育在完成全面提升学生素质、培养学生成长成才以及促进社会文化建设等方面承担着十分重大的责任。

然而，学校对于人的全面素质的培养，毕竟是众多影响学生成长因素之中的

---

① 参见赵琴：《学校教育与家庭社会教育》，广东高等教育出版社2000年版，第210页。

一个，对学生的影响是有限的。在社会科学技术日新月异、人们的生存方式多元化、生活水平不断提高的今天，在终生教育从理论变为现实，并且迅速发展的现代社会，培养人的任务已经不可能完全由学校来完成。学校只是承担这种任务的主要机构，除了正规学校之外，尚需要其他方面与学校共同承担，正规的学校教育必须与其他的社会教育形式相结合，才能较好地承担起培养人的责任。

2.社会在整体教育网络中的功能[①]

相对于学校教育和家庭教育而言，社会教育是指学校和家庭之外的社会组织、团体和文化部门对学生直接或间接地进行的各种教育活动，它包括社区教育、大众传媒教育和校外教育。

(1)社区的教育功能。社区是社会学中一个从空间形式反映人们社会生活的概念，是和一定地域相联系的社会共同体。社区居民则有共同利益，面临着共同的社会问题，有联合的行动。从教育角度看，社区教育功能主要体现在对学生的熏陶和感染作用，即学生的个性、兴趣、爱好受社区文化的影响而造成明显差异。另外，社区对教育事业有服务和促进作用，且具有强烈的认同感和参与意识，把教育的发展真正当成与社会利益密切相关的事。社区利用各种舆论宣传途径，形成良好的教育氛围，帮助学校改善办学条件，积极配合学校教育、家庭教育，净化和优化青少年成长的社区环境，为学生提供良好的生活、学习和课外文娱活动的场所和社会实践的场所，并对青少年实行综合治理，预防犯罪并教育挽救失足青少年等。

(2)大众传媒的教育功能。人们把所有用于大众传播的媒介，都称为“大众传媒”。大众传媒的积极功能首先体现在为学校提供大量的新信息，成为课堂教学和学校教育的有机部分上。其次，它体现在向学生提供行为规范，加速学生社会化的过程中。所谓“社会化”，是指个体掌握社会行为规范、准则，并使之内化为个人行为方式的过程。社会文化的教化是通过文化传播实现的，大众传媒充满了一切时间和空间，其规模之庞大，信息之密集，几乎网罗了人们的所有视听感觉，是个体社会化的最强有力的工具。它向人们提供大量的社会信息，不仅影响着人们的社会心理取向和价值取向，而且向人们提供行为规范，控制其社会活动。一个人接受文化传播的影响越多，他的社会化过程就越快，其社会化程度就越高。学生社会化过程加速的明显表现是：对自己所任角色的社会意义意识强烈并渴求全面发展自己的个性，与同伴交往的能力日益加强。

(3)校外教育功能。校外教育是与校内教育相对应的概念，主要是通过青少年活动中心、少年宫或科技馆、业余体校、图书馆等专门的社会教育机构来实施

① 参见赵琴：《学校教育与家庭社会教育》，广东高等教育出版社2000年版，第216页。

的。其特点主要有多能性、自为性以及创造性。在专门的校外教育机构里，有专门的领导和辅导员，较为完善的设备以及专门的活动场地。校外教育的主要特点是引导青少年参加各种有趣的、灵活多样的活动，其目的是培养学生兴趣、爱好和特长，训练学生的实践能力，促进学生的个性发展。学生根据自己的兴趣特征自觉自愿地参加活动，自己选择活动的主体，确定活动的内容，无须权威者的监督和强迫，在活动的全过程都有所作为，而不是亦步亦趋地跟在别人后面。学生参加校外活动，一方面要复习巩固已学的科学知识，另一方面是拓宽知识，进行实践训练，通过训练发展独立获取知识的能力。这打破了课堂教学内容固定、死板、呆滞、单调的局面，有利于学生进行创新、开拓和发展。

3. 学校对社区建设的作用

学校一般可以从三个方面组织学生参加社区服务：①帮助社区内的服务对象排忧解难；②敦请学生家长关心、参与社区服务；③推动街道、居委会研究和改善社区服务工作，如 1959 年印度建立的 CMS 计划。城市蒙台梭利学校的改革计划，注重学生的优秀学业和良好情感精神，提出全面教育学生的“服务”原则，鼓励学生把所学到的知识、价值和得到的训练应用到所参与的服务计划中。学校要求每一个学生必须进行一定数量的学校和社区服务，如指导文盲等。又如日本推行的“学社融合”计划——将正规学习与非正规学习相结合的计划。日本文部省认为，今后的终生学习社会不仅仅是学校和学校外教育在分担作用上的联携，而且要相互重组，相互融合。为实施“学社融合”计划，他们提出了一些具体设想，如聘请社会上具有丰富职业经验和素质能力者作为中小学的特别临时讲师；学校设施向地区社会开放；把青年之家和少年自然之家作为学校教育的一环；加强学校教师与青少年教育设施指导者的合作，共同制订计划，积极指导青少年的实践活动；开展充分利用图书馆、博物馆等社会教育设施和人才的地区居民社会教育活动。在地区开展各种生活体验、社会体验和自然体验活动，培养青少年的生存能力；地区代表和家长参加学校的开放型教育教学与管理经营；运用计算机网络等先进手段促进“学社融合”，等等。这个计划以学校和社会共同负责、相互作用为前提，重在促进学校与社会的密切合作，明确青少年的学习场所不单是学校，学校以外的各种活动也是重要的学习机会和学习场所，要发挥最佳的教育作用，真正实现期望的“学社融合”计划目标。

现代教育的发展要求学校必须跳出校园的范围，由封闭式教育模式向开放式教育格局转变。在学校、家庭、社会整体教育网络中，学校为社会的进步、家庭的幸福服务，社会和家庭参与学校的教育改革工作和学生的教育工作。这是学校、家庭和社会互动共进、和谐发展的一种重要机制。

4.学校、家庭、社会整体教育网络的功能[①]

学校教育、家庭教育以及社会教育在整体教育网络中各有重点，相互联系，分别具有不可替代和不可估量的作用，三者共同形成的大教育系统则具有大教育功能、大教学功能以及大文化功能。

(1)大教育功能。学校教育、家庭教育、社会教育三位一体，构成一个开放的整体教育网络。社会是大学校，学校是小社会，而家庭是学生的生活场所，是社会的细胞，三者相互补充、相互依存、相互不能缺少、相互不能替代，这从根本上打破了封闭的传统教育模式，使各方面的教育相互融合，形成纵横交错、彼此协调的开放教育系统。

(2)大教学功能。社区与学校的多重关系实质上表现为教育社会功能和社会教育功能的相互辐射、渗透和反馈。社区不仅有教育功能，还有教学功能。社区大教学系统的形成，强化了校内外教学资源共享和互补的功能，使学校教学有源头活水，教学内容更加丰富，教学实效得以提高。

(3)大文化功能。校园文化、家庭文化、社区文化以及社区企事业文化既有各自的特点，又融会贯通，形成大文化功能。社区文化是社区群体的生活状态，是社区群体整个的人造环境。它的融合，优化了教育的大环境，有助于陶冶学生的思想情操，提高学生的政治素质。

(四)高校体育社会服务

1.高等教育服务职能

《中华人民共和国高等教育法》(以下简称《高等教育法》)第六十八条明确指出，“高等学校是指大学、独立设置的学院和高等专科学校，其中包括高等职业学校和成人高等学校”；第三十一条规定，高等学校应当以培养人才为中心，开展教学科学研究和社会服务，保证教育教学质量达到国家规定的标准”；第三十五条规定，“高等学校根据自身条件，自主开展科学研究、技术开发和社会服务”；第十二条规定，“国家鼓励高等学校之间、高等学校与科学研究机构以及企业事业组织之间开展协作，实行优势互补，提高教育资源的使用效益”。国家鼓励高等学校同企业事业组织、社会团体及其他社会组织在科学研究、技术开发和推广等方面进行多种形式的合作。由此可以看出，高等教育的三大职能为教学、科研与社会服务，三者缺一不可。国家鼓励高等学校同企事业组织、社会团体及其他社会组织在科学研究、技术开发和推广等方面进行多种形式的合作，目的在于有效利用现有教育资源，达到优势互补，共同服务社会。故高等教育的教学与科研，是高校为社会提供服务的手段与基础，服务社会才是高等教育的出发点和落脚点。

---

① 参见赵琴：《学校教育与家庭社会教育》，广东高等教育出版社2000年版，第221页。

2. 高校体育社会服务的相关概念

社会服务、高校社会服务以及高校体育社会服务有着密切的联系，服务社会是三者共同的服务目的。不仅如此，根据张永保等人的研究，三者基本概念的界定内涵及外延也存在许多共通之处。高校体育社会服务是高校社会服务和社会服务的重要组成部分，更确切地说，高校体育社会服务是直接社会服务与高校直接社会服务的重要组成部分（见表 1-1）。

表 1-1　　高校体育社会服务相关概念

名称	基本概念	广义	狭义
社会服务	一般指为社会需求提供相关服务	①间接社会服务：指通过第三者，即不是利用现有的事物在当时、当地为社会需求提供服务 ②直接社会服务：指不通过第三者，即利用现有的事物在当时、当地为社会需求提供服务	直接社会服务
高校社会服务	社会服务的组成部分	①高校间接社会服务 ②高校直接社会服务 具体指高校培养高级专门人才、开展科学研究和直接为社会服务的三大职能	高校直接社会服务（高校利用现有资源直接为社会服务）
高校体育社会服务	高校社会服务的组成部分	社会服务是以体育为主的，包括体育物质设施、人力、余暇时间和信息资源等较为广泛的服务内容；社会服务是在不影响正常学校体育工作的前提下进行，即学校“以教学为中心”的地位不能改变	

3. 高校体育社会服务的可行性、意义及内容

据张永保等人的研究，高校体育场馆设施、人力和信息等资源相对丰富是高校体育社会服务的物质基础，高校体育资源时有闲置，为高校体育社会服务提供了重要前提条件。目前，我国社会体育资源比较匮乏，这为高校体育社会服务提供广阔的需求环境。相关政策法规的制定与实施为高校体育社会服务提供了有力的政策法规依据，学校领导及广大师生的积极态度以及服务意识的提高则为高校体育社会服务提供了重要的思想保障，高校在体育管理及地理位置等方面的优势更是为高校体育社会服务提供了便利的条件。正因如此，在不影响高校正常体育教学的情况下，在具备一定的条件时，高校可以在当时、当地向社会提供以体育为主要服务内容的各种服务活动。

高校体育社会服务对发挥高校服务职能推进全民健身计划具有重要意义。2002 年 7 月 22 日，国务院下发的《关于进一步加强和改进新时期体育工作的意

见》把"大力推进全民健身计划,构建多元化体育服务体系",提高全民族身体素质摆在了突出位置。[①] 而高校体育在我国体育事业中具有重要位置,高校的体育人才和物质优势理应在全民健身中占有重要地位。因此,挖掘高校体育优势,发展高校体育公共服务,可以培养大批主动参与体育的体育人口,为社会提供全民健身的倡导者、组织者和指导员,可以充分发挥高校的辐射功能和带动作用,使高校成为体育公共服务的供给主体之一,全面推进全民健身计划的实施。另一方面,服务社会是高等教育的出发点和落脚点,发展高校体育公共服务是发挥高校服务职能的重要内容和途径。

根据尹杰与邹婷的研究,高校体育服务的内容有体育教学服务、课余体育服务以及高校体育环境服务。体育教学服务包括课前准备服务、课中教学服务以及课后追踪服务。课余体育服务包括咨询服务和指导培训服务,其中指导培训的主要内容主要有:①学校作息制度规定内的体育活动指导培训服务,如早操和课间操。②个人体育锻炼与训练指导培训服务。③全校性的体育节、体育周活动指导培训服务。④校外体育活动指导培训服务。服务的重点放在前期预测服务方面。高校体育环境服务包括硬件服务和软件服务。硬件服务主要有体育场馆、场地、器材设备的提供与维护服务,软件服务包括高校体育文化服务和严格规范的制度服务。[②]

由此可以看出,发挥高校体育资源优势对于促进全民健身的实施,实现高校服务社会的职能具有重要意义,是高校增强社会服务职能、满足人民基本体育需求的重要途径之一。

(五)高校体育公共服务

1.高校体育公共服务存在的问题

张立方对上海市高校体育公共服务情况进行调查研究后发现:①上海市高校体育资源丰富,对外开放处于较高的水平,部分高校引入市场机制,基本上实现了"以馆养馆,自我滚动"的良性发展模式;②校外居民对高校体育公共服务的满意度低于在校大学生,对体育指导服务的满意度最低,高校体育人力资源优势有待进一步的开发;③居民与高校体育机构和组织之间的互动较少,对高校体育公共服务的参与度较低,高校体育公共服务机制需要创新。出现以上情况的原因主要在于:①高校体育公共服务首先是面向在校学生,以满足学生的需要为工作目标,高校体育部门与学生之间的互动较多,容易忽视与其他服务对象的互

① 参见《中共中央国务院关于进一步加强和改进新时期体育工作的意见》,载2002年8月22日《中国体育报》。

② 参见尹杰、邹婷:《对高校体育服务内容的探讨》,载《湖北体育科技》2007年第5期。

动。②在计划经济体制下形成的部门式管理体制，使体育公共服务的提供者与生产者往往忽视群众的需求和声音，只是从领导者的判断出发进行决策。③我国体育社会组织数量少、功能不全、力量薄弱，导致居民对体育公共服务的参与缺少组织依托。[①]

2.高校体育公共服务的发展策略

张立方的研究提出了高校体育公共服务的发展策略，为本书研究提供了有益的帮助。他认为，高校体育公共服务的发展应从三方面着手：

(1)创新服务机制，扩大高校体育公共服务。高校拥有比较充足的体育资源，而且体育资源的使用具有阶段性的特点。高校每年有三个月的寒暑假，在这期间，体育场馆设施的利用率很低。如何有效整合学校的体育公共资源，提高大学体育公共资源的效能，激发健康投资和消费，成为高校体育公共服务面临的一个新的课题。高校可以通过广泛宣传、提供价格优惠等方式，向社会推广公共服务。高校应该创新服务平台，提高服务水平，实现科学管理，降低运营成本。如上海电机学院体育公共服务数字平台的建设，极大地提高了高校体育公共资源的利用效率。

(2)遵循以人为本的服务理念，把让群众满意作为体育公共服务的立足点。在公共利益居于主导地位的前提下，高校应该搭建公开、便捷、透明的平台，积极回应公民的各种诉求，建立有效的民主参与决策机制和公众反应机制。在具体方案解决的过程中应以公平、公正和民主的原则处理相关问题，构建亲民、便民、利民的高校体育公共服务体系。

(3)建立高校与社区之间的体育资源共享机制。在多元化体育公共服务体系的构建中，高校应加强与社区之间的沟通和交流，从各自的条件出发，在场地及体育人才上形成资源共享，高校可以利用其体育人才优势为社区提供指导和咨询服务，条件好的社区也可以为高校提供设施和场地，与高校形成优势互补。高校与社区之间应该建立行之有效的对话沟通平台。高校在健身内容的选择上，要考虑到社区体育的特点，听取社区居民的体育诉求，选择适合社区不同群体的项目，实现高校体育与社区体育的一体化，最大限度地满足社区居民的体育健身需求。[②]

---

① 参见张立方：《高校体育公共服务问题实证研究》，载《长春师范学院学报》(自然科学版)2013年第5期。

② 参见张立方：《高校体育公共服务问题实证研究》，载《长春师范学院学报》(自然科学版)2013年第5期。

3.高校体育公共服务体系建设

据李建国的研究，单位体育资源、社会体育资源、自然体育资源向公共服务开放是当前我国体育公共服务体系建设的重点之一。“共建平台，共享资源”是当前我国公共服务的基本模式。在体育资源紧缺的情况下，如何挖掘已有资源潜力，开发新的体育资源，成为提升体育公共服务品质的当务之急。当前，做好单位体育资源、社会体育资源、自然体育资源向公共服务开放的工作，可大大缓解体育公共服务的资源压力。[①] 因此，高校体育公共服务及其体系的建设对缓解我国体育公共服务资源压力具有重要意义。

正因为此，有学者提出构建大学城体育公共服务体系，认为大学城体育公共服务体系应整合高校体育资源，对高校体育公共资源进行统筹、组织、协调、配置，向高校大学生和高校周边社区居民提供基本的体育公共服务或产品，以促进实现大学生与社区居民的体育权利。[②] 也有学者提出构建大学体育公共服务体系平台和高校体育资源公共服务体系，并对高校体育公共服务体系建立的可行性及实现高校体育资源优化配置的途径进行了论述。其认为，随着生活水平的日益提高，体育的健康价值受到更多的重视，高校体育应面向全体学生及社会开展体育健康服务，从过去单纯的无偿服务逐渐转变为部分有偿服务，从而拓宽服务范围，促进体育发展的多样化及多层次需要。关于高校体育公共服务体系，诸学者主要有以下几个方面的观点：

(1)高校作为智力源、信息源基地，应为社会提供高品质健康资本。利用体育这一载体，开发学生的竞争意识、参与意识以及协调意识，提高及改善大学生的体质与健康水平，并不断服务于社会。

(2)高校应提高人力资本的投资效率，形成终生健身网络体系。健康的身体主要靠实践行为来创造和维护。大学生处于人生经历的青春期，生理机能全面成熟且精力旺盛，有较高层次的知识水平和较强的抽象思维能力。高校应加强体育文化知识、科学锻炼身体的方法和体育价值观念的传播，增强健身方法的培训，让越来越多的大学生通过培训掌握科学的健身方法，从而逐渐提高人力资本的投资效率，促进全民健身社会化。

(3)应普及全民健身，优化学校体育服务的内涵。学校教育是培养人的社会活动，通过个体传递社会生产及生活经验，促进个体身心发展以使个体社会化。因此，现代社会不仅要从生命的延续方面考查和评价人类健康，更重要的是要从社会学的角度以及人的精神生活着手，使人们获得身体与社会的全面健康，以享

---

① 参见李建国:《体育强国的基础——体育公共服务体系建设》，载《体育科研》2009 年第 4 期。

② 参见黄晨曦、张宏成:《江苏大学城体育服务体系构建设想》，载《体育文化导刊》2008 年第 12 期。

受丰富多彩的人生。[①]

(4)影响大学体育公共服务体系实施的因素很多，如观念制约因素、体制约束因素、机制匮乏因素以及资源配置不合理因素，等等。诸学者一致认为，提高体育师资服务意识及加强服务内涵是高校体育融入全民健身计划的关键，是发展大众体育和培养体育人力资本的新活力。[②]

总之，高校有得天独厚的人力、技术和场馆优势，可以高校为依托，向社会开放场馆，利用人力和技术资源帮助社区组织、管理以及指导群众体育锻炼，提高体育师资的服务意识，优化体育服务的内涵，从而推动全民健身发展，并采取合作共建等方式，相互联系，相互渗透，提高体育资源的共享水平。根据高校体育发展，可形成体质监测与评价系统、健康与心理咨询系统、健身与康复指导系统、运动训练与培训系统以及健身俱乐部活动指导系统，开展健身产业的运作与开发。

二、国外相关研究综述

(一)国外公共服务模式

1. 美国的公共服务模式[③]

美国的公共服务供给模式经历了一系列过程，总体上看，它由最初的政府单一模式转变到政府委托授权、撤资(即政府由供给转变为管制)以及政府淡出三种形式(此三种形式依据公共服务自身的特点与市场的配合度确定，见表 1-2)。美国著名学者莱斯特·萨拉蒙教授 20 世纪 80 年代的研究表明，美国社区内的公共事业服务主要包括社会服务、雇用服务、培训服务、住房与社区发展服务、健康服务以及艺术与文化服务等。据其研究，在美国，39％的服务是由政府直接提供，42％的服务由非营利组织提供，19％的服务由营利组织提供。自从里根政府以后，美国公共服务的供给在很大程度上引进了私人部门的成功经验，逐步扩大私人部门的参与程度与范围，为增加公共服务的供给主体提供了良好的外部环境。不同利益群体的出现为满足公民需求提供了更多的解决途径，提高了公共服务质量。此时，政府已经不再是唯一的公共服务供给者了。

---

① 参见陈颖川、吉建秋：《大学体育公共服务体系平台的构建》，载《中国体育科技》2002 年第 11 期；黄瑞霞：《普通高校体育资源公共服务体系的构建》，载《福建体育科技》2004 年第 1 期。

② 参见黄晨曦、张宏成：《江苏大学城体育服务体系构建设想》，载《体育文化导刊》2008 年第 12 期。

③ 参见邹晓东：《从公共服务的政府垄断到多元化供给——面向新公共管理的政府管制研究》，复旦大学博士学位论文，2007 年。

表 1-2　　　　公共服务的三种模式

形式	内容
委托授权	委托授权是民营化的最常用方式，又称为部分民营化，要求政府持续而积极地介入，因为国家依然承担全部责任，只不过把实际生产活动委托给民营部门。委托授权通常有合同承包、特许权交易、补贴（补助或凭单）、法律授权等形式
撤资	撤资意味着放弃一个企业、某一职能或某一资产，被撤资对象经常被“非国有化”或“私有化”来取代，具体形式包括建立合资企业、将企业出售给私人机构、出售股份给公众或管理者（雇员）、无偿赠与及清算等形式
政府淡出	政府淡出是一种消极和间接的过程，在这个过程中政府逐渐被民营部门取代。政府淡出的一个重要条件就是政府不断放松管制，引入民营部门在某些领域与国有企业和政府行为进行竞争，通过挑战政府垄断权甚至取而代之，最终实现民营化

通过权力下放与引进竞争机制，美国公共服务由原来的政府单一供给转变为州政府、地方政府、私营组织、非盈利组织共同参与供给的局面，从而减轻了政府的财政负担，公共服务的质量也因此而显著提高。与此同时，政府对公务员的管制也有所放松。之前严格的官僚制对公务员的活动空间具有极大的束缚作用，使公务员的个人能力不能很好地发挥，更不利于提供较高质量的公共服务，故放松管制无疑对提高公共服务的质量具有重要的作用。信息技术的发展同样对改善政府的管理技术产生了极大的影响，并加快了政府自身的改革速度，加大了政府改革的力度，使美国提供高效的公共服务、满足社会需要的可能性大大增加。然而，政府权力的下放、公共服务供给的多元化以及效率的提高也往往会带来一定的负面影响，如公平性的降低以及管理的失控等。尽管如此，与美国公民享受到的质优价廉的公共服务相比较，诸多成本也就可以理解并被人们乐于接受了。

2. 英国的公共服务模式

二战后，英国传统的自由竞争体系遭到很大危机，由英国所主导的世界经济秩序也不复存在。由于英国国内传统竞争的弊端，其公共服务的供给出现明显短缺，导致公共服务的价格居高不下。为改善这种状况，在英国工党的领导下，英国开始了大规模的国有化运动，对各主要产业普遍推行国有化，使其由国家控制和所有，尤其是在交通、能源、通信等最主要的公共服务领域。然而，随着时间的推移，英国国有企业由于管理水平落后、缺少营利性目标以及缺乏必要的激励机制，普遍存在财务状况不理想的问题。为此，英国政府曾尝试加强控制与协调，但最终由于企业自身管理限制等方面的原因，诸多措施的收效甚微。自 20

世纪 80 年代撒切尔夫人领导的新政府上台后，她提出了一系列国有企业私有化方案，以解决英国经济发展停滞的问题，即：解决原国有企业中国有企业管理董事会、政府部长及议会之间的相互控制与制约的关系。

为减轻政府财政担保压力，英国政府借鉴美国电信产业放松管制政策，采取“缩减政府边界”(Rolling Back the Frontiers of the State)的政策，对基础设施产业实行出售国有企业股票的形式进行私有化。私有化政策主要采取三种形式：其一是出售国有资产；其二是放松政策管制，以打破国家垄断产业的格局，取消新企业进入产业的行政法规壁垒，使其在出售国有资产和不出售国有资产的情况下均可以实现；其三是在不涉及资产所有权转移的情况下，通过特许投标、合同承包等方式鼓励私人部门提供可市场化的产品或服务。[①] 当然，英国私有化过程中也存在一定的问题，英国政府仅仅关注打破“进入壁垒”，而没有及时建立相应的竞争机制，这容易导致长期经济效益的缺失。政府在没有完成设计适宜的竞争和管制政策措施以前就急于加速私有化，尽管取得了短期的政治优势，但却丧失了长期提高经济效益的潜力，此种状况不得不引起重视和警惕。

3. 新西兰、澳大利亚及欧洲国家公共服务模式的转变[②]

新西兰、澳大利亚以及英国可以说是新公共管理改革最迅速、最系统、最全面和最激进的国家。新西兰与澳大利亚旧的公共行政传统以管制经济和政府部门统一供给公共服务为主，两国家于 20 世纪 70 年代末到 80 年代初陆续开始对传统行政进行改革，在公共部门引入了私人部门的管理方式，在部分公共服务事业引入市场机制。两个国家的公共服务改革几乎涉及所有的公共部门，并涉及公共部门的组织、过程、角色以及文化等方方面面，其具体措施主要包括结构变革、分权化、商业化、公司化以及私有化等。

欧洲大陆各国(德国、法国、荷兰、瑞典等)的行政改革也具有“新公共管理”的特点。20 世纪 70 年代末到 90 年代初，德国进行了非连续性、渐进性和零碎性的行政改革，其基本内容主要有调整公共服务事业、减少公共服务人员、降低公共人事开支、调整公共组织结构等。欧洲大陆各国的许多政策与英、美两国的“新公共管理”模式具有相似点，如产出与结果的控制，项目预算与绩效的评价，康采恩式的权责划分，以及将责任委托给商业部门等。

世界各国公共服务供给模式的变革，一般都是伴随着政府的行政改革进行

---

① 参见邹晓东：《从公共服务的政府垄断到多元化供给——面向新公共管理的政府管制研究》，复旦大学博士学位论文，2007 年。

② 参见邹晓东：《从公共服务的政府垄断到多元化供给——面向新公共管理的政府管制研究》，复旦大学博士学位论文，2007 年。

的，与英、美等国都具有一定的相似性，大多是通过放松管制、部分事业私有化以及恰当地引入市场机制等途径展开，以便提高公共服务供给的效率以及降低政府的成本开支，我国公共服务的发展也有相似的特点。李军鹏认为，我国政府公共服务模式应具有中国特色，应“以社会性公共服务支出为主体”，重点建立“科教优先”的公共财政模式，即以科教开支为主导，兼顾转移支付，具有“广覆盖、低水平、兼顾公平与效率”以及“多中心治理”的特点。①

“他山之石可以攻玉。”国外公共服务状况与我国公共服务在不同时期均有不同程度的相似之处，国外公共服务所采取的诸多措施对于我国公共服务乃至体育公共服务的发展都可以提供有益的借鉴。

(二)发达国家体育公共服务体系建设

李建国对发达国家的公共体育设施建设、体育服务组织建设以及体育科技服务建设进行了较详尽的阐述，其研究表明：①发达国家的体育公共服务投入多用于公共体育设施的建设，而且以社区体育设施建设为主；②发达国家注重多层次体育设施的平衡以及设施服务品质的提高；③发达国家大多采用政府购买和委托管理的方式提供体育公共服务；④发达国家拥有大量优质的社会体育服务组织，大致可分为管理型组织、指导型组织以及活动型组织等。政府在扶持社会体育服务组织的同时，也会加强对其监督与管理，以确保社会体育服务组织按规定实施服务计划、供给体育公共服务；⑤发达国家的体育公共服务注重科学技术的应用，如一般都设有长期的体育公共服务政策研究，并有科研机构以及高校长期参与到体育公共服务中。②

据陈丛刊的研究，英国公共体育服务供给体系以社区需求为导向，确保公共体育政策制定、投资和公共体育服务的供给。其体系的各构成部分通过仔细的计划、联合思考和有力的宣传来配置资源，为公共体育服务的供给增添价值。该研究对英国公共体育服务的供给体系构成、资金投入、绩效评估以及基本特征进行了归纳和总结③：

1. 英国体育公共服务体系的主要构成

英国体育公共服务体系由国家层面的伙伴、区域层面的伙伴、郡体育伙伴、社区体育网络构成。①国家层面的伙伴主要包括政府部门和国家机关、特殊的专业实体、独立信托机构、会员组织和国家体育管理组织。②区域层面伙伴即区

---

① 参见李军鹏：《政府公共服务模式的国际比较与中国的对策》，载唐铁汉、袁曙宏主编：《公共服务创新：首届中欧政府管理高层论坛论文集》，国家行政学院出版社 2004 年版，第 237～242 页。

② 参见李建国：《体育强国的基础——体育公共服务体系建设》，载《体育科研》2009 年第 4 期。

③ 参见陈丛刊等：《英国公共体育服务供给体系建设的经验与启示》，载《成都体育学院学报》2012 年第 1 期。

域体育董事会，他们在使国家体育政策契合不同区域经济、社会发展的外部环境方面起着主导作用，同时，负责支持健康、教育、社会再造、空间规划和经济发展等部门的区域伙伴执行国家的公共体育政策。③郡体育伙伴是一些在郡区域内致力于为人们提供高质量的公共体育服务的供给机构的联合。④社区体育网络，是由提供体育和积极休闲活动的组织或机构组成的地方性网络，负责确认地方优先的公共体育服务供给领域和提升当地公民参与体育运动的程度。

为了使公共体育服务的供给获得英国体育框架的结果和“国家公共服务协议”的目标，公共体育服务供给者之间通常会进行有效合作。

2.英国体育公共服务的资金投入

英国对体育公共服务的投入主要来自彩票公益金和国库金的投入。其中，“体育英格兰”负责群众公共体育服务供给体系的投资，资金主要由国家投资委员会和全国的九个区域体育理事会进行管理。国家伙伴、区域伙伴、郡体育伙伴以及社区体育网络一起根据调查统计的数据、对当地的了解以及供给工作的理解，确定资金投入的领域。

3.英国公共体育服务供给体系的绩效评估

在国家和区域层次，供给体系作为一个整体，根据两个公共服务协议的进程进行绩效管理。在亚区域层次，郡体育伙伴根据整个供给体系的关键评估指标设计当地社区的评估体系，同时要求以季度为基础报告年度供给计划。在地方层次，社区体育网络要以当地需求为基础，通过确认不同供给代理者和利益相关者的共同目标和行动制定供给计划。同时，社区体育网络的供给计划要以积极人口调查的数据为支撑，为社区体育网络提供当地体育和积极休闲参与者、自愿者的数目等关键信息，以此来确立体育参与目标、集中资源扩充参与机会。

4.英国体育公共服务供给体系的特征

英国公共体育服务供给体系的主要特征为目标明确，以公民需求为导向，整合或联合供给，主题投资思路，具有全面、清晰、科学的绩效评估体系。

综上可以看出，英国体育公共服务的供给对我国体育公共服务的发展具有较好的借鉴价值。其供给主体的多元化特征及服务供给的需求导向及其科学有效的绩效评估体系为本研究提供了有益的理论支持。从该研究中还可以看出，在英国的体育公共服务供给体系中，教育系统发挥着重要的作用，这对本研究的提出和深入开展具有重要的意义。

(三)国外高校体育服务

1.国外高校体育

日本和许多西方发达国家通常把培养大学生体育能力、发展个性、提高综合素质作为人才竞争的普遍观念。比如在美国，体育课程以发展学生的身体为目的，让学生在教师指导下向自觉学习的方向转化，并以此激发学生在创造力上的闪光点。[①] 在实施体育与健康教育结合的途径和方法方面，他们往往注重师生之间的互学互动和课外教育活动。[②] 日本强调让学生适当参加各种活动，培养强壮的身体，同时设法培养坚强的意志和提高身体素质。德国则主张将体育课中学到的东西运用到校外，使学生喜欢体育。这些情况与我国目前的高校体育状况都存在较大差异，诸多发达国家往往注重培养大学生的个性，探索激发其潜在的创造性，能较全面地提高学生的综合素质和其在未来社会中的竞争力与适应力。

日本和许多西方发达国家尤其重视学生在校外和社会体育工作中所取得的荣誉和地位。如美国近十几年来所推行的服务学习就是一种极好的体现，他们将学生的社会服务纳入教学课程，形成了管理大学生服务社会活动的有效的方式与措施，该措施对学生服务社会的最少时间有所规定，包括少于最少时间则不能取得相应学分及其他的硬性规定。日本也有类似关于学生服务社会的办法，许多高校在社区体育服务方面做了大量的工作。这些举措对提高学生的服务意识、服务能力以及适应能力都具有重要作用。

2.国外高校体育与社区的联系

在日本及西方发达国家，学校体育与社区体育有密切的联系，学校体育很多被有效地纳入了社会体系。综合诸多国家学校体育与社区的联系情况可以发现，体育俱乐部是学校体育与社区一体化的桥梁。据研究，日本80%以上的市、镇、村都有自己的体育俱乐部，葡萄牙、韩国、苏联以及东欧许多国家在发展群众体育过程中也逐渐转向了体育俱乐部。[③] 尤其是在德国，不仅平均有三分之一的公民拥有自己的专项体育俱乐部，学生课余体育也被纳入社区体育体系中。德国的校内学生除在学校参加体育活动外，一般也会积极参加社会体育组织，很多学生成为单项体育俱乐部成员；学校内的体育俱乐部往往也会与社会上的体育协会进行联盟，成为社会体育组织的重要组成部分。[④] 日本的群众体育活动也是以学校运动部和企业俱乐部为中心逐渐发展起来的。在1964年东京奥运会的影响与带动下，以社区为基础的体育少年团、游泳俱乐部以及妈妈排球俱乐

---

① 参见梁春：《走向完整的人——论高校体育功能的提升》，湖南师范大学硕士学位论文，2007年。

② 参见刘维明：《对中国和美国学校体育与健康教育的比较研究》，载《三峡大学学报》（人文社会科学版）2009年第A2期。

③ 参见中国群众体育调查课题组：《中国群众体育现状调查与研究》，北京体育大学出版社1998年，第201～211页。

④ 参见李海、董永项、闫华：《西方发达国家社区体育对我国高校体育社会化进程启示之研究》，载《西安体育学院学报》2002年第4期。

部等各类体育俱乐部陆续产生，体育活动的范围逐渐扩大。日本校内课余体育活动也是以俱乐部的形式开展，校内俱乐部有必修俱乐部和自由俱乐部两种，必修俱乐部是学生必须参加的，学生可以从艺术、体育、科学中选择一项；自由俱乐部是以学生为主体建立的，教师起重要的指导作用，两种俱乐部在培养学生的自主学习及组织能力方面具有重要意义。与德国相似，日本的部分校内体育俱乐部也是社会体育俱乐部的组成部分。①

学校与社区体育场地设施资源共享是欧美国家学校与社区密切联系的又一特征。许多欧美国家以“依托大众，服务大众”的社区理念，将社区体育设施向本社区和其他社区居民开放。在美国，有专门的社区体育中心为社区居民服务，这种专门的体育中心往往都有多功能的体育设施。除此以外，学校也是社区体育场地设施的重要力量。早在1927年，美国32个州就曾经通过法律规定学校的建筑可以被社区用作社区中心。英国政府于1982年也确立过类似的规定——“社区使用”计划，要求学校尽量广泛地向社区居民开放体育场地与设施。②

综合诸多资料可以发现，目前关于公共服务、体育公共服务以及高校体育社会服务的研究较多，但从公共服务的角度对高校提供体育公共服务的理论分析及运行机制的研究还极少，这正是本书研究的着眼点所在。

第四节 研究的主要内容

本书整体上按照提出问题、分析问题、解决问题的逻辑思路，从公共服务的视角，对高校体育公共服务的依据、高校体育公共服务的基本理论以及高校体育服务的现状进行了分析，对高校体育公共服务的有效供给进行了探索。本书主要分为导论、高校体育公共服务的依据、高校体育公共服务的理论分析、高校体育服务的供给现状分析、高校体育公共服务的有效供给、高校体育公共服务有效供给的对策及结论七个章节，各章节的大致内容如下：

第一章为导论，主要介绍了本研究的研究背景，对国内外相关研究文献进行了综述，并明确本研究的目的意义、研究内容、研究思路、研究对象与方法以及创新之处。

第二章从理论依据、政策法规依据以及现实依据方面对高校体育公共服务

① 参见程红义、戴俭慧、陆美琳：《试论学校在开展社区体育中的优势》，载《浙江体育科学》1998年第1期。

② 参见丁英俊、李海：《日本社区体育对我国高校体育社会化的启示》，载《湖州师范学院学报》2003年第6期。

的依据分别进行阐述。

第三章对高校体育公共服务的内涵与外延进行了界定,对相关概论进行了辨析,对高校体育公共服务的根本目标、服务对象与服务内容进行了分析,并提出了高校体育公共服务应遵循的基本原则与基本理念。

第四章对高校体育服务供给的主客体情况、供给内容及对不同人群的服务情况、场馆开放情况、影响公民接受高校体育公共服务的主客观影响因素、高校促进体育公共服务的措施与办法进行了描述和讨论,总体上对影响高校体育公共服务的因素进行了分析。

第五章分析了高校体育公共服务有效供给的服务内容体系与主体组成,明确了高校体育公共服务中提供者与生产者的责任以及高校体育公共服务有效供给的组织与管理,提出了高校体育公共服务的有效供给模式,即行政供给、市场化机制供给、自愿供给以及混合供给,并在此基础上,明确了高校体育公共服务有效供给应具备的重要条件,即体育人力资源的充分发挥,有效的政策支持,有效的监督、激励与评估机制以及相关体育法规体系的建立。

第六章对完善高校体育公共服务体系、提高高校体育公共服务质量提出了对策。

最后一章为结论,对全书的研究论述进行了总结。

第五节　研究目的与意义

一、研究目的

本书研究的目的是满足公民日益增长的体育需求,促进大学生的全面发展,构建多中心、多元化的高校体育公共服务供给体系。

二、研究意义

本书对丰富公共服务、体育公共服务以及高校体育等方面的理论研究成果,形成高校体育公共服务理论体系具有重要意义。

在目前体育公共服务逐渐成为关乎我国服务型政府建设的重要内容的情况下,探讨高校如何发挥自身体育资源优势对校内外公民提供有效的体育公共服务供给,对促进和谐社会的构建、高校职能的发挥具有重要意义,对体育强国的实现、大众体育的可持续发展以及对多中心、多元化体育公共服务供给体系的构建具有重要意义,对我国体育战略决策和政策的制定亦可提供重要依据。

第六节 研究对象与研究方法

一、研究对象

本书以高校体育公共服务为研究对象，以上海市和山东省部分高校的体育管理者、体育教师、教职工及其家属、校外公民为问卷调查对象，以北京大学、深圳大学、东南大学、西安交通大学、复旦大学、上海大学、上海理工大学、上海中医药大学、上海体育学院、山东师范大学、山东财经大学、山东轻工业学院、山东农业大学、山东体育学院等全国知名高校的部分体育管理者、体育教师以及大学生为访谈对象。

二、研究方法

（一）文献资料法

通过查阅近15年来大量与本课题相关的文献资料，了解本书的研究前沿信息，为本课题研究奠定深厚的理论基础。本研究通过网络期刊搜索到极具参考价值的文献资料1000多篇，其中以“公共服务”为关键词搜索到文献100余篇，以“体育公共服务”为关键词搜索到文献100余篇，以“大众体育”及“全民健身”为关键词搜索到文献300余篇，以“高校”及“体育服务”为关键词搜索到文献70余篇，以“高校”及“社会服务”为关键词搜索到250余篇，以“高校”及“公共服务”为关键词搜索到20余篇，并分别以“体育服务”“公共服务”“体育公共服务”以及“高校体育服务”为关键词搜索到硕博士论文30余篇；查阅研究报告200余篇，报纸、政府出版物、官方资料200余篇，从百度等搜索网站收集有关资料100余篇；查阅国外相关文献40余篇；查阅中外关于“公共服务”“服务学习”及“高校社会服务”等方面的论著或译著50余部。诸多文献资料涉及国家和地方政府对于体育及体育公共服务的相关政策文件，关于新公共服务理论、服务学习理论、组织理论等的理论研究，关于公共服务和体育服务的研究，关于体育公共服务的研究，关于高校体育社会服务和高校体育公共服务的研究，部分发达国家公共服务模式、体育公共服务及服务学习等方面的研究等。

（二）问卷调查法

1. 问卷的设计

在查阅大量文献，进行大量的实地考察与访谈后，综合相关专家、学者的观点，根据研究内容和目的，遵循社会科学研究方法，本书在研究过程中设计了两套高校体育管理者问卷、高校体育教师问卷、高校大学生问卷、高校教职工及其家属问卷、校外公民问卷，这些问卷在小范围内进行预调查和征求专家意见后进行了修订，修订后进行了效度和信度检验，在效度和信度都符合社会学研究要求后定稿。问卷的设计在导师吴瑛教授的指导下进行，曾征求刘伟教授、沈建华教授、吴贻刚教授等多位专家的建议，并就问卷中的有关问题进行了探讨。

2.问卷的发放与回收

2010 年 6～9 月，我们将定稿的问卷分别对复旦大学、上海大学、上海理工大学、上海中医药大学、上海体育学院、山东师范大学、山东财经大学、山东轻工业学院、山东农业大学、山东体育学院的部分体育管理者、体育教师、教职工及其家属、校外公民、校内大学生进行发放，发放与回收情况如表 1-3 所示。

表 1-3　　问卷发放、回收情况统计

问卷类别	实发卷数	回收卷数	有效卷数	回收率(%)	有效回收率(%)	可信度(R)
高校体育管理者卷一	10	10	10	100	100	/
高校体育管理者卷二	40	36	33	90.0	82.5	0.79
体育教师卷	250	234	213	93.6	85.2	0.73
教职工及其家属卷	200	200	180	100	90	0.76
高校大学生卷	1100	1080	1006	98.2	91.5	0.71
校外公民卷	250	250	228	100	91.2	0.74

3.问卷的效度、信度检验

采用开放式和封闭式专家效度法对问卷进行效度检验，以开放式方法请专家对问卷题项内容进行修改、删减或补充，以封闭式方法请 20 名相关专业的教授对问卷的结构效度和内容效度(内容的难易程度及针对性)进行了检验，表 1-4 显示，绝大部分专家认为问卷是有效的。信度检验采用了再测法，选择的问卷为体育管理者卷二(信度检验人数为 10)、校内教职工卷(信度检验人数为 20)、教职工家属卷(信度检验人数为 20)、学生卷(信度检验人数为 30)、校外公民卷(信度检验人数为 20)，前四类问卷在间隔 14 天后于山东体育学院重复发放进行信度检验，第五类间隔 14 天于山东师范大学重复发放进行信度检验，五类问卷的统计检验结果信度 R 值为 0.7～0.8(具体见表 1-3)，说明五类问卷表具有很好的信度，符合社会学研究方法要求。

表 1-4　　效度检验结果

		效 度(频数)				
		非常有效	有效	一般	不太有效	无效
高校体育管理者卷一	内容效度	0	17	3	0	0
	结构效度	0	18	2	0	0
高校体育管理者卷二	内容效度	0	18	2	0	0
	结构效度	0	18	2	0	0
体育教师卷	内容效度	0	17	3	0	0
	结构效度	0	18	2	0	0
大学生卷	内容效度	0	17	3	0	0
	结构效度	0	18	2	0	0
校内教职工卷	内容效度	0	17	3	0	0
	结构效度	0	18	2	0	0
校外公民卷	内容效度	0	19	1	0	0
	结构效度	0	18	2	0	0

(三)访谈法

在研究过程中，于 2008 年了解复旦大学、山东大学、北京大学、上海交大、西安交大、上海大学、东北大学、东南大学、深圳大学等学校体育工作开展的特色情况，收集一定资料与素材；于 2009 年 10 月～2010 年 1 月请教刘炜教授、沈建华教授、吴贻刚教授等专家学者进行访谈，为本研究提供支持；于 2010 年 3～6 月走访上海及山东部分高校和相关部门，对部分公共管理人员、高校体育管理者、体育教师及在校大学生就有关问题进行了访谈，为本研究论证内容的真实性与可靠性奠定了基础。

(四)逻辑分析法

分析、归纳、演绎、综合等方法是本研究的基本方法，本研究始终运用该方法对所获得的资料进行分析，以论证有关结论。

(五)数理统计法

运用 SPSS 17.0 和 EXCEL2003 对收集的数据进行了处理。

第二章　高校体育公共服务的依据

第一节　理论依据

一、新公共服务理论

以珍妮特·V.登哈特和罗伯特·B.登哈特为代表提出的新公共服务理论，是西方行政管理理论和实践的新发展，是在批判新公共管理理论的基础上出现的一种新的公共行政模式。其核心观念为：政府应注重服务、关注社区、以人为本。①

根据新公共服务理论，政府的职能是服务，而不是"掌舵"。公务员为当今社会生活和政治生活确定政策与规划，是许多不同集团和组织互动的结果，政府在公共服务过程中是一个参与者，它与私人的或非营利的团体和组织协同合作，寻求问题解决方案。我国体育公共服务的供给也需要"政府与私人的或非营利的团体和组织协同合作，寻求问题解决方案"，以构建多中心、多元化的体育公共服务供给体系。该体系的构建由政府负责，但并非由政府完全包办，其所依托的组织机构应是多元的，既可以是政府机构，也可以是专门的公共服务机构（在我国被称作事业单位）。② 高校正是这种专门的公共服务机构，一般由国家投资办学，具有不同程度的公共权力因素和公共资源因素，具有非营利性和公共性的特点。因此在现阶段，通过一定方式利用体育公共资源参与体育公共服务的生产，满足公民基本的、直接的体育需求，缓解体育公共服务的供给不足，可以说是高校的分内之事。

---

① 参见[美]珍妮特·V.登哈特、罗伯特·B.登哈特：《新公共服务：服务，而不是掌舵》，丁煌译，中国人民大学出版社2004年版，第40～41页。

② 参见卢映川、万鹏飞：《创新公共服务的组织与管理》，人民出版社2007年版，第259～260页。

新公共服务理论的核心观念是:政府应注重服务,关注社区,以人为本。政府在管理公共组织和执行公共政策时,公共行政人员应承担为公民服务和向公民放权的职责。公共行政人员的重要作用在于帮助公民表达和实现他们的共同利益,而不是试图控制或驾驭社会,其工作重点既不应是为政府这艘航船掌舵,也不应是为其划桨,而是建立一些明显具有完善整合力和回应力的公共机构。新公共服务理论认为公民权利至上,公民是拥有法律所规定的权利和义务的人。① 新公共服务所倡导的公务员扮演的角色在于为公民说话、创造平台,实现公共对话机制;帮助公民超越自身利益,发现公共利益;鼓励公民关注社会,关注社区的长期利益,为邻里和社区服务。也就是说,新公共服务试图实现的是在政府一公务员一公民之间建立一种社会的同一性关系,从而实现这三者作为一个整体交流的互动式畅通,并在这样交流畅通的前提下,实现社会整体的公平和公正,实现公民对社会生活的积极参与。② 高校在政府的委托下,面向全体公民提供体育公共服务,则可以成为一个有效的交流互动平台。

新公共服务理论认为:政府公共服务为公民服务而不是为顾客服务,公共服务的目标在于公民公共利益的实现。公共利益源于对共同价值准则的认同,而不是公民个体利益的简单相加。公共行政人员既要回应公民的要求,更要注重建立政府与公民之间以及公民与公民之间的信任与合作关系。因此,必须建立政府和公民之间互动合作的服务型政府,这就要求政府须从政府本位、官本位向社会本位、民本位转变,扩大决策的公民参与性。③ 体育公共服务亦应如此,公共利益亦是体育公共服务的最终目标,政府提供怎样的体育公共服务,怎样提供体育公共服务,应当事先听取公民的意见,将公民意愿作为第一价值取向,并建立了解民意、公民参与决策的渠道、规则及程序,不断完善公民参与机制,充分体现公民权。④ 这就要求体育公共服务的供给拥有良好的政府与公民互动机制,而高校的参与为此机制的创建提供了一个平台。

新公共服务理论认为,国家公务员对当今社会政策与规划的确定是不同集团与组织互动的结果。在我国传统的政治体制下,政府是提供公共服务的中心,这很容易出现公共服务低效供给或垄断。而在以政府为中心的公共服务提供过程中,政府是参与者之一,政府、私人组织以及非营利组织共同合作,寻求问题解

---

① 参见[美]珍妮特·V.登哈特、罗伯特·B.登哈特著:《新公共服务:服务,而不是掌舵》,丁煌译,中国人民大学出版社 2004 年版,第 40~41 页。

② 参见齐异:《在新公共管理与新公共服务之间》,载《南方论刊》2007 年第 2 期。

③ 参见黄艳:《新公共服务理论与我国服务型政府的构建》,载《党政干部论坛》2007 年第 6 期。

④ 参见储岳峰:《服务而非管制——新公共服务理论对中国建设服务型政府的借鉴》,载《辽宁行政学院学报》2008 年第 11 期。

决的方案。解决问题的过程往往是以公共机构、私人机构以及非营利机构结成联盟的形式进行。正因为此,借鉴其他国家公共服务成功经验,构建"多中心"公共服务供给模式,已经成为提高公共服务供给效率和水平的需要。成为弥补政府供给不足,降低政府财政负担的需要,也已成为满足社会公民多样化与个性化公共服务需求的需要。本书提出的高校体育公共服务恰是构建"多中心"体育公共服务供给体系的主要部分,其本质正是在于"服务"。

二、服务学习理论

(一)服务学习概述

服务学习(Service Learning)是近十几年来美国推行的一种提高学生知识技能的尝试,服务学习试图将服务社会与课程学习相结合,以促进学生知识技能的获得及能力的提高,并培养学生的社会责任感。[①] 1993 年,美国的服务行动(Service Action)对服务学习进行了界定,认为服务学习是通过学校与社会合作,将向社会提供服务与学校课程联系起来,使学生参与有组织的社会服务行动。学生在服务学习过程中,不仅可以满足社会的一定需求,还可以培养他们的社会责任感,提高他们与他人合作、分析问题及解决问题的能力。

美国许多服务学习的组织者和研究者都强调,服务学习与社区服务(Community Service)及志愿者行动(Volunteer Action)、课程实习、劳动服务教育有明显不同。[②] 这些不同不仅仅体现在概念、着眼点、核心、要素、作用等方面,依据服务学习与社区服务以及志愿者服务过程中服务与学习的关系,服务学习与其他服务形式的区别可窥一斑(见表 2-1、2-2)。从表 2-2 可以看出,志愿服务与社区服务与第二种形态更加相似,是以服务为主的;学校课程实习与第一种形态更相似,是以学习为主的;劳动服务教育与第三种形态更加相似,是纯粹的服务;服务学习则与第四种形态更加接近,其服务过程中,服务与学习是同等重要的,且服务与学习能够相互加强。因此,根据诸多学者对服务学习与社区服务等的研究可以看出:

(1)服务学习与社区服务的最大区别在于服务学习包含准备和反思的过程,而社区服务没有。[③] 或者说,服务学习与学校单纯社区服务的本质区别在于是否具有课程整合和反思的要素。

---

① 参见赵希斌、邹泓:《美国服务学习实践及研究综述》,载《比较教育研究》2001 年第 8 期。

② Meyers & Susan, "Service learning in alternative education settings," *Clearing House*, Nov/Dec1999, 73(2).

③ 参见赵希斌、邹泓:《美国服务学习实践及研究综述》,载《比较教育研究》2001 年第 8 期。

表 2-1　服务与学习关系的类型

内容名称	区别特点
课程实习	以学习为目标，服务成果不重要
志愿者服务、社区服务	以服务成果为主，学习目标不重要
劳动服务教育	服务与学习的目标之间没有关系
服务学习	服务与学习目标同等重要，所有服务与学习都重视目标的完成

表 2-2　服务学习的要素及对学生的作用

服务学习的要素	服务学习对学生的作用
学生积极主动的参与与学业课程的结合； 完善的组织和计划； 关注社会需要； 学校和社会的密切配合； 有效的反思； 应用知识和技能的机会； 扩展的学习机会； 关注社会、关心他人的情感培养	提高学业成绩、促进学生学校参与和学习的积极性； 加强社会责任感，培养"负责任的公民"； 提高学生的自尊和自信； 帮助学生确定将来的职业兴趣和方向

(2)其核心是否与课程产生较强的联系是服务学习、社区服务以及志愿者行动等的根本区别。社区服务与志愿者服务的核心都是服务，但与课程没有正式联系，尽管在服务过程中服务者在知识技能等方面也会有所提高或收获，但这并不是其最主要的目标，满足社区需要才是。服务学习则不同，其核心不是服务而是课程、服务与反思的结合，其课程整合与反思是社区服务与志愿者服务所没有或不及的。

(3)在服务学习的整个过程中，服务活动是经过精心组织的，是为满足社区实际需要的服务活动。服务学习有明确的学习目标，在服务学习过程中必须为学生提供经验性的学习体验，即将服务与学术性课程整合在一起，使学生在社区服务的过程中能够应用所学到的新知识，不断对服务活动和课程学习进行反思，以促使他们应用课堂中所学到的知识与技能，逐渐培养与增强他们的社会责任感和公民意识。①

可以看出，真正的服务学习是与课程紧密联系的，在服务学习过程中，课程学习没有被忽视而是有所增强。同时，服务学习课程必须符合社区真正的需要，结合课程知识、技能以及价值目标，并通过周密的计划与实施，以促进学生的学习和发展。

(二)服务学习在美国的实施与发展

自20世纪70年代起，公立学校中学生的需要、兴趣与课程之间的不协调越来越受到人们的关注，关于经验学习和社会服务的研究也因此越来越受到重视。1984至1997年间，美国参与服务学习的人数大大增加，参与服务学习的K-12(美国基础教育)学生从90万增长至1260万，其中，高中学生参加服务学习的比例从2%增加到25%。到1984年，全美已经有27%的高中提供某项服务课程，其中9%的学校提供了服务学习课程。据1999年美国教育统计中心的统计，到1999年美国64%的公立学校和83%的公立高中组织学生进行了社会服务活动。约有1/3的学校和1/2的公立高中制定了服务学习计划，服务学习的内容也涉及社会生活的方方面面。②

现在美国几乎每个州都开展服务学习，并为学生确定服务学习目标。许多地区大力提倡并管理该地区学生的服务学习计划及实施，也有一些州将服务学习作为教育改革的重要手段。2002年，费城确立了一项制度，即所有5年级和9年级的学生必须完成一项公民计划(如服务学习计划)才能够毕业，这项制度的确立为该城市服务学习的开展提供了有力的政策支持。除此以外，美国的很多州还成立了专门的服务学习监管机构，以负责服务学习的指导与评估，如马里兰学生服务联合会就是其中的一个监管机构。

第二节　政策法规依据

截至20世纪，高等教育的职能包括人才培养、科学研究和社会服务三大方面，这是世界高教理论界的共识，也是我国高教理论界的权威认识。高等教育的三大职能既是社会发展对高等教育的需要，也是高等教育自身发展的规律性体现。《高等教育法》第三十一条规定："高等学校应当以培养人才为中心，开展教学科学研究和社会服务。"第三十五条规定："高等学校根据自身条件，自主开展

① 参见李燕:《美国高等学校的服务学习研究》，浙江师范大学硕士学位论文，2006年。

② Shelley H. Billig, "Research on K-12 school-based service-learning," *Phi Delta Kappan*, May 2000, 81(9).

科学研究、技术开发和社会服务。国家鼓励高等学校同企业事业组织、社会团体及其他社会组织在科学研究、技术开发和推广等方面进行多种形式的合作。"就高校而言,社会服务职能体现为间接社会服务和直接社会服务,高校间接社会服务是指高校培养人才和进行科学研究,通过人才产品和科研成果为社会服务,高校直接社会服务是指高校利用现有资源直接为当时、当地的社会需求服务。[①]

国家鼓励包括高校在内的企事业单位根据自身条件直接为当时、当地的社会需求服务,尤其是直接为当时、当地的体育公共需求服务。《体育法》第四十二条规定:"国家鼓励企业事业组织和社会团体自筹资金发展体育事业,鼓励组织和个人对体育事业的捐赠和赞助。"《教育法》《体育法》明确规定:"学校及其他教育机构在不影响正常教育教学活动前提下,应当积极参加当地的社会公益活动","公共体育设施应当向社会开放,方便群众开展体育活动"。《全民健身计划纲要》《中共中央国务院关于进一步加强和改进新时期体育工作的意见》《公共文化体育设施条例》等也对学校体育场地开放提出相应要求,要求学校、机关、企事业单位的体育设施努力实现社会共享。许多地方政府也就学校体育场地对外开放进行了具体规定。为此,许多高校开始了以体育场地设施等体育公共资源直接提供社会服务的尝试。

高校体育公共服务也是实现公民权的重要途径之一。根据公民的基本权力规定及体育公共服务均等化要求,公民具有享受体育公共服务的平等权利。高校体育公共服务无疑对实现公民体育基本权利具有重要意义。2009 年,为进一步促进全民健身活动的开展,保障公民参加全民健身活动的权利,提高公民身体素质,国务院在总结实践经验的基础上制定了《全民健身条例》。《全民健身条例》的公布和实施为高校体育公共服务的开展提供了有利条件,对学校组织学生参加校内外体育活动提出了明确要求:学校应当根据学生的年龄、性别和体质状况,组织实施体育教学,开展广播体操、眼保健操等体育活动,指导学生的体育锻炼,提高学生的身体素质;应当保证学生在校期间每天参加 1 小时的体育活动,每学年至少举办一次全校性的运动会;有条件的,还可以有计划地组织学生参加远足、野营、体育夏(冬)令营等活动,要求学校在课余时间和节假日向学生开放体育设施。

综上所述,高校提供体育公共服务既是国家政策的要求,也是法律赋予的责任。

---

① 参见张永保等:《高校体育社会服务分析》,载《体育文化导刊》2008 年第 4 期。

第三节　现实依据

一、相对丰富的体育资源

高校具有相对丰富的体育资源，是高校提供体育公共服务的重要资源基础。

(一)体育场馆资源

截至 2003 年年底，全国体育场地的人均占有面积和标准场地种类分别为 1.03 平方米和 64 种①，而高校的相应数值分别为 2.70 平方米和 48 种②。就单个高校而言，其体育场馆的数量一般较大、质量和规格较高，塑胶田径场和风雨操场等较为常见。③ 本书所调查的 10 所高校拥有室内场馆的平均面积为 18717.80 平方米，室外场地面积为 74185.90 平方米，人均场地面积近 4.72 平方米，远远高于全国人均体育场地占有面积。诸高校大都拥有大型体育馆，人均室内场馆面积达到 0.95 平方米，能承担相关体育项目的各种级别比赛和文艺表演等活动。可见，许多高校在人均占有面积、种类和质量等方面具有相当的优势。

(二)体育人力资源

在我国，大多数高校设有专门的体育院系，部分没有体育院系的高校往往也有大量的体育教师，以保证高校体育课的顺利实施。高校体育教师的学历层次一般较高，普遍为本科及以上学历，而且其学科专业较全，有的体育教师还拥有较强的运动训练能力或体育科研能力。本书所调查 10 所高校的体育教师大都具有较高的业务水平。另外，设有体育院系的高校，其体育管理人员的业务水平相对较高，学生的专业水平往往也比较高；一些没有设置体育专业的高校，往往也会有较多的学生体育社团。调查的 10 所高校中，学生体育社团的平均数目达到 17 个，最多的达三十几个，多数高校成立了体育俱乐部，甚至有专门的体育志愿者组织。这些组织的成员一般为高校的体育骨干，大多不仅具有较高的体育运动能力，而且具有较高的健身指导水平。因此，高校体育人力资源在数量和质量上都有比较明显的优势。

(三)体育信息资源

不管是开展体育活动，还是发展体育事业，都需要大量的体育信息。关于个

① 参见张玉超:《我国体育场地建设现状与发展对策》，载《山东体育学院学报》2006 年第 3 期。

② 根据第五次全国体育场地普查数据统计。

③ 参见张永保、周学荣、席玉宝:《高校体育社会服务分析》，载《体育文化导刊》2008 年第 4 期。

人合理健身与科学训练、体育组织经营与管理、体育政策与法规以及体育赛事与发展动态方面的信息等都是被广泛需要的体育信息。高校体育普遍有多年的积累，具有相对丰富的体育教学、训练与组织经验，体育教师通常具有较丰富的体育基本理论知识和较强的实践能力，学校体育组织一般都有较强的管理经验，体育部门、体育社团及相关宣传部门对国家体育方针政策、体育发展动态以及体育赛事等信息掌握较为全面，可以通过课堂教学、学术讲座以及各种校园媒体等途径，对这些信息进行及时宣传和报道。所有这些都是其他行业群体，特别是社会公民很难及时了解或掌握的。据调查，这也正是社会公民、大学生以及校内教职工及其家属希望高校提供的信息咨询服务内容和体育信息内容，如表 2-3、表 2-4 所示。

表 2-3　不同人群希望高校提供的信息咨询服务内容（$N_{1,2,3}$＝1006，180，228）

内容 / 人群	提供体育报刊书籍资料（%）	开通健身服务热线电话（%）	可自学的网页（%）	提供开展体育活动的信息（%）	其他（%）
大学生（N_1）	45.2	28.8	39.4	45.2	6.9
教职工及其家属（N_2）	40.0	20.0	33.3	47.8	10.6
校外人员（N_3）	33.3	32.5	30.7	32	7.5

表 2-4　不同人群希望从高校获得的体育信息（$N_{1,2,3}$＝1006，180，228）

信息 / 人群	健身方法（%）	训练理论与实践知识（%）	体育政策与法规（%）	体育活动信息（%）	体育健身方法（%）	体育健康常识（%）	体育旅游信息（%）	竞技体育比赛信息（%）	专业运动训练知识（%）	大众健身活动信息（%）	场馆开放信息（%）	其他（%）
大学生（N_1）	57.4	37.4	14.1	24.2	43.5	59.3	33.6	18.4	21.9	29.1	28	0.9
教职工及其家属（N_2）	60.6	28.3	10.6	25.6	50.6	48.3	25.6	15.6	12.2	33.3	32.2	1.2
校外人员（N_3）	55.7	32.9	12.7	20.2	37.3	45.2	24.6	12.3	19.7	34.2	27.2	0

（四）高体育余暇时间资源

高校体育资源时有闲置的特点为高校体育公共服务提供了相对丰富的余暇

时间资源。高校每年有约三个月的寒暑假，这期间大多数学生离开校园，使多数体育场馆(地)设施基本处于闲置状态，体育教师和管理人员一般也比较清闲。即使在正常教学期间，也会有课余时间、双休日以及“国庆”等长假，此时体育场馆设施和人力资源也有相对空闲的时间。高校体育较为丰富的余暇时间，使高校在“以教学为中心”的原则不变的情况下向校外公民提供体育公共服务有了时间上的保障。

二、体育管理及地理位置优势

高校一般设有专门的体育管理部门和组织，以保障高校体育工作的顺利实施。尤其是在体育场馆资源管理方面，高校往往通过体育部门、后勤公司或物业公司等进行专门管理。① 被调查的 10 所高校一般都具有自己的场馆管理方式及有偿体育服务方式(如表 2-5 所示)。多数高校的场馆(地)管理较为规范，如上海大学设有专门的体育中心行政机构，有各类员工 36 人，下设一室、二部及三个校区管理部。各室部职责分明，办公室负责场馆中心日常行政事务，场馆部负责协调体育场馆运行管理，设备部负责各类体育设备器材维护管理，校区管理部负责各校区体育教学、训练、教职工的体育锻炼，场馆的对外开放与管理。高校相对完善的体育组织与管理，在很大程度上为高校体育公共服务提供了较为理想的基础保障。

表 2-5　　高校体育场馆(地)有偿体育服务的方式(N=10)

方式	学校统筹管理	向社会租赁经营	高校与社会合作经营	其他
频数	6	1	1	4

另外，我国高校多位于城市，周边人口密度相对较大。而社会个体、家庭、社会团体及行业群体等对体育的需求相对较高，尤其需要高校在余暇时间当时、当地提供体育公共服务。总之，高校在体育管理及地理位置等方面的特点为高校体育社会服务提供了更多的可能。

三、广泛的社会需求

由于社会体育资源的严重匮乏，高校体育公共服务被校内外公民广泛需求。随着社会经济的飞速发展以及生活水平的日益提高，“亚健康”现象已经成为困

① 参见张永保、席玉宝:《高等学校体育场地对外开放情况与经营管理方式研究》，载《四川体育科学》2007 年第 2 期。

扰广大校外公民的一大问题，高血压、高血脂等患者的数量逐年增加，诸多疾病开始呈现年轻化发展趋势，青壮年人群的患病比例增长速度惊人。校内学生包括高校大学生的体质也呈下降趋势，学生体重超标、肥胖率增加迅速、近视率逐年增加、肺活量以及耐力等指标呈逐年下降的趋势，甚至心理问题也逐渐增加。这种情况在近几年已经引起各界的反思和国家的高度重视。在对这种现象进行关注和反思的同时，社会各界也在积极寻求一种更加文明、更加健康、更加科学的生活方式。“健康第一”“终身体育”“花钱买健康”以及“生命在于运动”等新的观念和思想正逐步被人们所接受，并逐步促使人们变革传统的生活方式。[①] 在这种状况下，体育锻炼越来越成为人们改变传统生活方式的重要手段。然而据研究，到 2003 年年底，我国人均拥的体育场地面积仅仅是德国、意大利、日本等国家的 10%～20%。[②] 到 2004 年年底，我国人口与社会体育指导员的比例为 4843∶1，与日本 2000∶1 的比例差距还很大。除此以外，民众不懂体育锻炼方法的问题也客观存在。[③] 如表 2-6 所示，对于体育锻炼原理，许多高校大学生不清楚或很不清楚，仅 28.8%的大学生清楚或很清楚体育锻炼的基本原理。长期以来高校体育开展的效果，以及我国青少年体质下降的原因由此可窥见一斑。另外，许多教职工及其家属对体育锻炼原理不清楚或很不清楚，仅有 31.6%的教职工及其家属清楚或很清楚体育锻炼的基本原理；有 30.7%的校外公民对体育锻炼原理不清楚或很不清楚，有 24.5%的校外公民清楚或很清楚体育锻炼的基本原理，这也不能不令人深思。如表 2-7 所示，绝大多数调查对象表示希望或非常希望了解更多的科学健身知识。

表 2-6　不同人群对体育锻炼原理的了解情况（$N_{1,2,3}$＝1006，180，228）

了解情况 人群	很清楚（频数/百分比）	清楚（频数/百分比）	一般（频数/百分比）	不清楚（频数/百分比）	很不清楚（频数/百分比）
大学生（N_1）	41/4.1%	248/24.7%	548/54.5%	139/13.8%	30/3%
教职工及其家属（N_2）	4/2.2%	53/29.4%	96/53.3%	27/15.0%	0/0%
校外公民（N_3）	11/4.8%	45/19.7%	102/44.7%	64/28.1%	6/2.6%

① 参见谭琳、田雨普：《现代都市人体育生活方式形成动的社会学分析》，载《体育文化导刊》2007 年第 5 期。

② 参见国际大众体育信息数据库：《国外大众体育场地设施》，载 http://www.sportinfo.net.cn.

③ 参见孟森：《全面建设小康社会进程中高校体育功能的拓展》，载《武汉体育学院学报》2005 年第 7 期。

表 2-7　不同人群希望了解更多科学健身知识的情况($N_{1,2,3}$=1006,180,228)

期望情况 / 人群	非常希望（频数/百分比）	希望（频数/百分比）	一般（频数/百分比）	不希望（频数/百分比）	非常不希望（频数/百分比）
大学生(N_1)	197/19.6%	525/52.2%	248/24.7%	30/3%	6/0.6%
教职工及其家属(N_2)	35/19.4%	107/59.4%	34/18.9%	3/1.7%	1/.6%
校外公民(N_3)	37/16.2%	121/53.1%	59/25.9%	11/4.8%	0/0%

可见，社会体育资源的匮乏、青少年体质的下降、公民健身需求的增加以及科学健身知识需求的提高等，使得我国城乡居民对体育资源的需求程度越来越高，对高校体育公共服务的需求也会越来越高。

四、较高的重视程度

学校领导的重视及广大师生的积极态度是高校提供体育公共服务的重要条件。据调查，大多数高校领导重视高校体育活动的开展，在积极调动师生的积极性方面采取了有力措施，积极树立了服务学生健康的工作理念。如山东大学逐步实现了体育工作者由“组织管理者”向“组织服务者”的转变，通过强化体育工作者的服务意识，突破传统的工作方式，主动深入学生群体进行指导和辅导，让学生在各类体育活动中接受健身服务，逐渐培养其活动的兴趣；同时充分利用学校媒体，大力宣传和普及科学的教育观、人才观、健康观，营造鼓励广大学生主动参加体育锻炼的校园氛围。

另外，多数高校领导及师生赞同高校在不影响日常教学的情况下，与社会共享体育资源。随着学校体育场馆对外开放政策的出台，高校向社会公民开放场馆与体育服务的意识逐渐提高，为高校向社会公民提供体育公共服务提供了有利条件。

第三章　高校体育公共服务理论分析

第一节　高校体育公共服务的界定

一、高校体育公共服务的内涵

高校体育公共服务是指将高校作为体育公共服务供给的主体之一，面向高校大学生、教职工及其家属、校外公民，提供健身指导服务、健身设施服务等体育服务内容，以满足公民最基本、最直接的体育需求，从而促进公民体育公共利益的实现。高校体育公共服务是多中心、多元化体育公共服务供给体系的重要组成部分。

二、高校体育公共服务的外延

"高校"是高等学校的简称，指大学、独立设置的学院和高等专科学校，其中包括高等职业学校和成人高等学校。在我国，高校属专门的公共服务机构，一般由国家投资办学，具有不同程度的公共权力和公共资源因素，具有非营利性和公共性特点。

"高校体育公共服务"是体育公共服务的下位概念，高校所提供的体育服务是为满足公民最基本、最直接的体育需求。需要指出的是，公民的体育需求具有一定的时代性与地域性特点，在某个地域的不同时间段，或者在同一时间段的不同地域，公民最基本、最直接的体育需求的具体内容及具体形式并不完全一样。目前，高校为提高公民身体素质和生活质量，保障公民社会生存与发展所必需的体育环境与条件，实现公民体育公共利益，在相关政策支持下，根据自身特点，面向校内学生组织丰富多彩的校内外体育活动；在不影响日常体育教学工作的情况下，向教职工提供良好的健身设施、健身指导等服务；在不影响校内体育活动的情况下，向校外公民提供健身设施、健身组织、健身指导、体质监测等最基本、最直接的体育服务内容。

第二节　相关概念辨析

一、公共服务分析

(一)公共服务的形式与内涵

公共服务在不同的国家和不同的时期具有不同的形式与内涵。公共服务的产生和发展经历了漫长的历史过程，随着公共物品理论的提出，关于公共服务的研究成为经济学与财政学的主流。基于公共物品理论，许多专家认为公共服务是政府为满足社会公共需要，向社会公民提供公共产品或服务行为的总称，并认为既有物质形态的公共服务，也有非物质形态的公共服务。

由于认识的差异，目前不同领域的专家学者对公共服务的表述和理解具有较大的差异。在对公共服务的表述上，有“公共产品”“公共物品”“公共财富”和“公共财产”等不同提法。一般从财政的角度，较多的采用“公共服务”的提法。[①]韩小威、尹来玉认为，公共服务可以界定为以实现公共利益最大化为目标，提供各种需要物品(有形物品和无形物品)的活动，他们强调公共服务的公共利益性，而这种公共利益应是为符合社会全体或大多数成员的需要，体现他们的共同意志，让他们共同受益的那类利益。[②] 马庆钰、杨庆东从供给产品的性质及其供给主体职责的视角将公共服务定义为“由法律授权的政府以及非政府公共组织和有关工商企业，在纯粹公共物品、混合性公共物品以及特殊私人物品的生产和供给中所承担的职责和履行的职能，其中，政府是责无旁贷的主导者”。[③] 张强认为公共服务是指公共服务主体以公共利益为目的，以公共资源消耗为基础，提供满足社会公众需求的产品的公共活动。他从主体的广泛性、目的的公共性、权利义务关系的对等性和资源消耗的多样性四个方面论述了公共服务的本质特征，并强调公共服务没有必要通过市场渠道来实现。[④] 王勇从公共服务的社会共享性视角，认为“所谓公共服务，就是社会中所有成员都可以享受的服务”。[⑤] 张召华强调政府在公共服务中的作用，认为“公共服务通常是对政府满足社会公共需

---

① 参见张馨：《公共财政论纲》，经济科学出版社 1999 年版，第 34 页。

② 参见韩小威、尹奕玉：《基本公共服务概念辨析》，载《江汉论坛》2010 年第 9 期。

③ 参见马庆钰、杨庆东：《公共服务的理性及其运作框架》，载《经济研究参考》2010 年第 16 期。

④ 参见张强：《基本公共服务均等化：制度保障与绩效评价》，载《西北师范大学学报》(社会科学版) 2009 年第 2 期。

⑤ 参见王勇：《准确把握服务型政府的内涵》，载《社会纵横》2011 年第 3 期。

要、提供公共产品的服务行为的总称”。[①] 综合诸多专家学者对公共服务的理解可以发现,公共服务的定义一般含有7个要素,如表3-1所示。尽管不同专家对于公共服务的认识并不完全一致,但有几点是普遍被认同的,即:

(1)公共服务是建设服务型政府的基本内容。

(2)公共服务是政府的职能之一,政府是公共服务的责任主体。

(3)公共服务的目的在于满足公民的基本需要。

(4)公共服务具有公正性、公益性和公用性。

表3-1　　公共服务定义的基本要素

序号	基本要素
1	强调“为人民服务”
2	国家公务人员的职责和工作的一般属性
3	包括政府为弥补市场不足、促进社会公平的所有工作
4	指由公法授权的政府和非政府公共组织以及有关工商企业在纯粹公共物品、混合性公共物品以及特殊私人物品的生产和供给中所承担的职责
5	指以政府为主的公共部门生产的供全社会共同消费、平等享受的公共产品和服务
6	指政府、非政府组织对公共事务的处理而产生的公共物品
7	公共部门和准公共部门为满足社会公共需要而共同提供公共产品的服务行为的总称

以上观点与卢映川等人的观点基本一致。该研究认为,公共服务的核心在于通过各种服务来满足公民在社会经济生活等各方面的需求,促进公民物质生活水平的提升和精神文化需要的满足。所谓公共服务,是在一定时空条件与经济社会发展的一定阶段,政府运用公共权力和公共资源,满足社会全体公众或某一类社会群体共同的、基本的、直接的需求的社会生产过程。[②]

(二)公共服务体系的参与者

公共服务体系中有三个基本参与者:消费者、生产者和提供者。公共服务的消费者是最终接受服务的个人、政府机构、私人组织及各类社会阶层等。公共服务的生产者直接向消费者提供服务,可以是政府单位、私人企业、非营利机构,有

① 参见张召华:《浅析我国的公共服务改革》,载《鄂南论坛》2006年第2期。

② 参见卢映川、万鹏飞:《创新公共服务的组织与管理》,人民出版社2007年版,第32页。

时也可以是消费者自身。公共服务的提供者(安排者)指派生产者给消费者,或反过来指派消费者给生产者,他们对公共服务的供应承担着重要的任务。而政府服务是指由政府提供(安排)并生产的服务,即政府同时扮演了提供者(安排者)和生产者的角色。[①]

在服务的提供方面,政府服务的提供者就是政府本身,而公共服务的提供者除了政府外,还有其他组织,甚至可以由消费者自己安排;在服务的生产方面,政府服务的生产者是政府本身;从公共服务的类型上看,政府服务多为纯公共服务,而公共服务还包括大量的准公共服务;从西方国家的发展趋势看,纯公共服务的比例正在逐步下降,准公共服务的数量呈现明显的上升势头。[②]

二、体育服务分析

学界关于“体育服务”概念的阐述较少,但关于“体育”概念的阐述很多,理解也不尽相同。通常将“体育”一词从广义和狭义的范畴理解,广义的“体育”(亦称体育运动)即通常所提到的“大体育”,是指以身体练习为基本手段,以增强体质,促进人的全面发展,丰富社会文化生活和促进精神文明为目的的一种有意识、有组织的社会活动。狭义的“体育”则是体育教育。[③] 目前诸多体育方面的研究和重要的体育文件中提到的“体育”一般可以从广义和狭义的角度理解,关于“体育服务” 研究中的“体育”也不例外。本书认为,在目前对“体育”定义多样化的情况下,对“体育服务”也应从不同的角度进行理解。

关于“服务”,《现代汉语词典》的解释为“为集体(或别人)的利益或为某种事业而工作”[④]。它常被作为动词来理解,表示以劳动的方式满足他人的需要。“体育服务”则被理解为满足他人体育需要的活动,也有研究将其作为名词来解释。从钟天朗的著作中可以看出,“体育服务”包括的内容很多,主要有健身休闲体育服务、竞赛表演体育服务、职业体育服务、社会体育服务、公共体育场馆服务、体育经纪服务、体育广告服务、体育培训服务以及体育旅游服务。[⑤] 在李建国的研究中提到,我国体育服务的薄弱环节就是公共服务,从诸研究的表述中可以分析出,“体育服务”的范畴中有一部分是“公共服务”,即“体育公共服务”。

① 参见汤敏轩、李习彬:《政府公共服务职能的科学界定》,载唐铁汉、袁曙宏主编:《公共服务创新:首届中欧政府管理高层论坛论文集》,国家行政学院出版社 2004 年版,第 72～77 页。

② 参见汤敏轩、李习彬:《政府公共服务职能的科学界定》,载唐铁汉、袁曙宏主编:《公共服务创新:首届中欧政府管理高层论坛论文集》,国家行政学院出版社 2004 年版,第 72～77 页。

③ 参见全国体育学院教材委员会:《体育概论》,人民体育出版社 2005 年版,第 16 页。

④ 参见中国社会科学院语言研究所:《现代汉语词典》,商务印书馆 2012 年版,第 399 页。

⑤ 参见钟天朗:《体育服务业导论》,复旦大学出版社 2008 年版。

三、体育公共服务分析

（一）体育公共服务的界定

目前对体育公共服务主要有两种称呼，即“体育公共服务”和“公共体育服务”，也有学者将其范围进行了限定，即：“城市体育公共服务”或“城市社区体育公共服务”等。相应的体系则是“公共服务体系”或“体育公共服务体系”。

“公共体育服务”的提法主要以肖林鹏为代表，他认为公共体育是公共体育服务的上位概念，认为公共体育服务是公共组织为满足公共体育需要而提供的公共物品或混合物品。[①] 肖林鹏的理解中，“体育”是广义的体育，即：与科、教、文、卫并称为五大事业的“体育”。因此，他理解的“公共体育”以及“公共体育服务”范畴较广，凡是符合公共体育特征的体育，如竞技体育中的“奥运争光”部分、高校高水平运动队部分，大众体育中的社区体育、职工体育、体育科研、体育医疗卫生等，都在公共体育及公共体育服务的范畴。

蔡景台及樊炳有等对城市体育公共服务及体育公共服务进行了界定，认为城市体育公共服务或体育公共服务为市民提供体育公共产品和服务，主要包括体育公共设施的建设、体育公共事业的发展、体育公共信息的发布以及体育指导服务的完善等，为社会公众生活和参与社会体育活动提供保障和创造条件。[②] 樊炳有认为体育公共服务由政府和市场协调发展提供，为整个社会共同消费，并提出体育公共服务的阶段发展目标。李静认为，体育公共服务是政府提供的公共服务的重要组成部分。从公共经济学和公共管理学的角度看，体育公共服务事业的根本区别于经营性体育产业主要着眼于社会效益，是为社会提供非排他性和非竞争性的公共产品和服务的体育领域，与体育领域中可以实行市场化、产业化经营的体育产业和竞技体育一起，构成国家体育事业的全部范畴。体育公共服务体系是政府主导、社会参与形成的满足人民群众体育需求、保障人民群众体育权益的各种公益性体育机构和服务的总和。[③] 曹可强等认为，现有体制条件下，体育公共服务是指由公共部门或准公共部门共同提供的，以满足社会成员的基本体育需要为目的，着眼于提高市民身体素质和生活质量，既给市民提供基本的体育文化享受，也提供并保障社会生存与发展所必需的体育环境与条件的

---

① 参见肖林鹏、李宗浩、杨晓晨：《公共体育服务概念及其理论分析》，载《天津体育学院学报》2007年第2期。

② 参见蔡景台、樊炳有、王继帅：《城市体育公共服务居民满意度调查分析——以河南省10个城市为例》，载《北京体育大学学报》2009年第6期。

③ 参见李静：《试论体育公共服务体系建设》，载《南京体育学院学报》2009年第1期；樊炳有：《体育公共服务的理论框架及系统结构》，载《体育学刊》2009年第6期。

公共产品和服务行为的总称。[①] 根据王才兴等的研究,体育公共服务的核心任务在于整合社会资源,统筹、组织、协调、配置社会公共体育资源,向市民提供基本的体育公共服务及体育产品。体育公共服务体系是指以政府部门为主的公共部门提供的,以满足市民的基本体育生活需求为目的的,向市民提供公共体育产品和服务的制度和系统的总称。[②] 周爱光认为,体育公共服务是公共服务的一个领域,完全具有公共服务的各种特性,所不同的是体育公共服务概念的外延比公共服务概念的外延狭窄。公共服务涉及科教文卫体、社会保障、医疗、国防等诸多领域,而体育公共服务只是诸多公共服务领域中的一个。简而言之,体育公共服务是通过提供各种体育产品满足公民需要的公共服务。[③]

可以看出,诸多学者对此类概念的界定大都以"公共物品理论"和"新公共管理理论"为理论基础,尽管提法不同,但从根本上对此概念的界定是相似的,在服务的目的与意义、主体、客体、服务内容及模式方面的看法也基本一致。对于此概念,本书将公共服务作为体育公共服务的上位概念,并将体育公共服务或公共体育服务统称为"体育公共服务",本书所提到的高校体育公共服务则是体育公共服务的下位概念。

(二)体育公共服务的划分

周爱光在其研究中提到了体育公共服务的两种划分方法,为本书提供了重要的理论参考:首先,依据服务特征,可以将体育公共服务划分为纯体育公共服务和准体育公共服务。纯体育公共服务指具有非竞争性和非排他性的体育公共服务,如体育法律法规及方针政策的制定、体育公共设施的建设、体育外交、体育行政管理等。政府组织是纯体育公共服务的主要供给主体,动用公共财政,消耗公共资源。准体育公共服务是指不同时或不完全具有非竞争性和非排他性的体育公共服务,如职业体育项目的经营管理、休闲健身俱乐部的经营管理、一般体育设施的建设、体育经纪人及社会体育指导员的培训等。政府组织、企业组织、非营利组织和社区组织共同构成准体育公共服务的供给主体,这方面的管理导入了竞争机制,以充分利用社会和市场的资源。

其次,依据服务对象,可以将体育公共服务划分为群众体育公共服务、竞技体育公共服务和学校体育公共服务等。群众体育公共服务是以广大人民群众参与体育活动为主要指向的体育公共服务,如公共体育设施的建设、社会体育指导

---

① 参见曹可强、徐箐、俞琳:《完善上海市体育公共服务体系的若干对策建议》,载《体育科研》2008年第2期。

② 参见王才兴等:《构建完善的体育公共服务体系》,载《体育科研》2008年第2期。

③ 参见周爱光:《从体育公共服务的概念审视政府的地位和作用》,载《体育科学》2012年第5期。

员的培训、国民体质监测等；竞技体育公共服务是以教练员、运动员取得优异运动成绩，为大众提供高水平竞技表演等为主要指向的体育公共服务，如运动员的选材、训练条件的提供、运动员的文化教育、教练员及运动员的社会保障、大型体育赛事的举办等。学校体育公共服务是以广大青少年学生参与体育活动，增强体质和培养高水平竞技运动人才为主要指向的体育公共服务。基本体育公共服务是根据国家经济社会发展阶段的总体水平，为了满足公民基本体育需求所提供的公共服务，如公共体育场(馆)和基础设施的建设，国民体育参与的权利，必要额度的资金投入等。一般体育公共服务是指基本体育需求以外的公共服务，如高水平体育赛事的观赏、体育休闲娱乐设施的建设以及体育保险的提供等。根据以上研究观点，本研究提出的高校体育公共服务正是其中的学校体育公共服务的重要组成部分。①

综合体育公共服务的概念及其划分，目前学界关于体育公共服务相关概念的阐述越来越多，但尚无统一定论。本书的观点与部分学者的观点一致：

(1)体育公共服务是基本公共服务体系的重要组成部分，也是贯彻落实基本公共服务体系的重要举措，对于完善公共服务水平、促进和谐社会建设具有重要意义。②

(2)体育公共服务是公共服务的下位概念，所谓公共服务是公共组织为满足公共需要而提供的公共物品、混合物品或服务，而公共体育服务则是政府公共组织为满足其公民的公共体育需要而提供的公共物品、混合物品或服务。③

(3)体育公共服务的核心任务是整合社会资源，统筹、组织、协调、配置社会公共体育资源，向市民提供基本的体育公共服务及体育产品，以保障市民体育权利的实现。公共体育服务体系是指以政府部门为主的公共部门提供的、以满足市民基本体育生活需求为目的的、向市民提供公共体育产品和服务的制度和系统的总称。④

(三)“高校体育公共服务”与“体育公共服务”的关系

从诸学者的观点可以看出，体育公共服务是公共服务的重要方面，是服务型政府建设的重要内容；政府是体育公共服务的责任主体，以政府为主的公共部门是体育公共服务的主要供给者；市民或公民是体育公共服务的服务对象，满足市民的基本体育公共需要，保障市民的体育权利，是体育公共服务的目的。本书所

---

① 参见周爱光：《从体育公共服务的概念审视政府的地位和作用》，载《体育科学》2012 年第 5 期。

② 参见王才兴等：《构建完善的体育公共服务体系》，载《体育科研》2008 年第 2 期。

③ 参见周天华：《体育信息资源的开发和利用》，载《上海理工大学学报》(社会科学版)2005 年第 3 期。

④ 参见贾凌民、吕旭宁：《创新公共服务供给模式的研究》，载《中国行政管理》2007 年第 4 期。

提出的“高校体育公共服务”正是将高校作为提供体育公共服务的供给主体之一,确切地说是担任体育公共服务的具体生产者的角色,其与体育公共服务具有一致的服务对象和服务目的。因此,高校是体育公共服务供给体系的重要组成部分,高校体育公共服务是体育公共服务的重要方面,高校体育公共服务是体育公共服务的下位概念。

(四)“高校体育公共服务”与“高校体育社会服务”辨析

根据《高等教育法》的有关规定,高等教育的教学、科研以及社会服务缺一不可。[①] 从某种程度上讲,高等教育的教学与科研,是高校向社会提供服务的手段与基础,服务社会乃是高等教育的出发点和落脚点。高校体育社会服务作为高校社会服务的重要组成部分,是指以体育为主的,包括体育物质设施、人力、余暇时间和信息资源等较为广泛的服务内容;是在不影响正常学校体育工作的前提下提供的,即学校“以教学为中心”的地位不能改变;应注重服务的地方性和时效性;通常应有一定的组织形式和实施途径。[②]

高校体育公共服务与高校体育社会服务在服务的主体、客体、内容、形式以及途径等方面实质上是相通的,高校的校外体育服务既可以称为体育社会服务,也可以称为体育公共服务,现阶段将其称为高校体育社会服务的居多。两个概念最大的区别在于,不同的人对高校的体育服务现象进行界定或称谓时的理论基础不同,称其为“高校体育社会服务”时,主要以社会学为理论基础。本书称其为“高校体育公共服务”,是以公共服务或公共管理的有关理论为理论基础,如新公共服务理论。

第三节　高校与政府在高校体育公共服务中的职责

一、政府的主导作用

西方新公共管理和新公共服务改革的实践经验表明,提升公共服务的有效性、公平性和可选性,并不是简单地将公共服务供给的任务交给政府还是交给市

① 《高等教育法》第六十八条明确指出,高等学校是指大学、独立设置的学院和高等专科学校,其中包括高等职业学校和成人高等学校;第三十一条规定,高等学校应当以培养人才为中心,开展教学、科学研究和社会服务,保证教育教学质量达到国家规定的标准;第三十五条规定,高等学校根据自身条件,自主开展科学研究、技术开发和社会服务;第十二条规定,国家鼓励高等学校之间、高等学校与科学研究机构以及企业事业组织之间开展协作,实行优势互补,提高教育资源的使用效益。国家鼓励高等学校同企业事业组织、社会团体及其他社会组织在科学研究、技术开发和推广等方面进行多种形式的合作。

② 参见张永保、周学荣、席玉宝:《高校体育社会服务分析》,载《体育文化导刊》2008 年第 4 期。

场的问题，而是实现公共服务供给主体多元化的问题。① 根据公共服务的递送过程分为提供与生产两个环节的逻辑，在体育公共服务过程中，政府必然发挥主导和核心作用，应主要承担的是体育公共服务的直接提供职责，为确保体育公共服务的提供扮演好多重角色。作为决策者，政府的决策应体现社会成员的需求与意愿。作为组织与安排者，政府应对体育公共服务的融资、预算、数量以及质量做出安排，并选择最合适的主体和工具进行生产服务。有时政府也会作为直接生产者，向社会成员直接提供所负责的体育公共服务内容。作为管理者，政府应制定体育公共服务规则和标准，并严加监管。②高校体育公共服务是体育公共服务的重要组成部分，政府在其中自然也起到主导作用，承担着决策者和管理者的多重角色。总的来讲，政府需要较为宏观地确定高校提供什么样的体育公共服务和产品，明确产品和服务的数量和质量标准，明确需要筹措的资金数目和如何筹措，明确如何约束和规范高校体育公共产品和服务消费中的个人行为，并明确如何安排高校体育公共服务和产品的生产。

二、高校的主体作用

高校作为专门的公共服务机构，作为体育公共服务供给体系的重要组成部分，在高校体育公共服务过程中承担着生产者与提供者的角色：面向校外公民，高校主要是生产者，即将一系列高校体育公共资源转化为具体的体育产品和服务，协同政府一起满足公民最基本、最直接的体育公共需求；面向校内学生及教职工，高校则主要为提供者，向服务对象直接提供体育服务内容。

第四节　高校体育公共服务的目标

一、体育公共利益目标的确定

根据新公共服务理论的观点，公共服务所追求的不只是个人利益的最大化，还要与公民一起追求和实现大众的共同利益，即：政府必须促进建立一种集体的、共同的公共利益观念。③ 所谓公共利益，是与私人利益相对应的范畴，本是

---

① 参见郭剑鸣：《公共服务供给主体多元化的理论与现实路径：以广东公共服务业多元化发展为例》，载《汕头大学学报》(人文社会科学版)2005 年第 3 期。

② 参见蓝国彬、樊炳有：《我国体育公共服务供给主体及供给方式探析》，载《首都体育学院学报》2010 年第 2 期。

③ 参见许悦：《政府公共服务职能与和谐社会建设——基于新公共服务理论的视角》，载《内蒙古农业大学学报》(社会科学版)2008 年第 5 期。

法学、政治学及社会学等学科中使用较为频繁的一个概念，具有十分丰富的内涵。[①] 然而长期以来，学界对于“公众”“利益”以及“公共”的界定一直未有定论，导致至今尚未给“公共利益”作出明确而具体的解释。尽管如此，公共利益是客观存在的，它并不是一个虚构体，也不是个人利益的简单叠加。尽管公共利益从个人利益中分离出来，但它与公民的利益密切相关，公共产品和公共服务是它的主要表现形式。对于高校体育公共服务而言，其所追求的根本目标与公共服务的最终目标相似，也是基于共同价值观和共同利益基础之上的公共利益，所不同的是，高校体育公共服务的目标在于满足公民的体育基本需求。因此，高校体育公共服务的根本目标在于公民体育公共利益的实现。

二、体育公共利益目标的特点

高校体育公共服务所追求的体育公共利益与公共利益一样，具有公共性、社会共享性以及层次性。

(1)公共性。“公共”意味着高校体育公共服务的受益对象必须达到一定的数量，根据“少数服从多数”原则，高校体育公共服务所追求的体育公共利益应代表多数人的利益。

(2)社会共享性。与个体利益相比较，由于体育公共利益是公众利益，其受益主体必然具有普遍性特点，即社会共享性特点，而不是少数人的利益；从公共产品的非竞争性与非排他性来说，高校体育公共服务也具有“共有性”和“共同受益性”的特点。根据樊炳有等人的研究，“体育公共服务的远期发展目标是实现全民体育公共服务均等化，主要表现为区域之间、城乡之间、居民个人之间的体育公共服务基本形成均等状态。”[②]实质上，该目标提倡的体育公共服务均等化，正是全体公民共享体育公共服务的体现，体现了体育公共利益的社会共享性。

(3)层次性。尽管公共产品的非竞争性与非排他性使任何个人无法排他地占有或消费公共产品或服务，但由于公共产品和服务的多样性特点，体育公共利益或公共利益必然会表现出一定的层次性。

三、确定体育公共利益目标的意义

将体育公共利益确定为高校体育公共服务的根本目标具有以下重要意义：

(1)是我国体育公共服务均等化远期目标的更人性化概括。该目标的提出，

① C. King & S. Camilla, *Government Is Us: Public Administration in an Anti-government Era*, CA: Sage Publicationa, 1998.

② 樊炳有：《体育公共服务的理论框架及系统结构》，载《体育学刊》2009 年第 6 期。

更多地从公民的切身利益出发，而不是从政府自上而下对体育公共服务利益重分配的角度出发。

(2)体现以人为本和人文关怀。体育公共利益目标与我国体育公共服务的出发点相一致，更体现以人为本和人文关怀。

(3)培育共同价值观和公共利益集体意识的需要。体育公共利益与基于共同价值观的公共利益一样，是对集体价值观的积极而有意识的追求，是超越个人利益的，而不是个人利益的总和。因此，高校体育公共利益目标的确定，对培育共同价值观和关于公共利益的集体意识具有重要意义。

第五节　高校体育公共服务的服务对象与服务内容

一、服务对象

高校体育公共服务的服务对象是社会全体公民，具体包括高校大学生、教职工及其家属以及校外公民。尽管高校应本着公平、公正的原则向所有服务对象提供体育公共服务，但这并不意味着高校应对校内校外人员实行统一的收费标准和优惠政策。由于高校部分教职工和学生同时也是高校体育公共服务具体实施过程的主力，同时，《高等教育法》第五十条规定："国家保护高等学校教师及其他教育工作者的合法权益，采取措施改善高等学校教师及其他教育工作者的工作条件和生活条件。"因此，高校体育公共服务政策对高校教职工和学生应有适当倾斜。

二、服务内容

依据公共服务的水平，有研究者将公共服务分为非基本公共服务和基本公共服务两类，其中基本公共服务是指政府为满足社会基本公共需求而提供的公共服务与产品，包括义务教育、公共卫生、公共文化体育等。基本公共服务是政府依照法律法规，为保障社会全体成员的基本社会权利及基础性福利水平，必须向全体居民均等地提供的基础型公共服务[①]，与公民的6项基本权利有着较强的对应关系，即生存权、健康权、居住权、受教育权、工作权和资产形成权等权利。据卢映川对公共服务的界定，公共服务的开展是"为满足全社会公众或某一社会群体共同的、基本的、直接的需求"。[②] 公民作为人，有衣食住行、生存、生产、发

① 参见闫越：《我国公共服务供给的体制机制研究》，吉林大学博士学位论文，2008年。

② 参见卢映川、万鹏飞：《创新公共服务的组织与管理》，人民出版社2007年版，第36页。

展和娱乐的需求，这些需求可以称作公民的直接需求。[①] 本书所提出的高校体育公共服务正是以满足公民基本的、直接的体育需求为导向的基本公共服务。相应的，其服务内容应是满足公民基本的、直接的体育需求的体育服务内容。基于此，本书将高校体育公共服务的主要内容确定为以下几方面：

(1)健身设施服务：依托高校向公民提供体育场馆(地)与健身设施。

(2)健身组织服务：帮助自发性体育群体增强自我组织和管理能力，开展体育援助服务，培育和发展群众性体育社团组织，并发挥其组织、发动、指导和聚集等功能。

(3)健身指导服务：发挥高校体育教师及高校社会体育指导员的作用，进行科学的健身指导工作，提高公民健身科学化程度。

(4)体质监测服务：建立公民体质监测服务系统，实施体质监控与追踪，引导公民关注体质和健身。

(5)体育活动服务：依托高校举办各类群众性体育运动会，组织公民进行各类健身活动。

(6)信息咨询服务：通过信息服务，强化体育宣传教育，为公民提供体育情报及咨询服务。

(7)健身项目研发与推广服务：以公民的基本体育需求为导向，结合高校自身特色，积极提倡新兴健身项目的推广和新型健身项目的研发。积极引进适合不同人群的新型健身项目，通过体育竞赛、展示、表演等活动，吸引公民参与。

(8)体育伦理道德建设服务：树立公民科学的健康观，对文明行为与健康风尚的倡导应贯穿服务全程。

由于不同的高校在学科专业设置、发展水平、文化背景、所处地理位置及所在城市经济社会发展水平等方面都有所不同，其所具备的体育公共资源也不相同。因此，各高校在具体提供以上体育公共服务内容时，其侧重点也不尽相同，须切实根据自身资源等实际状况，与本校发展特色相联系，因时、因地地选择适合本校的体育公共服务内容，并逐步形成特色。

---

① 参见康绍邦、赵黎青、杨青：《中国社会公共服务体制研究》，中共中央党校出版社2008年版，第4页。

第六节　高校体育公共服务的原则

一、公共性原则

高校体育公共服务的公共性原则是指高校提供的各项体育公共服务要以满足本校学生及广大公民的体育公共需求为出发点、依据和最终目的。根据新公共服务理论，公共服务的目标是公共利益，公务行政人员应帮助公民超越自身利益，发现公共利益，鼓励公民关注更大的社会，关注社区长期利益，为邻里和社区服务。高校体育公共服务从根本上的目标也在于公共利益，即公民的体育公共利益，因此公共性是高校体育公共服务的本质特征，也是高校体育公共服务始终应该遵循的最根本原则。利益的公共性是高校体育公共服务公共性原则的根本所在，这主要体现在以下三个方面：

(1)高校体育公共服务应是非营利性的，这是由公共利益的公共性所派生出来的。非营利性是指任何公共利益服务的提供者不得从中赚取好处。如果一项事业是以营利为目的的，即使该项服务客观上有助于社会公共利益总量的增进，也不能作为“公共利益”来认定，高校体育公共服务正是属于这样一种不以营利为目的的服务活动。从公共管理学和经济学角度看，现阶段高校提供的体育公共服务属公共物品，具有一定的“非竞争性”(即一个使用者对某一商品或服务的消费不会减少该商品或服务对全社会的供给)和“非排他性”(任何人都无法阻止其他人对该商品或服务的享有和消费)，因此，作为公益性机构的高校应当免费或优惠为服务对象提供体育服务。

(2)高校体育公共服务的受益主体应具有普遍性特点。高校提供的体育公共服务是公益性较强的公共物品，高校体育公共服务追求体育公共利益的最大化，体现的是全体社会成员的共同利益，因此，高校体育公共服务应满足多数社会公众的体育需求，实现体育公平，争取与社会合作并促进群众体育的发展。高校提供的体育公共服务应为多数人所提供，即高校体育公共服务应具有很强的社会共享性，满足多数人共享的利益，而不是特定的、部分人的利益。

(3)从服务的具体形式看，高校体育公共服务的直接获益者是个人。高校体育公共服务通过直接带给个人基本体育需求的满足，在增强公民体质、丰富其精神生活的同时，间接地提高社会劳动生产力，服务整个社会，因而具有高度的公益性，对促进公民文明素质的提高、社会共同价值观的形成、和谐友爱文化氛围的营造和宽容的社会风尚的形成等都具有不可替代的重要作用。

二、公开性原则

高校体育公共服务的公开性原则是指高校体育公共服务的计划、决策及实施过程均应公开进行、充分体现公民权。据新公共服务理论,新公共服务试图在政府、公务员和公民之间建立一种社会同一性关系,从而实现将三者作为一个整体交流的互动式的畅通,并在这种畅通交流的前提下,实现社会整体的公平和公正,实现公民对社会生活的积极参与。对于高校而言,应当提供怎样的体育公共服务、怎样提供体育公共服务,也要事先听取服务对象的意见,将公民意愿作为第一价值取向。高校应建立了解民意和帮助公民参与决策的渠道、规则及程序,不断完善公民参与机制。

三、公正性原则

高校体育公共服务的公正性原则是指高校体育公共服务应以公平正义为基础和导向。公平正义是现代社会孜孜以求的理想和目标,公平是指按照一定的社会标准(法律、道德、政策等)、正当的秩序合理地待人处事。公平包含公民参与经济、政治和社会其他生活的机会公平、过程公平和结果分配公平。正义则是公正的义理,包括社会正义、政治正义和法律正义等。[①] 罗尔斯认为,正义是社会的基础,是社会制度的首要价值。正义既是目的又是手段,它既是人们社会理想的组成部分,又是调节社会利益冲突的重要手段。罗尔斯曾提出两个基本的正义原则作为实现社会基本制度正义安排的基础。他认为正义的社会制度应这样安排:①每个社会成员都拥有平等的自由权利,即自由原则。②社会与经济的安排应是最利于那些处于社会最不利地位的人,即差异原则;社会所能提供的一切职位和机会应对所有人开放,即机会平等原则。罗尔斯提出的第一个原则要求确保公民的平等与自由,使每个公民享有平等的政治权利;第二个原则承认了社会与经济不平等现象存在的现实性,并在此基础上提出要注意调节利益分配,使受益最少者的状况得到一定改善。[②]

基于这种理论,高校体育公共服务遵循公正性原则应做到两个方面:

---

① 参见尹维增、张德利:《对构建和谐社会环境下公共体育服务的基本责任研究》,载《体育与科学》2009 年第 1 期。

② 参见常若云:《罗尔斯公平正义理论对我国构建和谐社会的启示》,载《中共郑州市委党校学报》2006 年第 6 期。

1. 高校体育公共服务应向服务对象平等地提供体育服务内容

面向学生群体，应平等对待每一个学生，正如日本教育家铃木顺子曾说过的，“对教师最要紧的是不论对哪个学生都要公正平等地对待，并且要公正地接近每一个学生”；面向校外公民，也应给予平等的对待。高校体育公共服务在面向不同的群体、满足公民的体育需求时，必须注重实现体育公平，促进全民体育公共服务均等化目标的实现。

2. 高校体育公共服务应充分考虑差异原则

由于自然资源与社会资源的有限性，当资源不能满足社会每个成员的足够需要时，正义的存在成为必需，社会资源对于每个人来说便不可能是完全的均等分配。同样，由于高校体育公共资源的有限性，高校体育公共服务也不可能实行完全均等化的分配。高校体育公共服务应与体育公共服务相一致，在保障公民权利平等、机会平等和经济效益的基础上，对那些在经济、社会和文化发展过程中受益最少的弱势群体给予额外利益补偿，促进其均等地享受基本体育公共服务。具体来讲，当高校体育公共服务遇到不同群体的体育利益冲突时，应充分考虑差异原则，如：当学生群体的体育公共利益与其他群体的体育公共利益发生冲突时，要充分考虑学生的体育公共利益；当校内师生体育利益与校外公民体育利益发生冲突时，应向校内师生的体育公共利益有所倾斜，以保证体育教学的中心地位始终不变。

四、持续性原则

高校体育公共服务的持续性是指高校体育公共服务长久维持的过程或状态，高校体育公共服务的持续性不仅是我国体育公共服务健康可持续发展的需要，也是大学生素质教育的需要。高等教育已不再是狭隘的专业教育，而是大学生全面、和谐、可持续性发展的素质教育。对大学生实施素质教育是社会及其自身发展的需要，也是我国高等教育大众化的需要。然而在目前，学校素质教育中普遍存在重文化素质轻身体素质的弊端，高校体育地位薄弱，在认识和行动上没有真正到位，理论和实际存在着较大的反差。高校体育公共服务持续有效开展，对高校体育诸多弊端的改善将大有裨益。

高校体育公共服务遵循持续性原则，应注重高校现有体育公共服务对人力、物力、财力等资源的有效利用，积极寻求高校体育公共资源有效开发与利用的途径，并在此基础上建立高校体育公共服务的长效机制，促进高校体育公共服务的长期稳定开展。

五、人本性原则

高校体育公共服务的人本性原则是指高校体育公共服务必须“以人为本”。新公共服务理论的核心观念是“政府应注重服务、关注社区、以人为本”，所谓以人为本，就是“要以实现人的全面发展为目标，从人民群众的根本利益出发，不断满足人民群众日益增长的物质文化需要，切实保障人民群众的经济政治和文化利益，让发展的成果惠及全体人民”①，就是“要把人民的利益作为一切工作的出发点和落脚点，不断提高人们多方面需求和促进人的全面发展。具体地说，就是在经济发展的基础上不断提高人民群众物质文化生活水平和健康水平；就是要尊重和保障人权，包括公民的政治、经济、文化权利；就是要不断提高人们的思想道德素质、科学文化素质和健康素质；就是要创造人们平等发展、充分发挥聪明才智的社会环境”②。高校体育公共服务正是应时代需要，不断满足公民日益增长的体育需求，促进人的全面发展。广大公民的体育公共需求始终是高校体育公共服务的出发点、依据和最终目的。因此，“以人为本，体现人文关怀”应始终贯穿高校公共服务的全过程。

高校体育公共服务“以人为本”，意味着高校体育公共服务应有助于促进社会公平公正和稳定有序。“人”必须得到最大限度的尊重，人的生命权、体育权、发展权应得到最大限度的尊重和保障。高校提供体育公共服务应不分阶级、等级和身份，人人都可以成为高校体育公共服务的服务对象，不因各人在地域、城乡、身份的差别而受到冷落。高校体育公共服务“以人为本”，也意味着高校体育公共服务应尊重“人的全面发展”，它既是促进大学生全面发展的重要内容和手段，也是促进校内教职工及其家属以及校外公民身心健康和谐发展的重要因素。

诸多原则相互联系，密切结合，是高校体育公共服务有效开展的出发点、依据和最终目的。目前许多高校尚难以在诸多原则下提供体育公共服务，并不意味着他们对高校体育公共服务及其原则的质疑，高校体育公共服务作为体育公共服务的重要方面，具有长期性、艰巨性以及阶段性。

---

① 胡锦涛:《在中央人口资源环境工作座谈会上的讲话》，http://news.xinhuanet.com/newscenter/2004-04/04/content_1400069.htm.

② 温家宝:《提高认识，统一思想，牢固树立和认真落实科学发展观——在省部级主要领导干部“树立和落实科学发展观”专题研究班结业式上的讲话》，载 http://news.xinhuanet.com/newscenter/2004-04/04/content_1337121_1.htm.

第七节　高校体育公共服务的基本理念

一、产品供给的有效性

公共服务的有效性是指地方政府为实行它的政策目标而提供恰当的服务。[①] 关于公共服务的有效性，一般人们关心的问题是情况是否得到改善、目标或结果怎么样，通常指公共服务符合政策的目标程度、服务对于服务对象的状态或行为的影响，可以以产出与结果之间的关系加以衡量，如用户满意程度、政策目标的成就程度等。它是衡量公共服务绩效评估指标设计的价值取向的一个重要方面。正如奥斯本所言："如果服务工作没有得到理想的效果，那么完整的执行程序只是浪费时间和金钱。"[②]也就是说，不注意效果的经济和效率是没有意义的。

基于公共服务的有效性，高校体育公共服务同样存在有效性问题，即高校依据有关政策目标向服务对象提供恰当的服务。高校体育公共服务产品供给的有效性则是保证高校体育公共服务有效性的关键，它首先表现为高校所提供的体育公共服务内容应是服务对象所需要的，如目前公民普遍需求较多的体育场馆设施服务以及健身指导等服务；其次，高校提供的体育公共服务应有利于促进人的全面发展，即高校体育公共服务对服务对象的状态或行为应有积极的影响，如使服务对象的体质增强、心理更健康、养成良好的生活习惯等。这就要求高校体育公共服务必须具有高度的科学性，科学性是提高服务对象体育活动质量的关键，科学健身原理的应用、科学的健身指导、科学的锻炼方法以及健身设施的科学安排与管理等，都是高校体育公共服务科学性的体现。

二、活动场所的便利性

高校体育公共服务作为面向全体公民的公共服务，应保证便于服务对象享有，应是近距离的、经常性的、容易获取的服务。因此，高校体育公共服务应就近服务群众，实行便利的服务措施，时时处处体现以人为本，保证服务具有最大限度的便利性。没有便利性就很难实现公益性；没有便利性或者只对部分人便利，

---

① A. Ghobadian & J. Ashworth, "Performance measurement in local government concept and practice," *International Journal of Operations & Production Management*, 14.

② ［美］戴维、奥斯本等：《改革政府——企业家精神如何改革着公共部门》，上海市政协编译室等译，上海译文出版社 1996 年版，第 333 页。

对另外一部分人不便利，则影响了服务的公平性。便利性既是高校面向公民提供体育公共服务的重要条件，也是公民对高校体育公共服务的基本要求。为实现高校体育公共服务的便利性，在某些方面可以借鉴公共服务的一些做法，如深圳福田区开始建设的 1 千米文化圈、上海的 15 分钟公共文化服务圈，使老百姓在居家 1 千米的范围内或 15 分钟的路途内就能找到公益文化活动场所，这充分体现了以人为本的便利性原则。高校也应在进一步研究不同人群体育需求的基础上，提供灵活多样的服务模式，在便利公民的前提下追求良好的社会效益。

三、服务内容的多样性

和谐社会能够创造更大的体育需求。现代社会人的体育需求逐渐呈多样化及分层化发展，广大公民的体育锻炼形式越来越朝着丰富多彩、不拘一格的多样化方向发展，本研究中所得出的结论——不同人群的体育需求具有广泛性和一定的相似性，则恰好证实了这一点。因此，为适应不同服务对象多样化、多层次的体育公共需求，高校体育公共服务的内容必然朝着多样化方向发展。如西安交通大学等高校，在搞好日常工作和竞赛活动的基础上，通过各种媒介(体育知识竞赛、专题讲座、专题网站、图片展览、广播等)向学生宣传体育知识和健康理念，以满足学生对体育健身原理等知识的需求。

四、服务性质的公共性

服务性质的公共性，是由高校体育公共服务的公共性原则所决定的，即高校体育公共服务应严格遵循公共性原则的基本要求提供体育公共服务。服务性质的公共性意味着高校体育公共服务应具有公众性、公平性、公开性以及非营利性。公众性意味着高校提供的体育公共服务不是私人产品，服务对象不是某一个集体或某一特定个人，因而应具有典型的公众服务性特点；公平性意味着在高校提供体育公共服务产品或服务的过程中，由于每个人都具有平等的体育参与权力，同一人群的每个人应享有均等的机会，而且最终不应出现不公平的结果，其服务的人群应在全体公民的范畴，既可以是校内学生、教职工及其家属，也可以是校外公民；公开性意味着高校体育公共服务应具有监督与被监督相结合的特点，除组织监督、舆论监督之外，还应有公民监督，公民即不同的服务群体对高校体育公共服务的发展具有知情权、参与权和监督权；非营利性意味着高校提供体育公共服务满足公民最基本、最直接的体育需求是一种公益投入，而不是经营行为，更不是投资行为，其具有明确的社会福利性，是改善公民生活质量、保持社会稳定的政府行为。

如上海市杨浦区为进一步推进公共资源向社区开放，将高校体育设施视作社会公共资源，要求在向社区市民开放中要始终坚持公益性。在资源开放中，部分室内场馆应不以营利为目的收费，为群众提供质优价廉的服务，收费标准由区体育局、区教育局会同区物价局制定（见表 3-2），并对收费项目实施监督检查。①

表 3-2 杨浦区学校室内体育场馆向社会开放公益性收费参考价格表

序号	项目	收费标准	备注
1	乒乓球	10～15	按"/台·小时"计
2	羽毛球	15～20	按"/场·小时"计
3	游泳	15～20	夏季按"/小时"计
		20～25	冬季按"/次"计
4	篮球	2～3	按"/人·小时"计

注：1. 收费标准为收费上限；

2. 各场馆可以根据季节、开放时段，自行在收费标准范围内调整实际收费价格；

3. 其他开放项目的收费各单位按公益性原则自行制定并报区教育局、区体育局审核。

五、服务人员的志愿性

在目前公民的健身指导需求较高、供给主体的供给相对不足的情况下，发展高校体育公共服务指导人员志愿者、增强指导人员的志愿性是解决问题的重要途径，既有助于满足公民的体育需求，又能节约大量成本，是高校体育公共服务健康持续开展的重要条件。

"志愿者"（Volunteers）是一个没有国界的名称，在西方发达国家中，指不受私人利益的驱使、不受法律强制，基于某种道义、信念、良知、同情心和责任感，为改进社会而提供服务、贡献个人的时间、才能及精神而从事社会公益事业的人或人群。志愿者的工作具有志愿性，其参与健身指导是出于自愿的，是参与者主观自觉选择，没有强制性的；其工作不以营利为目的，不图物质报酬；其工作是奉献自己的能力，奉献自己的时间、精力、智力及经验，非本职职责范围内的工作。需要指出的是，尽管志愿者的健身指导工作不以营利为目的，即动机上不追求物质报酬，但并不否定开展志愿服务需要一定的物质条件。有人片面地认为从事志愿工作是慈善为怀、乐善好施的表现，把志愿工作看成一种单方面的施与，认为志愿工作只是为了减轻专职人员的工作负担，把志愿者当作"廉价劳动力"，认为只有那些不愁衣食及有大量空余时间的人才有资格或可能性参加志愿工作。事

① 参见《上海市杨浦区人民政府办公室转发区体育局等四部门关于进一步完善公共资源向社区开放补充意见的通知》，2009 年 12 月 30 日杨府办发[2009]44 号文件。

实上，每个人都有参与社会事务的权利和促进社会进步的能力，都有促进社会繁荣进步的义务及责任。参与志愿工作是表达这种权利及义务的积极和有效的形式。在服务他人、服务社会的同时，志愿者自身得到提高、完善和发展，同时精神和心灵也得到满足。因此，发展高校体育公共服务志愿者既是高校体育公共服务的需要，又是诸多志愿者自我提高和自我完善的重要途径。

高校体育教师和大学生，尤其是体育专业大学生和体育爱好者，是高校体育公共服务志愿者队伍的重要发展对象。对有力提升高校体育公共服务的志愿者队伍数量与质量具有重要意义。大多数体育教师及大学生表示，如果学校需要他们为大学生或校外公民的体育公共服务贡献一定的力量，他们会乐意或比较乐意参与其中，这为发展高校体育公共服务指导人员志愿者提供了有力的群众基础。

六、体育资源的共享性

体育资源是一个社会用于体育活动，为扩大参与体育活动的人口和提高竞技运动水平在物资、人力、时间和信息等方面的投入，是发展体育的物质凭借。一般来说，体育资源越充沛，体育活动越容易开展，其发展水平就越高。但人们的健康需求没有限度，竞技运动的发展也没有止境，因此体育资源与社会体育需求之间总是存在差距，社会越是发展，人们越是感到体育资源的紧缺[①]。高校体育资源是以高校为基本范围的区域性体育资源，是与高校体育活动密切相关的体育教师、体育场馆（地）、器材设备、经费、信息资源等人、财、物的总和，是高校开展体育教学和各种体育活动的基础和保障。由于目前我国体育场地少、质量差，被侵占挪用、封闭管理等问题已经明显影响到我国体育公共服务的有效开展，而高校体育资源不管是从数量还是从质量上看都具有明显优势，在一定情况下，将高校体育人力、物力、财力等体育公共资源与社会共享，已经成为缓解我国体育资源需求日趋增多与体育资源不足之矛盾的重要途径。因此，高校体育资源与社会共享不仅是政策的导向，也是社会的需要。

七、服务理念的人本性

新公共服务理论认为政府的职能是服务而非“掌舵”。公共行政人员在管理公共组织和执行公共政策时应集中承担为公民服务和向公民放权的职责，他们的重要作用在于帮助公民表达和实现他们的共同利益，而非试图在新的方向上

---

① 参见任海、王凯珍、肖淑红等：《论体育资源配置模式——社会经济条件变革下的中国体育改革》，载《天津体育学院学报》2001 年第 2 期。

控制或驾驭社会，其工作重点既不应是为政府这艘航船掌舵，也不应是为其划桨。

对于高校体育公共服务而言，高校体育公共服务作为政府公共服务的重要组成部分，在提供体育公共服务的过程中必须注重服务理念的更新。面向校内学生，应树立人本位的教育理念，一方面要适应现代教育的发展趋势，在课程体系、教学形式、教学内容、方法手段等方面大胆创新，使大学生掌握1～2项自己喜爱的运动项目和技术技能，学会健康生活的技能，为提高今后生活质量、终生进行体育锻炼和身体保健奠定基础；另一方面，大学的体育教学应以学生发展为本，注重学生个性的养成，实现体育课程生活化、加强体育课程的个性化和多样化，并强调大学生的自我教育。面向校内教职工及其家属以及校外公民时，则必须树立民本位和社会本位思想，树立真诚为民服务、提供平等服务、提供有效服务的理念。

第四章　高校体育服务供给的现状

第一节　高校体育服务的主客体概况

一、高校体育服务的主体概况

高校体育服务的师资来源以本校体育教师为主，多数高校体育教师在体育教学时间以外负责室内外体育场馆的健身指导等体育服务活动。少数高校有外聘教练的现象，这主要是由于本校师资不能满足本校体育教学、课余训练以及健身指导的需要。也有不少高校存在本校大学生参与体育锻炼指导以及体育活动组织等服务内容的现象(见表 4-1)。

表 4-1　　高校室内外体育场地体育服务的师资来源(N=10)

	本校体育教师	外聘教练	本校大学生
室内场馆	9	2	3
室外场地	8	2	3

据调查，高校大学生的体育服务主要通过参与大学生体育社团或志愿服务的方式进行。因此也可以认为，高校体育公共服务的主体主要有高校体育教师、外聘教练、高校学生体育社团、高校体育志愿者以及高校大学生(如图 4-1)，其中高校大学生包括体育专业大学生、体育特长生、有一定体育基础的体育爱好者以及非体育专业的普通大学生，这些不同的服务主体在高校体育公共服务过程中各有优势，承担不同的角色和任务。

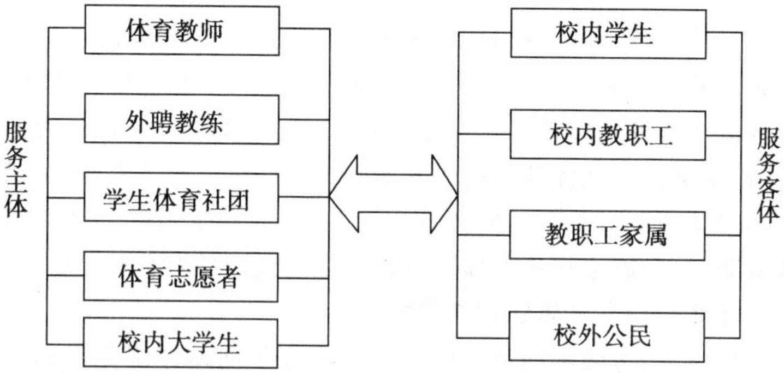

图 4-1　高校体育服务主客体示意图

调查中也发现,高校体育服务主体的供给相对不足。调查结果显示,多数高校校内学生、教职工及其家属以及校外公民具有较高的体育锻炼指导需求。然而,从目前高校最主体的指导人员——体育教师的指导情况来看,以体育教师为主体的健身指导队伍尚不能很好地满足多数人群的健身指导需求。如表 4-2 所示,体育教师对校内学生的体育指导最多,但也有 25.3%的体育教师偶尔或从不对校内学生进行体育健身指导或服务;对校内教职工及其家属或校外公民,多数体育教师只是偶尔进行指导或服务,从不提供健身指导和服务的教师数量占很大比例。因此,在目前公民健身指导需求较高的情况下,充分发挥体育教师的主导作用,调动各种供给主体的积极性是高校体育公共服务健康持续开展的重要任务。

表 4-2　高校体育教师对不同人群提供体育服务的情况(N=213)

服务情况 / 人群	经常	偶尔	从不
	频数/百分比(%)	频数/百分比(%)	频数/百分比(%)
校内学生	159/74.6	42/19.7	12/5.6
校内教职工	47/22.1	119/55.9	47/22.1
校内教职工家属	20/9.4	96/45.1	97/45.5
校外人员	33/15.5	120/56.3	60/28.2

二、高校体育服务客体概况

(一)高校体育服务客体的组成

据调查,高校体育服务的服务对象有校内学生、校内教职工、教职工家属以及校外公民四类人群。其中高校校内学生是高校体育服务的最主要群体，在体育教学时间以外，多数高校室内外体育场馆（地）经常对校内学生开放。其次，校内教职工是高校体育服务的重要对象，教职工担负着学校教学等具体工作，为其提供便利的体育服务内容是学校应尽的责任，也是教职工体育权力的体现。除此以外，教职工家属以及校外公民也是多数高校的体育服务对象，尽管室内外体育场馆（地）对此服务对象群体的开放程度不同，但多数高校已经逐渐认识到服务社会的重要意义，许多高校的体育场馆已经逐渐开始对校外公民开放。

（二）高校体育服务客体的体育需求

调查结果显示，尽管不同群体的体育需求在不同体育服务类别中有不同的分布，但不同人群的体育需求具有普遍的广泛性和一定的相似性，集体性体育活动被多数人所青睐，有规律的日常体育锻炼活动为多数人所需求，这种情况具体体现在以下几方面：

（1）体育服务需求的相似性。如表 4-3、表 4-4 所示，体育场馆（地）、体育锻炼指导、组织日常及节假日体育活动是大众需求程度较高的体育服务内容，另外也有较多人希望高校向自发性体育群体提供如制定运动处方、体育康复保健、体育报刊书籍以及体育活动的信息、倡导文明行为与健康风尚的服务内容。从总体上看，在每个服务类别的具体内容里面，至少有 1～2 项内容是不同服务对象需求程度较高的。如健身设施类里面的“提供体育场馆”“提供体育场地”是所有人群均有较高需求程度的服务内容。尽管不同人群的具体喜好不尽相同，但大体上只是喜好内容的主次要地位有所差异。

（2）对科学健身追求的普遍性。不同群体体育需求的广泛性和相似性也体现在对科学健身的追求上。如表 4-3、表 4-4 所示，多数群体都希望通过科学的方法达到增强体质或者健康减肥的目的，因而对“高校体育健身团队”“体育锻炼指导”“运动后的营养调配”等方面的服务具有很大的需求，尤其是随着人们生活水平的不断提高以及肥胖率的增长，出于对健康或美的追求，人们在“运动后的营养调配”方面的需求已经悄然提高。“建立个人锻炼档案”“体育康复保健”“运动处方”以及“面向自发组织的体育团队的援助”也成为许多服务对象对高校体育公共服务不可或缺的体育需求。

表 4-3　　不同人群对高校体育服务内容的需求分层

人群	多数人需要的高校体育服务内容（百分比 50%以上）	较多人需要的高校体育服务内容（百分比在 40%以上，50%以下）
大学生	提供体育场馆（地）、成立高校体育健身团队、体育锻炼指导、运动后的营养调配、组织日常及节假日体育活动、运动项目培训、新式健身娱乐项目的推广	向自发性体育群体提供帮助、制定运动处方、建立个人锻炼档案、体育康复保健、提供体育报刊书籍以及体育活动的信息、倡导文明行为与健康风尚
校内教职工及其家属	提供体育场馆（地）、体育锻炼指导、建立个人锻炼档案、组织日常体育活动、运动项目培训、宣传身心健康知识	成立高校体育健身团队、建立个人锻炼档案、运动后的营养调配、组织节假日体育活动、提供体育报刊书籍以及体育活动的信息、新式健身娱乐项目的推广
校外公民	提供体育场馆（地）、成立高校体育健身团队、体育锻炼指导、组织日常体育活动	运动后的营养调配、组织节假日体育活动、倡导文明行为与健康风尚、宣传身心健康知识

表 4-4　不同人群希望高校提供服务内容的情况（$N_{1,2,3}$＝1006，180，228）

服务内容 \ 人群		大学生（N_1）	教职工及其家属（N_2）	校外公民（N_3）
		频数/百分比（%）	频数/百分比（%）	频数/百分比（%）
健身设施	提供体育场馆	745/74.1	139/77.2	139/61.0
	提供体育场地	581/57.8	117/65	131/57.5
	无	27/2.7	5/2.8	13/5.7
健身组织	向自发性群体体育援助	481/47.8	107/59.4	79/34.6
	成立高校体育健身团队	558/55.5	79/43.9	116/50.9
	无	100/9.9	23/12.8	51/22.4
健身指导	体育锻炼指导	606/60.2	118/65.6	140/61.4
	制定运动处方	478/47.5	66/36.7	70/30.7
	陪练	195/19.4	53/29.4	42/18.4
	无	69/6.9	17/9.4	29/12.7

续表

服务内容 \ 人群		大学生（N_1）	教职工及其家属（N_2）	校外公民（N_3）
体质监测	建立个人锻炼档案	428/42.5	78/43.3	77/33.8
	体育康复保健	402/40	70/38.9	76/33.3
	锻炼后的身体监测	382/38.0	68/37.8	63/27.6
	运动后的营养调配	581/57.8	75/41.7	96/42.1
	无	85/8.4	18/10	34/14.9
体育活动	组织日常体育活动	601/59.7	128/71.1	117/51.3
	组织节假日体育活动	531/52.8	76/42.2	111/48.7
	无	69/6.9	23/12.8	29/12.7
体育培训	运动项目培训	580/57.7	115/63.9	104/45.6
	体育裁判培训	355/35.3	28/15.6	43/18.9
	社会体育指导员培训	267/26.5	48/26.7	51/22.4
	无	126/12.5	153/85	52/22.8
体育信息	提供体育报刊书籍等	454/45.1	72/40	76/33.3
	开通健身服务热线	290/28.8	36/20	74/32.5
	提供自学运动知识的网页	396/39.4	60/33.3	70/30.7
	提供体育活动信息	455/45.2	86/47.8	73/32
	无	69/6.9	19/10.6	17/7.5
其他	倡导文明行为健康风尚	441/43.8	75/41.7	91/39.9
	宣传身心健康知识	560/55.7	94/52.2	112/49.1
	创新健身项目	328/32.6	47/26.1	39/17.1
	新式健身项目的推广	566/56.3	84/46.7	77/33.8
	无	63/6.3	20/11.1	0/0
	其他	5/0.5	1/0.6	25/11

(3)集体性体育活动被多数人所青睐。如表 4-5 所示，集体性体育活动在增进身心健康、促进人际交往等方面具有明显作用。正是由于这种特点，在现代社会城市化加速的情况下，人们对集体活动的需求日渐提高，尤其是参加集体性体

育活动，已经逐渐成为多数服务对象实现健身与交往等目的的重要途径。

表 4-5　不同人群参加集体性体育活动的态度($N_{1,2,3}$=1006,180,228)

人群＼态度	非常希望	希望	一般	不希望	非常不希望
	频数/百分比(%)	频数/百分比(%)	频数/百分比(%)	频数/百分比(%)	频数/百分比(%)
大学生(N_1)	133/13.2	481/47.8	309/30.7	73/7.3	10/1.0
教职工及其家属(N_2)	32/17.8	98/54.4	43/23.9	6/3.3	1/0.6
校外公民(N_3)	16/7	109/47.8	88/38.6	15/6.6	0/0

(4)有规律的日常体育锻炼活动是公民最基本最直接的体育需求之一。如表 4-6 所示，与大众体育竞赛表演活动、业余运动技术等级认证活动、竞技体育比赛活动、专业的运动训练活动等内容相比较，日常体育锻炼活动目前已经成为多数人最为需求的体育服务内容，究其原因，与人们健康意识与体育意识的逐渐提高有关：越来越多的人已经认识到体育锻炼的健身价值，并将日常体育锻炼作为强身健体的重要手段。可见，日常体育锻炼已成为目前多数人最基本、最直接的体育需求。

表 4-6　不同人群参加体育活动的类别倾向($N_{1,2,3}$=1006,180,228)

人群＼类别	有规律的日常体育锻炼活动	大众体育竞赛表演活动	业余运动技术等级认证活动	竞技体育比赛活动	专业的运动训练活动	其他
	频数/百分比(%)	频数/百分比(%)	频数/百分比(%)	频数/百分比(%)	频数/百分比(%)	频数/百分比(%)
大学生(N_1)	596/59.2	391/38.9	295/29.3	253/25.1	177/17.6	14/1.4
教职工及其家属(N_2)	143/79.4	49/27.2	32/17.8	26/14.4	25/13.9	5/2.8
校外公民(N_3)	149/65.4	67/29.4	38/16.7	44/19.3	26/11.4	5/2.2

(5)从总体上看，大众最基本、最直接的体育需求分布在每一个体育服务类

别，具体内容主要有：体育场馆（地）服务、体育组织服务、体育锻炼指导、运动后的营养调配、健康知识宣传、日常体育活动的组织以及运动项目培训服务。

第二节　高校体育服务供给的内容

一、高校体育服务的运动项目

据调查，高校面向校内外公民提供体育服务的项目种类较多，但根据诸多项目的开展情况来看，具有明显的层次性特点（见表 4-7 和表 4-8）。以频数分布为依据对所调查高校开展体育项目的情况进行汇总，可以将其分为四类：第一类为高校普遍开展较好的项目，如乒乓球、篮球、羽毛球、排球、足球、健美操、体育舞蹈、太极拳等；第二类是高校开展情况一般的项目，如网球、游泳、田径、瑜伽、跆拳道、健身气功（五禽戏、八段锦）等；第三类是只有极少数高校开展的体育项目；第四类则是没有高校开展的项目。这种层次性的形成受多方面因素影响。

表 4-7　开展情况较好的体育项目(N=10)

项目	频数	项目	频数	项目	频数	项目	频数
体育舞蹈	6	纸牌	0	跳竹竿	0	轮滑	1
瑜伽	4	电子竞技	1	民间舞蹈	0	登山	0
街舞	1	太极拳	7	打陀螺	0	攀岩	1
健美操	7	太极剑	1	踩高跷	0	跑酷	0
羽毛球	6	太极柔力球	1	蹴球	0	跆拳道	4
乒乓球	8	木兰扇	0	打腰鼓	1	骑自行车	0
网球	4	扭秧歌	0	跳锅庄	0	游泳	4
篮球	8	跳绳	0	龙舟	0	击剑	1
排球	5	健身气功	3	射箭、射弩	0	手球	1
足球	5	舞龙舞狮	2	田径	3	其他	2
下棋	0	抖空竹	0	滑冰	0		

注：其他项目包括空手道、散打。

表 4-8　　高校开展较好的体育项目分类(N＝10)

类别	包含项目	频数
第一类	乒乓球、篮球、羽毛球、排球、足球 健美操、体育舞蹈 太极拳	5～8
第二类	网球、游泳、田径 瑜伽、跆拳道、健身气功(如五禽戏、八段锦)	3～4
第三类	街舞、击剑、手球、空手道、散打 电子竞技 舞龙舞狮、太极剑、太极柔力球、打腰鼓、轮滑、攀岩	1～2
第四类	下棋、纸牌、木兰扇、扭秧歌、跳绳、抖空竹、跳竹竿、民间舞蹈、打陀螺、踩高跷、蹴球、跳锅庄、龙舟、射箭、射弩 滑冰、登山、跑酷、骑自行车	0

(一)与体育教师对体育项目的擅长情况有关

高校体育教师所擅长的体育项目也明显具有层次性特点，通过对高校体育教师擅长体育项目的汇总可以看出，高校开展较好的体育项目(如球类项目)往往也是体育教师比较擅长的体育项目，如表 4-9、4-10 所示。

表 4-9　　体育教师擅长的体育项目(N＝213)

项目	频数	百分比(%)	项目	频数	百分比(%)	项目	频数	百分比(%)	项目	频数	百分比(%)
体育舞蹈	19	8.9	纸牌	19	8.9	跳竹竿	2	0.9	轮滑	6	2.8
瑜伽	14	6.6	电子竞技	10	4.7	民间舞蹈	2	0.9	登山	15	7.0
街舞	9	4.2	太极拳	34	16.0	打陀螺	3	1.4	攀岩	9	4.2
健美操	44	20.7	太极剑	16	7.5	踩高跷	1	0.5	跑酷	1	0.5
羽毛球	63	29.6	柔力球	3	1.4	蹴球	0	0	跆拳道	7	3.3
乒乓球	52	24.4	木兰扇	4	1.9	腰鼓	0	0	自行车	22	10.3
网球	41	19.2	扭秧歌	0	0	跳锅庄	0	0	游泳	50	23.5
篮球	82	38.5	跳绳	15	7.0	龙舟	1	0.5	其他	14	6.6
排球	53	24.9	舞龙舞狮	1	0.5	射箭	2	0.9			
足球	37	17.4	健身气功	14	6.6	田径	63	29.6			
下棋	19	8.9	抖空竹	2	0.9	滑冰	9	4.2			

注：其他项目包括空手道、散打。

表 4-10 高校体育教师擅长的体育项目分类

类别	包含项目	频数
第一类	篮球、羽毛球、田径、排球、乒乓球、游泳	50～82
第二类	健美操、网球、足球、太极拳	34～44
第三类	骑自行车、体育舞蹈、纸牌、下棋、太极剑、跳绳、登山、健身气功、瑜伽、街舞、滑冰、攀岩、跆拳道、轮滑、电子竞技	6～19
第四类	木兰扇、太极柔力球、舞龙舞狮、抖空竹、跳竹竿、民间舞蹈、打陀螺、踩高跷、龙舟、射箭、射弩、跑酷、空手道、散打、扭秧歌、蹴球、打腰鼓、跳锅庄	0～4

(二)与体育项目的普及程度有关

目前普及程度比较高的体育项目高校往往开展较好，一些普及程度相对较低的项目则开展较少。如球类项目及太极拳在我国普及程度高，多数高校对该项目的开展较好；而有些普及程度相对较低的体育项目则很少有高校开展得好，如民族传统体育项目中的舞龙舞狮、太极剑、扭秧歌、木兰扇等项目，都是普及程度不高的项目。

(三)与安全因素有关

对具有一定安全隐患的体育项目，高校开展得越来越少。安全问题一直是困扰学校体育项目多样化发展的重要问题之一，故一些安全性差的项目如登山、攀岩、滑冰、跑酷等，一般极少甚至没有高校开展。最后，高校体育项目的开展与项目本身所需场地的占地面积及经济成本也有关系，如网球、游泳等项目，因所需场地占地面积大、经济成本高，能开展好的高校相当有限。

从高校开展较好的体育项目可以看出，目前高校开展情况较好的体育项目内容相对单一，与大学生及校外公民的多样化需求尚不能完全匹配；在民族传统体育方面以及新兴体育娱乐项目或极限运动项目方面存在较大的发展空间。进一步提高体育教师的业务水平，增强并丰富体育教师的优势项目是丰富高校体育优势服务项目的重要途径。

二、高校体育服务的内容

高校开展体育服务的内容较丰富，且具有层次性与不均衡性特点，主要表现在以下几方面：

(1)提供健身设施、体质检测、发展校内学生体育社团、体育锻炼指导是大多数高校最常见的体育服务内容。多数高校对全体服务对象较多地提供了该层次服务内容，这与多方面因素有关：①近年来国家强调增强学生体质，注重学生体质监测，这势必对高校体育服务有所影响；②近几年国家强调开放学校体育场馆，并出台一系列政策，对高校体育资源与社会共享必然有一定影响；③在大的政策环境等因素的影响以及广泛的体育需求的导向作用下，高校服务本校学生及社会的意识逐渐增强，服务水平日趋提高，服务内容也日渐丰富；④开展该类服务内容相对较容易、便利条件相对较多、所需体育公共资源相对较少的特点，使高校比较容易在相对较短的时间内开展相对比较丰富且具有一定规模的体育服务，即该类服务内容更容易产生较强的高校体育服务短期效应。

(2)少数高校对校内大学生、教职工及其家属提供了日常及节假日体育活动、宣传科学健身知识、体育康复保健、运动项目培训、体育裁判培训、社会体育指导员培训、制定运动处方以及陪练的体育服务内容，对校外公民也提供了体育锻炼指导、承办体育活动、体育裁判培训、社会体育指导员培训及陪练的体育服务内容。然而据调查，这往往是诸多服务对象需求程度相对较高，而现实中高校体育服务却开展相对较少或难度较大的服务内容。如日常体育活动的组织以及运动项目的培训为众多服务对象所普遍需求，尽管相对较简单，但由于涉及人群数量大，所开展内容耗费时间和人力资源都相对较多，对高校体育服务开展造成的难度自然就大，这也正是高校对许多服务内容的提供难以建立长效机制的重要原因。

(3)极少数高校向校内学生、教职工及其家属提供了体育活动信息交流、新兴项目推广以及建立个人锻炼档案服务，或向校外公民的自发性体育群体组织提供援助服务，对校外公民提供体育康复保健、运动项目培训、体育信息网页以及宣传科学健身知识的服务内容。随着人们对科学健身知识及信息需求层次的提高，该类服务内容正成为人们日益增长的体育服务需求内容，这也给高校体育公共服务带来了更大的挑战。

(4)从高校面向不同服务对象提供服务内容的情况看，高校面向校内大学生、教职工及其家属提供的体育服务内容相对较多，面向校外公民的体育服务内容则较少，除部分高校向校外公民提供健身设施和服务外，仅有少数高校有面向校外公民的体质检测服务，其他服务内容更是少之又少。这正是高校体育服务不均衡性特点的体现所在。

具体可参考表4-11至表4-14。

表 4-11　高校向校内学生、教职工及其家属提供体育服务的内容(N=10)

服务内容	频数	服务内容	频数	服务内容	频数
提供健身设施	10	体育康复保健	3	开通健身服务热线电话	0
发展校内体育社团	5	体质检测	6	体育活动信息交流	1
体育锻炼指导	5	组织日常及节假日活动	4	宣传科学健身知识	4
陪练	2	运动项目培训	3	健身项目研发	0
制定运动处方	2	体育裁判培训	3	新兴项目推广	1
建立个人锻炼档案	1	社会体育指导员培训	3	其他	0

表 4-12　高校向校内学生、教职工及其家属提供体育服务的内容分类(N=10)

类别	内容	频数范围
一类	提供健身设施、体质检测、发展校内体育社团、体育锻炼指导	5～10
二类	组织日常及节假日体育活动、宣传科学健身和体育康复保健知识、运动项目培训、体育裁判培训、社会体育指导员培训、制定运动处方、陪练	2～4
三类	体育活动信息交流、新兴项目推广、建立个人锻炼档案	1
四类	开通健身服务热线电话	0

表 4-13　　　　高校向校外人员提供体育服务的内容(N=10)

服务内容	频数	服务内容	频数	服务内容	频数
提供健身设施	9	体质检测	4	提供体育信息网页	1
向自发性体育群体提供帮助	1	承办体育活动	2	体育活动信息交流	0
体育锻炼指导	3	运动项目培训	1	宣传科学健身知识	1
陪练	2	体育裁判培训	2	健身项目研发	0
制定运动处方	0	社会体育指导员培训	2	新兴项目推广	0
建立个人锻炼档案	0	提供体育报刊等资料	0	其他	0
体育康复保健	1	开通健身服务热线电话	0		

表 4-14　　高校向校外人员提供体育服务的内容分类(N=10)

类别	服务内容	频数范围
一类	提供健身设施、体质检测	9
二类	体育锻炼指导、承办体育活动、体育裁判培训、社会体育指导员培训、陪练	2～4
三类	向自发性体育群体提供帮助、体育康复保健、运动项目培训、提供体育信息网页、宣传科学健身知识	1
四类	制定运动处方、建立个人锻炼档案、提供体育报刊等资料、开通健身服务热线电话、体育活动信息交流、健身项目研发、新兴项目推广	0

三、高校体育服务的场馆(地)开放情况

(一)场馆(地)开放基本情况

高校体育公共服务供给的方式是为实现高校体育公共服务供给目的而选择的各种措施和工具的总称。场馆开放是目前高校体育公共服务面向校内学生、教职工及其家属以及校外公民供给体育服务的最主要方式。有研究指出,目前我国体育场馆大约有 61 万个,其中 77%在学校。该研究对上海市区 20 所大学、20 所中学、20 个街道、20 个企业的体育场馆的调查统计表明:学校,特别是高校的体育场地设施相对完善。这给高校体育服务工作的开展提供了硬件保证。① 事实上,开放学校体育设施已不是新鲜话题。十几年来,社会居民对开放学校体育设施的呼声从未停止过,但现实情况却是市民苦于没有健身场所,而大量的学校体育设施被闲置。学校体育场馆一旦开放,校园安全、维护等问题就会随之而来,如何解决相应的问题,也有一定的难度。

总的来讲,学校体育场馆的对外开放工作是逐步推进的。近年来,根据相关政策的倡导,我国不同省市逐渐开始推进学校体育场馆(地)对外开放的工作。据资料显示,2012 年,深圳市文体旅游局会同市教育局制定了《深圳学校体育场馆开放管理办法》及《实施细则》,以加快推动学校运动场所向社会开放。根据他们制订的方案,学校体育设施开放的两大前提是社区周围缺乏体育设施、学校体育设施满足开放条件。如寄宿制高中,因为学校学生在校住宿,不便开放;而小学校园因体育器材不适合成年人,为避免影响正常教学,也无法开放,此外,有些学校的体育设施配备较少,在本校师生都满足不了的情况下,也不会对外开放。

① 参见韩冬:《我国大学生体育社团的组织与活动建设》,载《上海体育学院学报》2008 年第 5 期。

根据深圳市教育局提出的方案，学校体育设施满足开放条件的，可在向有关部门申报后，探讨具体开放的时间、方式等①。对于学校体育场馆(地)的开放，也有人提出，开放学校体育场馆(地)只是在社区周围缺乏体育设施的情况下进行的一种补充形式，重要还是完善公共体育设施的开放措施。很多学校的相关负责人也认为，学校的主要任务是教育教学，没有对外开放这一职责。因此，政府相关主管部门应与教育系统一起梳理，明确各区各学校尤其是高校在体育设施向公众开放的过程中涉及的问题以及推动场馆(地)设施对外开放的条件，以便做好保障，明确责任主体，用恰当的管理办法分清楚各方面的责任以及保障的渠道，进而推动学校体育场馆(地)设施的开放。

就高校体育场馆(地)的开放程度而言，高校室内外体育场馆面向全体服务对象的开放程度差别不大，一般为全部开放或部分开放，室外体育场地全部开放的居多，极少数高校不开放(见表 4-15)。对于校内学生的开放程度，更是以全部开放居多，这与大部分体育教师的观点看法相一致(见表 4-16)。

表 4-15　高校体育场馆(地)的开放程度(N=10)

开放程度 开放类别	全部开放	部分开放	不开放
室内场馆	4	4	2
室外场地	6	3	1

表 4-16　体育教师对高校体育场馆设施向校内学生开放的认识(N=213)

开放程度	全部开放	部分开放	不开放
频数/百分比(%)	124/58.2	87/40.8	2/0.9

就开放时间而言，多数高校的体育场馆(地)一般在体育教学时间以外(包括寒暑假期以及节假日)，在满足正常体育教学需要的情况下开放，一般为全天开放或部分时段开放。

就开放的对象与开放频率而言多数高校的室内外体育场馆(地)对于校内大学生、校内教职工及其家属是经常开放的(见表 4-17)。对于校外公民，大多仅限于室外场地的经常性开放，室内场馆的开放还相对有限。在教学时间以外室外，所调查 10 所高校的体育场地对校外公民经常开放的居多，有 8 所，对校外公

① 参见《社区缺体育设施 学校场馆来开放》，载北方网：http://news.enorth.com.cn/system/2012/11/14/010271853.shtml.

民经常开放室内体育场馆的仅有3所,另有5所只是偶尔开放。

表4-17 室内外体育场馆(地)对不同服务对象的开放情况(N=10)

开放情况 / 人群	室内体育场馆			室外体育场地		
	经常(每周2～3次或以上)	偶尔(每周低于2次)	从不	经常(每周2～3次或以上)	偶尔(每周低于2次)	从不
校内学生	9	1	0	10	0	0
校内教职工	9	1	0	10	0	0
教职工家属	6	4	0	9	1	0
校外公民	3	5	2	8	1	1

各高校对室内外体育场馆(地)的开放程度稍有差异,对不同对象的开放频率也有差别,多数高校的室内体育场馆对校外公民只是偶尔开放或从不开放。室内外体育场馆的开放程度及开放频率存在差异的原因,客观上与室内外场馆的建设成本差异较大有关,室内体育场馆的建设成本往往较高,设备维护难度较大,而室外体育场地的建设成本则相对较小,设备维护相对较容易;主观上则与高校的服务意识及服务态度有关,多数高校对高校体育服务社会的认识并不十分明确,积极性也不高。

(二)场馆(地)的收费情况

高校室内外体育场馆面向不同服务对象的收费情况也不尽相同。如表4-18和4-19所示,在体育教学时间以外,多数高校室内外体育场馆(地)对校内学生或校内教职工及其家属完全免费或象征性收取一定费用,少数高校实行有偿服务。对校外公民,绝大多数高校的体育场馆(地)都实行有偿服务,少数高校象征性收取一定费用或完全免费,但范围仅限于室外体育场地。高校体育场馆(地)收费标准的确定往往受多方面因素的影响,尤其与场馆(地)的开放时段、服务对象、场地(馆)设施的成本、运动项目等有关,通常锻炼时间较集中的时段(如下午)、建设和维护成本相对较高的场馆(地)、对场地要求较高或技术含量相对较高的运动项目,其收费相对较高,反之则相对较低(见表4-20)。

表 4-18　　高校室内体育场馆对不同服务对象的收费情况(N=10)

收费情况 人群	有偿, 市场化运作	象征性收取 一定费用	完全 免费	以上都不是 (没开放)
校内学生	2	4	4	0
校内教职工	3	3	4	0
校内教职工家属	3	5	2	0
校外公民	7	0	0	3

表 4-19　高校室外体育场馆(标准与非标准)对不同服务对象的收费情况(N=10)

收费情况 人群	有偿,市场化运作	象征性收取一定费用	完全免费
校内学生	1	1	8
校内教职工	1	1	8
校内教职工家属	2	2	6
校外公民	4	5	1

表 4-20　　高校有偿体育服务收费标准的确定依据(N=10)

方式	开放时段	服务对象	场地(馆)设施的成本	运动项目	其他
频数	5	4	5	3	2

正因为此,根据多数高校体育管理者及体育教师的观点(见表 4-21),高校对不同服务对象的收费应有所差异,如表 4-22 所示。这一观点与目前高校室内外体育场馆(地)对不同服务对象的收费情况基本一致,即高校出于育人宗旨以及增强学生体质的需要,面向校内学生完全免费或象征性收取一定费用;出于对教职工的关爱以及高校自身的发展,为了向职工提供有利的健身环境,面向教职工免费或象征性收取一定费用;教职工家属由于与教职工有着千丝万缕的联系,同时又具有校外公民的特点,因此对其的收费标准以象征性收取一定费用为主,同时根据其所使用场馆(地)的情况对其实行有偿服务或完全免费服务;对校外公民实行有偿服务是多数人所希望的,多数高校也选择了这样的方式,这满足了一定数量校外公民的体育需求。尽管如此,高校体育场馆(地)对外开放所满足的人群数量还十分有限,与国家关于学校体育场馆(地)对外开放的政策要求还有很大的差距,这与高校面向校外公民的服务方式与收费标准有关,与高校现有

的物质条件和水平有关，与高校体育服务社会的观念意识也不无联系，高校体育公共服务遵循其公共性等原则面向校外公民提供体育服务的路还很长。

表 4-21　高校体育管理者及教师对高校室内外体育场馆（地）向不同服务对象收费的态度（N=246）

人群＼观点	有偿 频数/百分比(%)		象征性收取一定费用 频数/百分比(%)		完全免费 频数/百分比(%)	
	室内	室外	室内	室外	室内	室外
校内学生	20/8.1	15/6.1	115/46.7	56/22.8	111/45.1	175/71.1
校内教职工	30/12.2	21/8.5	125/50.8	66/26.8	91/37.0	159/64.6
校内教职工家属	76/30.9	45/18.3	135/54.9	108/43.9	35/14.2	93/37.8
校外人员	195/79.3	155/63.0	36/14.6	59/24.0	15/6.1	32/13.0

表 4-22　高校体育管理者教师对室内外体育场馆（地）向不同服务对象收费标准的态度

人群＼收费情况	室内场馆		室外场地	
	主要标准	次要标准	主要标准	次要标准
校内学生	完全免费	象征性收取费用	完全免费	/
校内教职工	象征性收取费用	完全免费	完全免费	/
校内教职工家属	象征性收取费用	有偿服务	象征性收取费用	完全免费
校外公民	有偿服务	/	有偿服务	/

（三）场馆（地）运营模式

如表 2-5 所示，高校有偿体育服务一般采取体育系（部、院）统一经营的方式运作，少数高校采用了向社会租赁经营或与社会合作经营的方式。据访谈，也有部分高校以专门的体育场馆中心责任制方式、资产管理职能部门运营或综合运营方式进行运作。综合诸多高校体育场馆（地）的运营模式，按照采取市场化机制的程度，可以将其分为三大类，即非市场化机制运营模式、市场化机制运营模式以及综合运营模式。

1. 非市场化机制运营模式的四种主要具体管理形式

（1）体育系（部、院）统一经营。即高校体育院（系、部）负责制定体育场馆的管理制度，并承担具体的实施工作。该管理方式侧重于体育教学与训练工作，以教学训练工作的具体实施情况作为评价场馆运行与管理的标准，在保障学校体育教学与训练的顺利进行方面具有一定优势。其缺点在于管理与经营人员一般为在职体育教师与行政工作人员，其工作职责主要为完成体育教学与管理任务，在体育场馆运营过程中的时间和精力相对不足，易产生服务质量偏低以及工作积极性不高等问题，不利于人力资源的整合和利用体育院系相对丰富的体育场馆资源。

(2)分散权力管理。即高校根据体育场馆(地)的功能将体育场馆(地)的管理分成不同的部分分配到各个部门，如分给不存在上下级关系的各个系部，给各个系部较大的发挥空间。这种管理方式有利于提高组织效率，充分发挥各系部特长，更加有效地利用人力和财物；但这种机制往往缺乏一定的统筹性，对各部门的制约不够，因此可能导致各部门利益不均衡，甚至影响到部分体育教学工作的顺利进行。

(3)资产管理职能部门运营。即由高校后勤集团等高校资产管理职能部门对高校体育场馆(地)进行管理，该部门配合学校的体育教学及业余训练工作，并负责学校体育场馆(地)的社会化经营及场馆(地)维护工作。因此，在该模式中高校资产管理部门承担着体育场馆管理者和经营者的角色。这样的管理方式对于理顺高校各职能部门之间的关系具有一定优势，可以使资产管理部门对学校各种资源进行统一的专业化经营与管理，避免高校教学单位与资产管理部门在职能上的重复与冲突。然而，资产管理职能部门终究不是专业的体育经营管理机构，在经营方式、管理手段、服务能力以及人力资源等方面，与专业的体育场馆运营公司必然存在一定的差距，不利于体育场馆(地)的有效运营。

(4)体育场馆中心责任制。实施该模式的高校往往场馆(地)规模大，在校人数多，因此要设置专门的体育场馆(地)管理行政单位。场馆中心一般直属于高校体育系(部、院)，设中心主任岗位及办公室、场馆部、设备部，多校区办学的高校往往还设有校区管理部。中心主任统筹协调场馆(地)资源的利用，办公室负责场馆中心的日常行政事务，场馆部负责具体协调体育场馆的运行管理，设备部负责各类体育设备器材的维护与管理，校区管理部负责各校区体育教学和训练、教职工体育锻炼、场馆(地)的对外开放与管理。

以上四种非市场机制的场馆(地)管理形式各有特点，分别适合于不同的高校，但有一个共同点是值得关注的：几种管理方式中的管理部门毕竟不是专业体育经营与管理机构，一般在场馆(地)管理方面的专业水平有限，其在经营管理等各方面的业务水平与专业体育场馆运营公司往往存在差异，因此可能不利于场馆(地)的社会化运营以及场馆对外开放。

2. 市场化机制运营模式的两种主要具体形式

(1)向社会租赁。向社会租赁的经营模式是指高校在满足体育教学的情况下，将学校体育器械或场馆(地)面向社会进行出租，以获得一定的经济利益用于体育场馆(地)的维护及建设等事宜。校方与租赁方签订租赁合同以保护各自利益,校方按照合同要求向租赁方提供合同中指定的器械或场馆(地),租赁方按照合同要求向校方支付一定的租赁费用,双方共同遵守合同所提及的基本要求。所谓承包,是指在满足高校正常体育教学工作的情况下,由校内外人员或单位承包方负责高校体育场馆的运营与管理工作,并按照合约的规定向高校缴纳一定承包金的经营方式。合作双方须签订正式的承包合同,承包方依据合同要求按期付款给高校,并负责体育场馆的具体运营工作;高校体育管理部门则只负责履行合同规定的相关义务,为体育场馆的运营提供职责范围内的基本保障,不直接参与一线的管理工作。该方式可有效调动各方面的积极性,减小学校在体育场馆经营与管理等方面的人力与物力投入,既能在一定程度上获得经济效益的最大化,又能使体育场馆资源得到有效利用,使高校体育资源在满足体育教学的同时能够更好地服务于社会。

(2)与社会合作。与社会合作是指在不改变体育场馆的产权性质和功能定位的情况下,将经营与管理权力交由其他法人或自然人(受托方)进行有偿经营,受托方应具有较强的经营管理能力,并能够承担相应的经营风险。受托方与高校通过契约的形式明确双方的权利及义务关系,对委托方的体育场馆有条件地进行经营与管理,从而实现高校体育资产的保值与增值。这种体育场馆经营管理的“托管模式”在欧美比较流行,一般由体育场馆的产权所有者(一般是学校)与受委托的社会组织签订体育场馆经营管理合同,明确双方的权利义务,并按照合同的约定,由学校委托经营者为体育场馆法人代表,使其负责体育场馆的日常经营与管理工作。该模式具有盈利性、专业性以及纯社会化管理的特点,既有利于减轻维护高校体育场馆的经费负担,又有利于体育场馆设施的合理使用,并且一定数量的盈利资金还可用于学校体育教学的发展。

市场化模式的体育场馆(地)管理方式在服务社会方面具有较强的优势,但承包方或受委托方有时为获得更多经济效益,可能会提高收费标准或降低服务质量,使高校体育公共服务的公益性受到影响,与高校体育公共服务的公共性相背离,有时甚至会出现一定的安全隐患,比如:有的承包方为获得更大的经济效益,在体育器材的使用和维护方面出现短期行为,致使学校体育场馆设施更容易遭到破坏,甚至导致一些意想不到的安全问题。

3.综合型运营模式

综合型运营模式是将多种模式进行综合,从而取优弃差,具体的运营方式为高校聘请社会专业公司主管高校体育场馆(地)的经营与管理工作,由高校体育院系部门或高校专门机构进行协助管理。对于具体的项目,高校可以将其承包到个人,并定期收取承包资金,这样既可以调动个人管理体育场馆(地)的工作积极性，又能保证体育场馆（地）资源的合理有效利用，在进行有效开发市场的同时，防止承包人由于追求个人经济利益而忽视学校体育育人的职能。这种管理模式有助于高校体育场馆（地）得到最专业的管理，避免不必要的耗损，同时又有助于学校体育工作的有效开展，保障高校师生体育公共利益的实现。

（四）场馆（地）开放过程中的难点

据调查，许多高校在开放体育场馆（地）的过程中遇到过不同的困难。如表4-23所示，高校在体育场馆开放过程中遇到的最主要的难点或问题是经费问题、安全问题、场馆（地）地设施维护问题以及政策法规不健全的问题。

表4-23　场馆开放过程中存在的主要问题（N=10）

存在问题	频数	存在问题	频数
经费短缺	8	政策法规不完善	4
缺乏安全保障	6	学校场馆（地）设施不合理	1
存在场地设施维护问题	6	服务人员的服务意识不够	1
影响正常体育教学	2	卫生问题	0
责任不明确	2	其他	1

1.经费问题。经费问题是场馆（地）开放过程中遇到的首要问题，主要体现在四个方面：

（1）经费短缺。体育经费是开展高校体育教学和课外体育活动的根本，是影响高校体育教学的重要因素。体育经费不足或体育经费流向不合理，都会从根本上影响高校体育教学的运行与发展。据有关资料显示，在我国，高校人均体育经费仅为25.6元，年度体育经费仅仅占年度教育经费平均值的0.45%。按照国家教育部规定，高校年度体育经费占年度教育经费比例的最低限为1%，然而能够达到此标准的高校仅占19.5%。①

（2）高校体育经费来源有限。如表4-24所示，长期以来我国高校体育经费的来源相对较单一，由于实行行政控制模式，多数高校体育以政府财政拨款为主，尽管少数高校有其他经费来源，如体育场馆（地）经营、商家赞助或政府资助，但其所占的比例并不大。由于政府财政投资具有非营利性与全局性特征，与其他投融资方式相比具有更强的资金筹措能力，是政府部门有计划地统一集中使用体育资金的重要手段，对高校体育事业的发展而言是非常有必要的。然而，政

① 参见宋敏敏、陈章跃：《对扩招后高校体育经费的现状思考》，载《内江科技》2010年第3期。

府财政投资也难免会有自身的局限性，出于全局性考虑，资金的投入有一定的计划性，经费在很大程度上受国家经济发展水平的制约，而这势必会弱化政府财政投资作为最重要投资主体的职能，对高校体育发展造成不利影响。

表 4-24　　我国高校体育经费来源①

经费来源	政府专项拨款	政府专项拨款和自筹资金	高校专项拨款与社会捐赠
百分比(%)	68.13%	24.14%	7.13%

(3)高校体育经费分布不均衡，这主要表现在高校间与高校内体育经费的分配不均衡上。由于高校体育教育经费主要来自政府的财政拨款，在一定程度上，各级政府的财政水平直接决定了对高校体育教育经费的投入水平。在目前市场经济体制下，地方教育管理权限逐渐扩大，各地高校体育教育经费对当地经济发展水平的依赖性也越来越大，因此，各地贫富不均也会直接影响到对高校体育教育经费的供应上，这种影响在高校体育教育经费总量及人均体育教育成本上都有所表现。高校体育经费的分布不均衡还体现在高校内各类体育活动经费的分配比例上。由于各高校管理水平和体育产业具体运作情况不同，体育经费在各种体育活动中的分配比例必然有所差异。

(4)高校体育经费还存在使用不当，没有发挥应有的经济效益和社会效益的问题。许多高校尽管确保了其体育场馆(地)的公益属性，但其体育场馆(地)应有的产业属性并没有得到较好的体现。由于受益微薄或无收益、管理部门对体育场馆(地)资源开发的不重视、体育部门缺乏市场性经营的内在动力等原因，有些本可以引入市场机制的体育资源陷入了经营不善的困境，致使高校大量的体育资源产生利用效率和效益不高的问题。总之，经费短缺、经费来源有限、经费分布不均衡以及经费使用不当是影响高校体育以及高校体育场馆(地)开放的亟待解决的重要问题。

2.安全问题

体育教学或体育活动中，很多时候要利用各种器械或进行对抗性运动，稍不注意就会发生扭伤、擦伤、拉伤、碰伤等运动损伤，轻者影响学生学习及日常生活，重者可能造成身体残疾，甚至危及生命。近年来，大学生等人群每年因参加各种体育活动而发生意外伤害的事故数量呈上升趋势，由此产生的经济与法律纠纷也随之增加，这种情况不但给高校体育教学工作造成了不良影响，也给体育教师带来沉重的工作压力和心理负担。高校体育场馆(地)对校内外人员开放的

① 参见宋敏敏、陈章跃：《对扩招后高校体育经费的现状思考》，载《内江科技》2010 年第 3 期。

过程中也难免有此类事件的发生，这无疑成为高校体育场馆(地)开放的隐忧，成为其开放过程中必然面对的风险。出现安全问题的原因很多，包括体育活动前的准备不足、体育活动组织失误、没有充分了解锻炼者的状况以及锻炼环境方面的因素(如气候特点、场地器材存在的隐患)等。

针对体育活动的安全隐患，许多高校采取了一定措施，如有些高校实行安全责任制，将安全责任确定到部门、到人，规定定期维护体育器材，定期进行安全检查、宣传安全常识并加强锻炼者的自我保护意识，引导锻炼者互帮互助等(见表4-25)。在这方面，北京大学有较完善的做法。北京大学本着安全第一的思想，在学生体质测试方面，强调在身体机能、素质测试前适当进行准备活动，以避免受伤；在测试工作中，要求负责台阶测试的测试员注意观察学生状况，为可能出现低血压、低血糖的学生准备了葡萄糖等必要的物品；对于患心脏病等不宜参加测试的疾病的学生，要求其提出申请，以对其实行部分项目的免测；制作了“安全提示”展板，制定“北京大学体质健康测试安全告示及预案”和“体质健康测试安全事故分级处理程序”，在测试通知、预约界面上放置告知提示，聘请教师为测试人员进行严格的安全培训及现场演示等。通过诸多措施使安全保障系统到位，北京大学在近几年的测试工作中未出现一例安全事故。

表 4-25　　体育场地开放过程中避免安全事故的措施(N=10)

措施	频数	措施	频数
实行安全责任制	7	加强锻炼者的自我保护意识	4
定期安全检查	6	引导锻炼者互帮互助	4
定期维护体育器材	7	其他	1
安全常识的宣传教育	6		

3.场馆设施的维护问题

据调查，许多高校存在设施维护规章制度或管理办法不健全、设施维护技术人员水平低、设施维护所需经费短缺等问题，此类问题也严重影响着高校体育场馆(地)设施的开放比例和开放效果。

4.政策法规问题

高校体育场馆(地)开放的相关政策法规尚不完善，也是高校体育场馆(地)开放面临的重要问题。尽管目前国家体育总局和教育部联合推行了以“全民健身与奥运同行”为主题的学校体育设施向社会开放的试点工作，制定了《全国学校体育场馆向社会开放实施办法》，以配合《全民健身计划纲要》，提高学校对学校场地设施开放重要性的认识，使学校体育场馆对社会开放的举措法制化、规范化，但相关的监督制度尚不完善。总体上来看，我国目前的相关政策法规还不够健全，体育法律法规建设滞后的问题仍较突出。就学校体育立法来看，目前为止，全国人大制定发布的体育法律只有《体育法》，然而《体育法》是宏观指导性的法律文件，其内容涉及体育的各个主要领域，关于学校体育方面的规定较少也不够全面，难以达到依法管理学校体育工作的目的。《学校体育工作条例》是国家体委、教委联合发布的关于学校体育工作方面的比较全面的法律规定，但现行学校体育法规的立法层次整体较低，约束力较弱，且内容相对滞后，这必然导致落实无保障等一系列问题。

除此以外，少数高校还存在场馆（地）对外开放影响正常体育教学、责任不明确、场馆（地）设施不合理、服务人员的服务意识不够以及缺乏开放意识和服务社会的意识等问题，诸多问题正阻碍高校体育场馆（地）的进一步开放，对高校体育公共服务的开展极其不利。

诸多问题的存在，要求在开放高校体育场馆（地）设施的同时，应具备相应的政策法规保障以及管理办法，以保证场馆（地）设施对外开放工作的顺利推进，确保安全，并解决场馆（地）设施的维护等问题。正如高校体育管理者和体育教师普遍认为的（见表 4-26），为更好地对外开放体育场馆资源，高校应适当收费或增加经费投入，充分利用好体育教师资源，并不断提高其服务意识，同时，要注重场地设施的维护。

表 4-26　　高校促进体育场馆（地）对外开放的加强措施（N=246）

措施	频数	百分比（%）	措施	频数	百分比（%）
增加经济投入	126	51.2	设立专门的管理部门	118	48.0
适当收费	172	69.9	充分利用体育教师资源	144	58.5
引进保险机制	99	40.2	强化工作人员服务意识	96	39.0
做好场地设施维护	156	63.4	开发推广新型健身项目	96	39.0
完善服务规章制度	135	54.9	其他	2	0.8

第三节　高校体育服务不同的客体

一、高校体育服务与本校大学生

自近几年国家积极倡导阳光体育以来，多数高校结合阳光体育的基本要求积极完善体育教学，拓展课外体育活动，较好地实现了课内教学与课外锻炼的结合，不断增加体育锻炼的形式，为校内大学生创造良好的健身环境和氛围，在面向高校大学生提供体育公共服务方面的努力增多，并取得了一定效果。

(一)发挥比赛的杠杆作用

据调查，多数高校在完善本校体育课程的基础上，以各级各类体育比赛为杠杆，每学期组织高校大学生开展各类集体性体育活动或体育比赛。如表4-27所示，10所高校中，有2所每学期至少为该校大学生组织1～2次大中型的集体性体育活动，多数高校每学期组织5～6次以上，少数高校组织集体性体育活动的次数甚至达到10次以上。这些活动包括某高校体育学院足球风云社团举办的"我为足球狂"百事嘉年华活动、迎新田径运动会、毕业生篮球友谊告别赛、羽毛球比赛等。个别学校还将体育比赛与就业技能训练相结合，统一组织学生参加健身面试。同时，也有不少学生也自发组织和参与各类体育锻炼与运动训练，部分学生还积极参与到本校体育服务活动中，协助高校更好地开展各类体育服务活动。

表4-27 各高校平均每学期为校内学生开展集体性体育活动的次数(N=10)

选项	1～2次	3～4次	5～6次	7～8次	9～10次	10次以上
频数	2	2	2	2	0	2

(二)采取有效措施丰富对大学生的体育服务内容

高校积极采取有效措施促进学生参加课外体育锻炼。如表4-28所示，多数高校面向学生开放体育场馆，以课内教学与课外锻炼相结合的形式增加学生体育锻炼的机会，或开展各级各类体育比赛，以丰富体育锻炼的项目内容，少数高校还采取评选"健身标兵""健康之星"或"阳光健康之星"的方法，也有高校通过发放代金券或优惠券的办法激励学生积极参加体育锻炼，如深圳大学每年就为学生发放200元的体育活动专项经费。

在面向校内学生提供体育公共服务方面，复旦大学、上海大学、上海体育学院等高校的许多举措很值得推广。如复旦大学在体育课程体系建设、课内体育教学、课外体育活动开展、运动训练以及体育教学的科学管理等方面，分别采取了不同的举措，在学生运动技能的提高、体质的增强以及服务意识和服务能力的提高方面收到了良好的效果。

表 4-28　　高校促进学生参加课外体育锻炼的措施(N=10)

选项	频数	选项	频数
发放代金券或优惠券	1	增加体育锻炼的形式	7
开放体育场馆	8	开展多类型多层次的体育比赛	6
严格体育锻炼考勤制度	5	加大科学健身的宣传力度	2
丰富体育锻炼的项目内容	5	课内教学与课外锻炼相结合	8
评选“健身标兵”“健康之星”	2	其他	0

(三)以体育社团的优势丰富对大学生体育服务的形式

随着课时改革和每周 5 个工作日制度的贯彻,大学生余暇时间增多。紧张的学习之后,消遣娱乐性的体育活动成为高校学生参加体育社团的主要动机。有研究指出,近 90%的大学生喜欢体育运动,其中 44.5%的大学生想通过体育活动达到健身娱乐的目的,45.3%的体育社团成员想通过体育社团的形式进行娱乐。大学生参加体育社团,多以健身、娱乐和交际为主要目的,从而既能扩大自己的活动范围,又能在其中进行运动技能的学习和培训。[①]

二、高校体育服务与校内教职工

如上文中表 4-4 所示,教职工往往更多地需要健身场所、健身指导及面向自发性健身组织的体育援助,少数教职工也有陪练的需要。高校针对教职工的体育需求,主要有场馆开放、组织比赛以及日常健身项目的场地提供等服务内容。如上文表 4-17 所示,为满足教职工日常体育活动需要,在体育教学时间以外,几乎所有高校室内外体育场馆都对校内教职工开放,且费用一般较低,大多数高校采取“免费”或“象征性收取一定费用”的办法进行收费,少数高校则采取市场化运作的有偿服务,如表 4-18 和 4-19 所示。其次,多数高校为丰富教职工的业余文化生活,每学期为他们组织一定次数的集体性体育活动,如职工球类比赛、师生校友交流赛以及丰富多彩的传统体育项目比赛等。

高校在向教职工提供体育服务的过程中,高校体育教师和部分学生起到了重要作用,尤其是在比赛的组织和裁判等方面。除此以外,高校体育教师也为校内教职工提供了一定的体育服务,如健身指导、陪练、体质监测等,其中健身技能指导和陪练服务居多(见表 4-29)。

① 参见韩冬:《我国大学生体育社团的组织与活动建设》,载《上海体育学院学报》2008 年第 5 期。

表 4-29　　体育教师对校内教职工体育活动服务的内容(N=213)

内容	无	健身技能指导	陪练	体质监测	其他
频数	81	89	57	15	5
百分比(%)	38	41.8	26.8	7	2.3

三、高校体育服务与教职工家属及校外公民

如表 4-30 所示，多数高校在面向教职工家属以及校外公民时以提供体育健身场馆(地)设施为主。高校往往采取比较灵活的体育服务提供方式，面向校外公民，多数高校对校外公民的体育服务以提供日常健身场地器材为主，有时与社区联合开展体育活动或派人员进社区进行健身指导，也有个别高校与社区建立长期稳定的联系，建立相对稳定的社区体育辅导站、点或大学生体育社会实践基地，既为校外公民提供了体育服务，又为高校大学生体育社会实践以及体育志愿服务活动奠定了组织基础。

表 4-30　　高校与社区联合开展活动的情况(N=10)

开展方式	为社区成员提供日常健身场地器材	联合组织体育活动	派人员进社区进行体育指导	建立社区体育辅导站、点	无	其他
频数	5	2	4	1	2	2

在面向校外公民提供体育服务的过程中，体育教师起到了重要的作用。很大比例的体育教师曾经对校外公民提供体育服务，这其中以“健身技能指导”“陪练”居多，如表 4-31 所示。也有较多体育教师通过参与组织的社区体育运动会为社区校外公民提供体育服务，少数体育教师还参与过为校外公民进行的“体质监测”或“体育信息咨询”等服务内容。体育教师往往通过“学校委派”的方式参与面向校外公民的体育服务，部分体育教师也通过“自发服务”或“参与自发组织的体育协会”的方式提供服务，少数体育教师通过在“校外体育俱乐部兼职”“独立经营体育俱乐部”或“与他人合作经营体育俱乐部”的方式为校外公民提供体育服务，如表 4-32 所示。诸多服务方式大多是公益性质的服务，多为高校委派，以服务为本，不以赢利为目的，俱乐部经营的则往往是以营利为目的的有偿体育服务。

表 4-31　高校体育教师对教职工家属及校外公民体育服务的内容(N=213)

人群＼内容	无	健身技能指导	陪练	信息咨询	体质监测	组织社区运动会	其他
教职工家属	118/55.4	57/26.8	33/15.5	29/13.6	7/3.3	/	4/1.9
校外公民	76/35.7	91/42.7	52/24.4	/	8/3.8	30/14.1	6/2.8

表 4-32　高校体育教师对校外公民提供体育服务的途径(N=213)

内容	频数/百分比(%)	内容	频数/百分比(%)
学校委派	86/40.4	独立经营体育俱乐部(或健身组织)	16/7.5
自发服务	35/16.4	与他人合作经营体育俱乐部(或健身组织)	15/7.0
参与自发组织的体育协会	77/36.2	其他	1/0.5
校外体育俱乐部兼职	44/20.7		

第四节　高校促进体育公共服务供给的措施与办法

一、校内外体育活动一体化

如表 4-33 所示，在开展体育活动方面，多数高校除开展校内体育活动以外，还与其他高校联合开展活动，或与社区建立相对稳定的联系，如成立社区体育辅导站、点。与校外单位联合开展体育活动供给体育服务，已经逐渐成为高校供给体育公共服务的重要方式，如表 4-34 和表 4-35 所示，多数高校平均每学期与校外单位联合开展 1～2 次体育活动，少数高校达到 5～6 次或 10 次以上，所联合的单位或组织以其他高校、企业单位、社区居委会及社区体育组织为主，也有少数高校与中小学、老年人体育协会、营利性体育俱乐部、社会体育指导员协会、体育产业协会、行业体育协会等联合开展过体育活动。

表 4-33　高校促进体育服务的措施或办法(N=10)

途径	频数	途径	频数
聘请资深体育专家为顾问	3	制定体育服务的规章制度	4
成立体育专家顾问团队(协会)	4	充分利用体育教师资源	6
体育主管部门兼管体育服务活动	5	充分利用学生及体育社团资源	5
建立社区体育辅导站、点	3	对体育服务进行评估	1
与其他高校联合开展活动	6	其他(加大经费投入)	1

表 4-34　高校每学期平均与校外单位联合开展体育活动的次数(N=10)

开展次数	0 次	1～2 次	3～4 次	5～6 次	7～8 次	9～10 次	10 次以上
频数	0	7	0	2	0	0	1

表 4-35　高校开展体育活动的校外联合单位(N=10)

联合单位或组织	频数	联合单位或组织	频数
企业单位	5	社会体育指导员协会	1
社区居委会	3	体育产业协会	1
社区体育组织	3	行业体育协会	1
其他高校	7	老年人体育协会	2
中小学	2	无	2
青少年体育俱乐部	0	其他	1
营利性体育俱乐部	1		

二、有效利用高校体育资源

如表 4-33 所示，在高校体育资源的有效利用方面，多数高校除充分利用场馆(地)设施资源外，也较注重充分利用体育教师、大学生及学生体育社团(协会)资源，尤其在促进服务方面，高校分别采取了一系列积极措施。如表 4-36～4-38 所示，为鼓励体育教师向社会提供体育公共服务，部分高校在提供政策支持、加强组织管理、完善服务规章制度的基础上，赋予体育教师组织体育活动的权力，并给予其一定的经济补贴，少数高校通过表彰激励等方式逐渐提高其服务意识，并督促其不断提高自身的服务能力。在鼓励大学生向社会提供体育服务方面，部分高校尽管有一定举措，如提高学生体育服务能力和服务意识等，但很少有实质性的积极举措。可能与高校相对封闭的教育环境有关,有些高校对在校大学生服务社会往往不反对也并不支持,态度并不明朗,即使有相关的支持也不明显。相比之下,高校对学生体育社团服务社会的支持力度相对较大,部分高校在加强组织与管理、提高学生体育专业知识积累和服务意识方面做了一定的努力,在激励措施方面,部分高校也有一定措施,如增加经济补贴、开展优秀社团评比活动等。

表 4-36　高校鼓励体育教师向社会提供体育服务的措施(N=10)

措施	频数	措施	频数
无	2	服务情况与职称晋升挂钩	0
学校政策支持	2	提高服务意识	1
加强组织与管理	2	表彰激励	1
完善服务规章制度	2	提高体育服务能力	2
赋予体育教师组织体育活动的权力	4	其他	0
一定的经济补贴	2		

表 4-37　高校鼓励大学生向社会提供体育服务的措施(N=10)

措施	频数	措施	频数
无	4	完善服务规章制度	1
规定学生为社区体育服务的最少时间	1	提高学生的体育服务意识	5
加强组织与管理	2	提高体育服务能力	5
增加经济补贴	0	与学分挂钩	1
协调多方面关系	2	其他	1

表 4-38　高校鼓励学生体育社团向社会提供体育服务的措施(N=10)

措施	频数	措施	频数
无	2	提高体育专业知识积累	3
加强组织与管理	6	提高学生的服务意识	5
增加经济补贴	2	提高体育服务能力	1
协调多方面关系	7	优秀社团的评比	2
完善服务规章制度	3	其他	0

三、完善高校体育公共服务管理

在体育服务供给的管理方面，一些高校专门制定了体育服务的规章制度，由体育主管部门兼管体育服务供给，对体育服务进行组织、指导以及评估(见表 4-33)，部分高校还增加经费投入、聘请资深体育专家为顾问成立体育专家顾问团队(协会)，以提高体育公共服务的供给水平。

第五节　高校体育公共服务影响因素分析

一、影响公民接受高校体育公共服务的因素

(一)客观因素

据调查，服务态度、服务内容、收费标准、服务时间、安全保障、场馆(地)设施的完善程度、交通条件、体育组织、联系渠道等都是影响不同人群接受高校提供的体育公共服务的客观因素，如表 4-39 和表 4-40 所示。

(1)收费标准是首要因素。从表 4-39 和表 4-40 可以看出，不管对哪一类人群来说，收费标准都是影响其接受高校体育公共服务的首要因素，各类人群中对高校体育场馆(地)的收费标准持“不满意或非常不满意”态度的比例都较大，相比较而言，大学生、教职工及其家属中持“不满意或非常不满意”态度的比例更大。究其原因，可能与大学生、校内教职工及其家属对高校的收费措施不理解或不支持有关，也可能与部分高校体育场馆(地)的经营过度市场化，收费过高而导致大学生、校内教职工及其家属的体育利益受损有关。

表 4-39　影响不同人群接受高校体育服务的客观因素($N_{1,2,3}=1006,180,228$)

影响因素 人群	服务态度	服务内容	收费标准	服务时间	安全保障	场馆(地)设施完善	交通条件	其他
	频数/百分比(%)	频数/百分比(%)	频数/百分比(%)	频数/百分比(%)	频数/百分比(%)	频数/百分比(%)	频数/百分比(%)	频数/百分比(%)
大学生(N_1)	600/59.6	538/53.5	762/75.7	412/41.0	539/53.6	440/43.7	—	8/0.8
教职工及其家属(N_2)	102/56.7	98/54.4	132/73.3	104/57.8	65/36.1	69/38.3	—	2/1.1
校外公民(N_3)	116/50.9	110/48.2	137/60.1	87/38.2	75/32.9	65/28.5	109/47.8	2/0.9

(2)服务态度、服务内容、服务时间以及安全保障也是影响不同人群接受高校体育服务相对比较重要的因素。服务态度的好坏、服务内容的多少及其是否为服务对象所需、服务时间与服务对象余暇时间的一致性、安全保障措施的实施情况等都直接影响服务对象接受到的高校体育公共服务。对于校外公民而言，交通条件也是影响其接受高校体育服务的重要因素，这与其所追求的交通便利性有较大的关系。

(3)没有体育组织、缺乏联系渠道也是影响服务对象接受高校体育公共服务的重要因素。据访谈得知，由于多数人的从众心理，体育组织[①]在提高人们锻炼积极性方面起着重要的作用，然而，目前我国体育组织尤其是公益服务型体育组织尚很难满足人民群众的体育组织需求，这自然会影响到不同人群对高校体育公共服务内容的接受。也有一部分人由于缺乏联系渠道而较难接受到高校体育公共服务，尤其是对校外公民而言，尽管国家出台了一系列政策支持并鼓励学校体育资源对社会做贡献，但很多社会公民的体育信息接收渠道相对闭塞，参加体育活动的联系渠道较少，这无疑对其接受高校体育公共服务产生不利影响。

表 4-40　不同人群对高校体育场馆(地)收费标准的满意程度($N_{1,2,3}$=1006,180,228)

满意程度 人群	非常满意 频数/百分比(%)	满意 频数/百分比(%)	一般 频数/百分比(%)	不满意 频数/百分比(%)	非常不满意 频数/百分比(%)
大学生(N_1)	8/0.8	106/10.5	450/44.7	358/35.6	84/8.3
教职工及其家属(N_2)	4/2.2	21/11.7	109/60.6	38/21.1	8/4.4
校外公民(N_3)	2/0.9	35/15.4	126/55.3	57/25	8/3.5

(二)主观因素

从调查结果来看，消费能力水平及消费观念是影响公民接受高校体育公共服务的主观因素之一。大学生对高校体育场馆(地)设施收取一定费用的接受程度具有明显的层次性特征，完全能或能接受高校体育场馆(地)收取一定费用的

① 体育组织有三种类型：①行政管理型体育组织，即体育事业行政管理部门。如：我国的国家体育总局、地方各级政府的体育局等政府组织机构。②以营利为目的的经营管理型体育组织。③公益服务型体育组织。主要包括体育社团以及体育事业组织。这类体育组织以国家及社会公众的整体利益为目标，其主要功能是提供不以营利为目的的专长性服务，主要包括体育社团以及体育事业组织。体育社团包括体联、体协、奥委会、单项协会、业余体育俱乐部等；体育事业组织主要指专门的体育社会组织，包括训练基地、公共体育场馆、体育院校、科研所等。体育社团与政府部门同构是中国体育组织的一大特点。参见《爱词霸汉语词典》：http://hanyu.iciba.com/wiki/482616.shtml.

较少,不能或完全不能接受的则较多。与大学生相比,教职工及其家属对高校体育场馆(地)收取一定费用的态度稍有差异,能或完全能接受的比例相对较多,不能或完全不能接受的相对较少。这恰与两种服务对象的消费能力与消费观念等因素有关,从表4-41可以看出,完全能接受高校体育场馆(地)收取一定费用的大学生、教职工及其家属的比例极少,这也与服务对象的消费能力与消费观念等因素有关,尤其是与其消费观念有直接的联系。

表4-41 大学生、教职工及其家属对高校体育场馆(地)设施收取一定费用的接受情况($N_{1,2}$=1006,180)

接受情况 / 人群	完全能 频数/百分比(%)	能 频数/百分比(%)	一般 频数/百分比(%)	不能 频数/百分比(%)	完全不能 频数/百分比(%)
大学生(N_1)	12/1.2	216/21.5	339/33.7	374/37.2	65/6.5
教职工及其家属(N_2)	6/3.3	57/31.7	68/37.8	39/21.7	10/5.6

另一方面,各种人群的体育意识也是影响其接受高校体育公共服务的因素,如表4-42所示,不同人群对近几年国家大力提倡和积极发展的"体育公共服务"的了解普遍较少,对体育公共服务"清楚"或"很清楚"的高校体育管理者及体育教师仅有37.4%,学生仅有13.8%,校内教职工及其家属仅有20.5%,校外公民仅有21.4%。这在一定程度上说明,公民的体育意识普遍不强。

总的来讲,公民的消费能力、消费观念以及体育意识是影响其接受高校体育公共服务的主观因素,公民短时间内不可能在诸多方面有明显变化,因此高校体育服务理念的贯彻和渗透也将是一个长期而艰巨的过程。

表4-42 不同人群对"体育公共服务"的了解情况($N_{1,2,3,4}$=246,1006,180,228)

人群 / 了解情况	体育管理者及体育教师(N_1)		学生(N_2)		校内教职工及其家属(N_3)		校外公民(N_4)	
	频数	百分比(%)	频数	百分比(%)	频数	百分比(%)	频数	百分比(%)
很清楚	13	5.3	15	1.5	8	4.4	9	3.9
清楚	79	32.1	124	12.3	29	16.1	40	17.5
一般	129	52.4	440	43.7	70	38.9	106	46.5

续表

人群 / 了解情况	体育管理者及体育教师（N_1）		学生（N_2）		校内教职工及其家属（N_3）		校外公民（N_4）	
	频数	百分比（%）	频数	百分比（%）	频数	百分比（%）	频数	百分比（%）
不清楚	24	9.8	374	37.2	63	35.0	64	28.1
很不清楚	1	0.4	53	5.3	10	5.6	9	3.9
合计	246	100.0	1006	100.0	180	100.0	228	100.0

二、影响高校体育公共服务的因素

本研究将高校体育公共服务的影响因素分为23项指标（变量），采取主成分法进行因子分析。首先对样本进行适当性度量的KMO值和巴特莱特球度检验如表4-43所示，KMO值为0.773，介于0.7与0.8之间，属“较好的”。巴特莱特球度检验具有高度显著性，说明该组数据比较适合作因子分析。另外，如表4-44所示，变量的共同度都在0.659以上，可见所提取因子可以较好地反映各原始变量的信息。根据因子分析方差贡献率≥1，累计贡献率≥85%的原则，用主成分法提取6个主因子，其特征值、方差贡献率和累计贡献率如表4-45所示。观察表4-46所示的因子旋转成分矩阵，将6个主因子的高度载荷变量进行归类，找出其共同特征分别为主因子命名，分别为服务质量类因子、服务对象情况类因子、科技信息类因子、高校物质与人力资源类因子、管理类因子、外部环境类因子，如表4-47所示。

表4-43　　样本适当性度量的KMO值和巴特莱特球度检验

取样足够度的Kaiser-Meyer-Olkin度量		0.773
巴特莱特球度检验	近似卡方	1750.968
	自由度	253
	Sig值	0.000

表 4-44　　共同度(N=246)

因子	初始共同度	共同度	因子	初始共同度	共同度
1.地区经济发展水平	1	0.735	13.高校场馆设施状况	1	0.713
2.地区教育文化发展水平	1	0.687	14.高校体育信息拥有量	1	0.870
3.兄弟高校体育服务状况	1	0.907	15.高校体育科技水平	1	0.907
4.政策法规的支持力度	1	0.762	16.安全保障	1	0.772
5.公民监督制度的完善情况	1	0.946	17.舆论宣传	1	0.765
6.高校体育专项资金投入数量	1	0.722	18.服务的公平性	1	0.841
7.高校体育资源的合理利用	1	0.659	19.服务的便利性	1	0.854
8.高校领导的重视	1	0.735	20.服务对象的消费能力	1	0.896
9.高校内部组织与管理	1	0.757	21.服务对象的体育意识	1	0.836
10.高校体育服务的规章制度	1	0.750	22.服务对象的参与意识	1	0.788
11.高校体育教师的积极性	1	0.798	23.服务对象的权利意识	1	0.791
12.高校大学生的积极性	1	0.865			

表 4-45　　总的方差解析

成分	初始特征值(%)			旋转平方和载入(%)		
	合计	方差的百分比	累积百分比	合计	方差的百分比	累积百分比
1	5.453	23.709	23.709	2.656	11.547	11.547
2	2.092	9.094	32.803	2.380	10.346	21.893
3	1.816	7.895	40.698	2.358	10.252	32.145
4	1.700	7.390	48.088	2.247	9.771	41.916
5	1.310	5.696	53.785	1.969	8.562	50.477
6	1.073	4.667	58.452	1.834	7.975	58.452
7	0.961	4.179	62.631	—	—	—
8	0.932	4.052	66.682	—	—	—
9	0.839	3.650	70.332	—	—	—
10	0.766	3.330	73.662	—	—	—

续表

成份	初始特征值(%)			旋转平方和载入(%)		
	合计	方差的百分比	累积百分比	合计	方差的百分比	累积百分比
11	0.741	3.222	76.884	—	—	—
12	0.681	2.959	79.844	—	—	—
13	0.632	2.748	82.592	—	—	—
14	0.601	2.614	85.205	—	—	—
15	0.580	2.521	87.727	—	—	—
16	0.487	2.119	89.846	—	—	—
17	0.424	1.844	91.690	—	—	—
18	0.395	1.716	93.406	—	—	—
19	0.371	1.615	95.021	—	—	—
20	0.337	1.466	96.487	—	—	—
21	0.311	1.352	97.840	—	—	—
22	0.284	1.235	99.075	—	—	—
23	0.213	0.925	100.000	—	—	—

表 4-46　　旋转成分矩阵 α

影响因素	因子					
	1	2	3	4	5	6
1.地区经济发展水平	—	0.152	—	−0.114	—	0.821
2.地区教育文化发展水平	—	—	—	0.170	—	0.845
3.兄弟高校体育服务状况	0.116	—	0.452	—	—	0.532
4.政策法规的支持力度	—	0.104	0.281	—	0.547	0.182
5.公民监督制度的完善情况	0.146	—	0.707	—	0.136	0.187
6.高校体育专项资金投入数量	−0.261	0.459	—	—	0.558	—
7.高校体育资源的合理利用	—	—	—	0.308	0.546	0.124
8.高校领导的重视	—	—	—	0.107	0.800	—
9.高校内部组织与管理	0.156	—	0.204	0.394	0.538	—

续表

影响因素	因子					
	1	2	3	4	5	6
10.高校体育服务的规章制度	0.230	—	0.151	0.590	0.263	—
11.高校体育教师的积极性	—	0.257	0.376	0.704	0.108	—
12.高校大学生的积极性	—	0.267	0.605	0.483	—	0.153
13.高校体育场馆设施状况	—	0.231	−0.233	0.704	0.103	0.131
14.高校体育信息服务	0.479	—	0.419	0.293	0.148	—
15.高校体育科技水平	0.297	—	0.633	0.200	—	—
16.安全保障	0.476	—	−0.266	0.284	0.309	0.229
17.舆论宣传	0.518	0.258	0.331	—	—	—
18.服务的公平性	0.754	—	0.228	0.164	—	—
19.服务的便利性	0.724	0.274	—	—	—	—
20.服务对象的消费能力	0.131	0.709	—	—	—	—
21.服务对象的体育意识	0.146	0.805	—	—	0.176	0.153
22.服务对象的参与意识	0.268	0.747	—	0.112	0.162	—
23.服务对象的权利意识	0.506	0.264	0.300	0.111	—	—

注:旋转法为具有 Kaiser 标准化的全体旋转法。α 指旋转在 14 次迭代后收敛。

表 4-47　影响高校体育公共服务发展的各因子名称、内涵及载荷表

因子名称	高载荷变量	载荷
服务质量类因子	16.安全保障	0.476
	17.舆论宣传	0.518
	18.服务的公平性	0.754
	19.服务的便利性	0.724
体育科技与信息类因子	14.高校体育信息拥有量	0.419
	15.高校体育科技水平	0.633
场馆(地)与人力资源类因子	11.高校体育教师的积极性	0.704
	12.高校大学生的积极性	0.483
	13.高校体育场馆设施状况	0.704

续表

因子名称	高载荷变量	载荷
服务对象情况类因子	20.服务对象的消费能力	0.709
	21.服务对象的体育意识	0.805
	22.服务对象的参与意识	0.747
资金与管理类因子	4.政策法规的支持力度	0.547
	6.高校体育专项资金投入数量	0.558
	7.高校体育资源的合理利用程度	0.546
	8.高校领导的重视	0.800
	9.高校内部组织与管理	0.538
外部环境类因子	1.地区经济发展水平	0.821
	2.地区教育文化发展水平	0.845
	3.兄弟高校体育服务状况	0.532

(一)服务质量类因子

服务质量是影响高校体育公共服务的首要因素,是高校体育公共服务有效开展的重要前提,主要包括服务的便利性、服务的公平性、安全保障以及舆论宣传。

服务的便利性是高校体育公共服务的首要条件,82.1%的调查对象认为其非常重要或重要。如表4-48和表4-49所示,部分大学生、校内教职工及其家属以及校外公民认为自身所在居住区域的健身场所尚不能满足健身需要,且绝大多数的校内大学生、教职工及其家属、校外公民(分占该人群调查总数的72.2%、72.3%和46.5%)希望在自己所在高校或居住地附近的高校进行健身。另外,如表4-50所示,多数调查对象也希望高校能提供一些如体育报刊、杂志、非体育类休闲娱乐项目以及科学健身宣传栏等便利服务内容或条件。访谈中了解到,免费饮品、体育服装用品及体育器械产品的销售也是少数锻炼者期望健身点提供的便利服务内容。

另外,63.4%的调查对象认为高校体育公共服务的公平性重要或非常重要。高校体育公共服务的公平性是满足多数社会公众体育需求、实现体育公平正义、促进群众体育发展的重要条件,与高校体育公共服务的根本目标——实现公民的体育公共利益是一致的。高校提供的体育公共服务应是为多数人所提供,受益主体应具有普遍性的特点,即高校体育公共服务应具有很强的社会共享性,而不是特定的、部分人的利益。

表 4-48 服务对象在生活区域健身场所满足体育需要情况($N_{1,2,3}=1006,180,228$)

需求情况 / 人群	完全能 频数/百分比(%)	能 频数/百分比(%)	一般 频数/百分比(%)	不能 频数/百分比(%)	完全不能 频数/百分比(%)
大学生(N_1)	31/3.1	272/27	420/41.7	263/26.1	20/2
教职工及其家属(N_2)	9/5	72/40	66/36.7	31/17.2	2/1.1
校外公民(N_3)	9/3.9	86/37.7	90/39.5	35/15.4	8/3.5

表 4-49 不同人群理想中的健身场所($N_{1,2,3}=1006,180,228$)

理想场所 / 人群	社区健身点	所在高校	附近高校	体育中心	草地或公园	校外场馆
	频数/百分比(%)	频数/百分比(%)	频数/百分比(%)	频数/百分比(%)	频数/百分比(%)	频数/百分比(%)
大学生(N_1)	301/30.1	727/72.3	199/19.8	381/37.9	321/31.9	57/5.7
教职工及其家属(N_2)	40/22.2	130/72.2	63/35	43/23.9	62/34.4	12/6.7
校外公民(N_3)	79/34.6	—	106/46.5	94/41.2	104/45.6	24/10.5

表 4-50 不同人群希望高校在体育服务中提供的便利条件($N_{1,2,3}=1006,180,228$)

便利条件	大学生(N_1) 频数/百分比(%)	教职工及其家属(N_2) 频数/百分比(%)	校外公民(N_3) 频数/百分比(%)
有与健身伙伴交流的地方	770/76.5	150/83.3	156/68.4
与体育有关的报纸或杂志	421/41.8	70/38.9	76/33.3
非体育类休闲娱乐项目	461/45.8	67/37.2	69/30.3
科学健身宣传栏	387/38.5	56/31.1	95/41.7
其他	10/1	5/2.8	4/1.8

最后,安全保障以及舆论宣传普遍被认为在高校体育公共服务中具有重要或非常重要的地位(持此观点的调查对象分别占调查总数的48.9%、63.8%)。安全保障一直是制约高校体育场馆开放和开展体育活动的一大瓶颈,舆论宣传则是高校提高知名度与扩大影响的重要手段。高校体育管理者和体育教师认为安全保障是影响高校体育公共服务的重要因素,正是“安全问题没有有效解决”直接影响着高校体育公共服务的发展范围与深度(如体育场馆、场地的开放,大学生开展社区体育服务等)。同时,大部分高校都有如电视广告、宣传册、宣传

栏、名人效应、体育活动或体育比赛等宣传措施与手段，有的学校也较注重与服务对象的交流与沟通，建立了高校与服务对象面对面交流、专人收集反馈信息、网络贴吧、留言板、电子邮件、意见箱或意见簿等交流与沟通渠道。

（二）服务对象类因子

据调查，服务对象的参与意识、体育意识以及消费能力被大多数人认为是影响高校体育公共服务的重要因素（持此观点的调查对象分别占调查总数的78.5%、77.7%、68.7%），这些因素对服务对象寻求并接受高校提供的体育公共服务具有直接影响作用。服务对象的体育参与意识越强，体育意识越浓，消费能力越高，参与各种体育活动的积极性则越高，反之则越低。

（三）体育科技与信息类因子

调查结果表明，多数调查对象认为高校体育科技水平与高校体育信息服务水平同样对高校体育公共服务具有重要影响（持此观点的调查对象分别占调查总数的50.4%、58.9%）。在“科教兴国”“科教兴体”战略的指导下，切实把体育事业的发展转移到依靠科技进步和提高体育队伍素质的轨道上，已经成为保证我国体育事业持续、快速、健康发展的必然选择，是实现全民健身计划和奥运争光计划的必由之路。高校在“科教兴体”战略的实施过程中起着重要作用，在体育科研及体育科技成果转化方面具有明显优势，在奥运科技攻关服务和全民健身服务等方面都发挥着不可估量的作用。高校体育公共服务作为全民健身服务的重要方面，自然与高校体育科技及科技成果转化有着密切的联系，高校体育科技及其成果的转化能力必然成为高校体育公共服务的重要影响因素。

随着社会信息化程度的提高和互联网的不断发展，面对高校内外公民日益增长的体育信息需求，高校向校内外人员提供体育信息的途径以及与服务对象的交流途径逐渐增多，高校在体育信息服务中以现代化信息服务方式取代传统信息服务方式，以满足高校内外公民客观现实的体育信息需求已经成为高校体育信息服务发展的趋势。进入21世纪后，科技革命迅猛发展，社会的信息化程度越来越高，作为汇集人类知识和信息的殿堂的高等学校，在社会舞台上扮演的角色也日益重要，不断提高高校体育科技水平以及高校体育信息服务水平是发展高校体育公共服务必不可少的内容和途径。

（四）场馆（地）与人力资源类因子

调查显示，88.6%的调查对象认为高校体育场馆设施状况对高校体育公共服务的影响重要或非常重要，高校体育教师的积极性与在校大学生的积极性也被认为重要或非常重要（持此观点的调查对象分别占调查总数的76.4%、71.1%）。

高校体育公共服务的硬件保障是前提，目前大多高校一般会拥有数量及质量不等的室内综合体育馆和室外体育场地设施，充分利用现有体育场馆（地）设施资源对高校体育公共服务的开展至关重要。高校体育教师和部分大学生则是高校体育公共服务的指导人员,可以组织和帮助大学生及其他人群的服务对象开展体育活动。其中,体育教师作为指导人员的主要骨干分子,往往具有一定的业余时间、较强的组织管理能力、丰富的体育锻炼知识以及良好的实践操作能力,这正是体育教师在高校体育公共服务中发挥重要作用应具备的基本条件,如表4-51所示。高校大学生是高校体育公共服务的接受者,若组织恰当则其大部分又可以成为高校体育公共服务的提供者,尤其是体育专业大学生、体育爱好者以及高校学生体育社团成员,其积极性的提高更是可以为高校体育公共服务的开展增添新生力量。当然,若要求体育教师及大学生积极为本校体育公共服务贡献力量,校方也应做出应有的努力,如学校相关政策的支持、有效的组织与管理、一定的经济补贴,以及为其提供更多外出学习或培训的机会等,如表4-52所示。总之,场馆与人力资源因素是高校体育公共服务有效开展过程中最重要的硬件和软件因素,是高校体育公共服务的必备条件,有效整合现有场馆与人力资源是高校开展体育公共服务的重要条件。

表4-51 调查对象认为体育教师在高校体育服务活动中发挥重要作用的基本条件(N=213)

内容	频数	百分比(%)	内容	频数	百分比(%)
充足的业余时间	117	54.9	良好的实践操作能力	130	61.0
较强的组织管理能力	130	61.0	一定的经济补贴	86	40.4
丰富的体育锻炼知识	140	65.7	较强的服务意识	73	34.3
多种相关学科知识的积累	98	46.0			

(五)资金及管理类因子

高校体育专项资金投入量、高校体育资源的合理利用程度、高校领导的重视、高校内部组织与管理、政策法规的支持力度等是影响高校体育公共服务发展的资金及管理类因素,是被多数调查对象视为重要或非常重要的因素(持此观点的调查对象分别占调查总数的89%、88.2%、87%、80.9%和85.3%)。

高校体育专项资金投入量以及高校体育资源的合理利用程度是高校体育公共服务有效开展的命脉。据研究,我国绝大部分高校体育经费来源于政府拨款,少数高校利用体育场馆和教师等体育资源面向社会开设培训班、俱乐部,或以获取社会赞助等方法筹集资金。① 少数学校通过面向社会提供有偿服务,基本实

① 参见李佳、陈东、程虹:《我国普通高校体育管理体制研究》,载《科技信息》2007年第33期。

现“以场(馆)养场(馆),自我滚动”的发展模式,如海南大学面向社会开放国民体质监测中心、青少年体育俱乐部,收取一定服务费用,实现了自我发展的管理模式;广东外语外贸大学充分发挥社会赞助的作用,三年筹集资金 26.8 万,为开展学校体育工作提供了有力的保障。

表 4-52　调查对象认为高校可采取的激励体育教师提供体育服务的措施(N=213)

内容	频数	百分比(%)	内容	频数	百分比(%)
学校政策支持	162	76.1	一定的经济补贴	118	55.4
加强组织与管理	109	51.2	表彰激励	49	23.0
完善服务规章制度	93	43.7	赋予组织体育活动的权力	55	25.8
体育服务与职称晋升挂钩	59	27.7	提供更好的发展空间,如提供更多外出学习或培训的机会	112	52.6

高校相关领导对开展体育服务的重视程度、高校内部组织与管理以及相关政策法规的支持,对高校体育公共服务的发展则具有直接影响作用。相关领导重视是开展好高校体育公共服务的前提条件,合理的内部组织与管理是高校体育公共服务的组织与管理保障,相关政策法规的支持则是高校体育公共服务有效开展的制度保障。总之,拓展资金来源,创新管理体制始终是高校体育公共服务有效开展的重要条件和任务。

(六)外部环境类因子

地区经济发展水平、地区教育文化发展水平以及兄弟高校体育服务状况是影响高校体育公共服务发展的外部环境因素(持此观点的调查对象分别占调查总数的 88.2%、87.4%、48.7%)。所有的高校体育服务都是在一定环境下生存和发展的,地区经济与教育发展水平以及兄弟高校体育服务情况既是高校体育公共服务有效开展的重要影响因素,又是重要条件。在科学、技术、信息高速运转变化的现代社会,高校体育服务只有适应环境变化,才能在高等教育不断改革的今天稳定发展。随着经济与教育的全球化进程的加快,席卷全球的体育浪潮给高校体育服务也带来了相应冲击,高校教育将面临全新的机遇与挑战,要求高校必须以新的观念、新的视角、新的思路和新的对策来调整高校体育服务的思路和策略。

第五章　高校体育公共服务的有效供给

第一节　高校体育公共服务有效供给的内容

从高校体育公共服务的现状可以得知，不同人群对高校体育公共服务的需求内容具有多样性及层次性特征，然而高校目前的设施和人力等资源条件远远不能满足诸多人群的多样化需求。根据公共服务的基本性，高校所提供给不同人群的体育服务内容也应该能满足公民最基本、最直接的体育需求。鉴于此，现阶段高校体育公共服务的内容主要包括健身设施服务、健身指导服务、体质监测服务、健身组织服务、体育活动服务、体育培训服务，如图 5-1 所示。

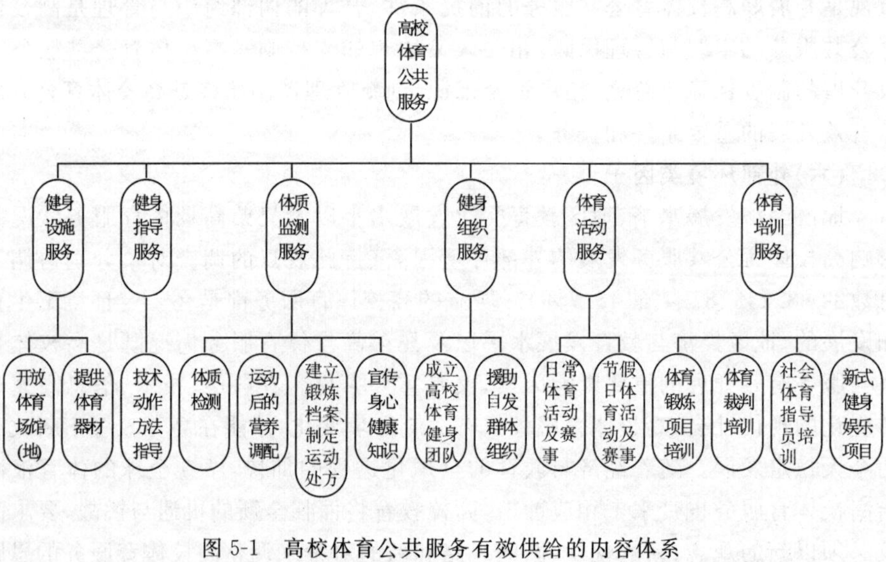

图 5-1　高校体育公共服务有效供给的内容体系

(1)健身设施服务。健身场馆(地)设施及体育器材等硬件条件是高校体育公共服务的外在因素，对高校体育公共服务的实现有很大的影响力，有时甚至是决定性的。从国外解决社区体育场地的经验得知，在日本的社区体育组织中，利用本社区学校体育场地设施的达组织总数的58.5％。① 在不影响学校体育教学的情况下，利用课余时间将闲置的场馆设施向不同群体的公民开放，既能提高利用率，又可满足师生的健身与训练需求，在一定程度上也可以满足群众参加体育锻炼的需要，从而产生一定的社会效益，以用于场馆设施的维护与管理。

(2)健身指导服务。健身指导服务是高校体育公共服务的重点部分。掌握基本的锻炼技术和动作方法是不同人群进行强身健体的最基本前提。锻炼指导服务的具体内容主要有：①面向高校大学生的学校作息制度所规定的体育活动的指导培训服务，如：早操有专职工作人员或体育教师进行组织并播放音乐，安排负荷强度不大的运动项目，并控制时间。课间操则主要以学生达到积极性休息为目的，注重大课间体育活动和经常性的班级锻炼；②面向不同人群的个人体育锻炼服务主要针对服务对象个体的体育活动。如不同群体尤其是特殊人群的锻炼内容、方法以及负荷要求等。

(3)体质监测服务。首先，体质检测既能反映人体的基本体质状况，如心肺功能、力量及平衡能力、各种身体成分(肌肉、脂肪、水分等)的比例以及骨密度，又能反映受试者是否应该进行体育锻炼以及锻炼方法是否恰当、锻炼效果是否显著等；其次，进行体质检测的同时进行身心健康知识的宣传，可以引起人们对自身健康的关注，提高他们对体育锻炼的重视程度，使人们逐渐接受积极、活跃的健康生活方式，提高参与体育运动的意识；再次，随着生活水平逐渐提高，运动后的营养调配已经成为广大公民的重要需求之一；最后，建立个人锻炼档案以及制定运动处方也已经成为越来越多人群的需求。因此，高校利用所拥有的体质测试器材对不同人群的体质健康状况进行检测，对不同群体进行身心健康知识的宣传，并针对个体不同状况制订运动处方或建立个人锻炼档案，是高校体育公共服务中体质监测服务的重要内容。

(4)健身组织服务。应不同人群的需要，成立高校体育健身团队(俱乐部)、帮助自发性体育组织增强自我组织和管理能力，开展体育援助服务，培育和发展群众性体育社团组织，并发挥高校组织、发动以及聚集的功能，是高校体育公共服务的又一重要内容。

(5)体育活动服务。为校内外日常及节假日体育赛事和大型体育活动服务也是高校体育公共服务的重要内容。为校内体育赛事和大型体育活动的组织服务，提供体育竞赛组织、制度、规程等服务的同时，还可以为高校发现和挖掘竞技

---

① 参见曹可强：《高校体育场地的社会开放策略》，载《体育学刊》2004年第2期。

体育人才；为全校性的体育节、体育周等活动服务，针对活动趣味性的特点，服务的重点是提供负荷强度不大、参与学生多、便于展开的运动项目，这样可以培养更多的体育运动爱好者。关于校外体育活动的服务，则涉及校外单位的体育赛事或大型活动的组织，这类活动的特点是难以控制，因此服务的重点要放在前期的预测和准备方面，以做到针对性、专业性的组织服务。

(6)体育培训服务。该类服务的内容主要包括体育锻炼项目培训、体育裁判培训、社会体育指导员培训以及新式健身娱乐项目的推广。

需要指出的是，高校体育公共服务诸多内容之间的关系密不可分，它们共同组成了高校体育公共服务的内容体系。

第二节　高校体育公共服务的有效供给主体

为满足公民多样化及层次性的体育需求，高校体育公共服务的主体人员应由高校体育公共服务的组织管理人员、体育专家教师、少数外聘教练、学生体育社团、体育专业大学生、大学生体育志愿者共同组成，如图 5-2 所示。不同的组成人员分别按照各自特长及服务实际的需要，在高校体育公共服务过程中承担不同的职责，共同完成面向不同群体的高校体育公共服务内容。其中，组织管理人员在高校体育公共服务过程中发挥着统筹安排与动员的重要作用；体育专家以及体育教师由于具有丰富的经验和体育专业知识，在体育公共服务的供给主体组中处于核心地位，部分体育专家在高校体育公共服务的统筹规划方面起到重要的导向作用，体育教师在高校体育公共服务的具体工作中发挥着最直接的指导作用，对学生课内外体育活动、学生体育社团活动以及学生体育志愿者活动的开展具有直接的指导、指挥及统筹安排的作用；大学生体育社团、体育专业大学生以及大学生体育志愿者则是学生体育活动最基层的组织者，在高校体育公共服务的开展过程中起着基础性的作用。

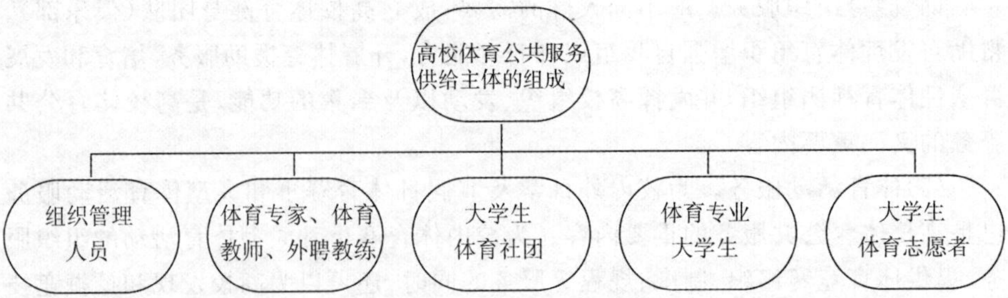

图 5-2　高校体育公共服务的有效供给主体组成

第三节　高校体育公共服务中提供者与生产者的责任

卢映川等将公共服务的递送分为提供和生产两个环节，所谓公共服务的提供，就是一系列公共选择的过程，而公共服务的生产，是将一系列输入资源转化为产品和服务的技术过程。[①] 政府应区分公共服务的提供与生产，将其核心职能转移到服务的提供上来。这对于转变政府职能，结束政府机构既进行社会管理又办社会事业的尴尬角色，推进事业单位改革、整合公共服务资源、建设完善的公共服务体系将大有裨益。

就高校体育公共服务而言，高校承担着提供者与生产者的双重角色。首先，在面向校外公民（包括教职工家属）的体育公共服务过程中，政府与高校形成提供与生产的关系。政府和相关主管部门是高校体育公共服务的提供者，对高校体育公共服务进行宏观统筹与规划，提供资助、监督并负责吸纳公民意见，决定高校体育公共服务生产方式的大体内容，对高校体育公共服务的绩效进行评估、考核及奖励。高校则承担体育公共服务生产者的角色，负责将高校体育公共资源转化为体育公共服务产品和服务。其次，当高校面向校内学生以及教职工提供体育公共服务时，高校与校内相关部门、各组织与团体则形成提供与生产的关系。作为校内体育公共服务的提供者，高校的高层行政部门和体育主管部门担负着高校体育公共服务的宏观统筹与规划、监督、考核与奖励等职责，在各方面关系的协调方面也起着重要作用。而高校的体育专家教师团体、学生体育社团、学生体育志愿者等成员则成为高校体育公共服务的生产者，对高校体育公共服务决策的具体实施起重要作用。

第四节　高校体育公共服务的组织与管理

一、多重单位、自主选择的外部供应格局

公共服务以公共需求为导向，但即使可以充分收集公民的需求，公共服务的提供仍然是一个集体选择的过程。集体性的决定以集体中每个个体的偏好为基础，却不可能真实、完全地反映出每个个体的偏好。同样，大城市地区的不同组成部分有着不同的利益取向和偏好要求，强调共同利益，也不能忽视不同利益群体之间的偏好差异。因此，需建立一组供应单位，即由分级的、上下互动的公共

① 参见卢映川、万鹏飞：《创新公共服务的组织与管理》，人民出版社2007年版，第36页。

服务参与者(尤其是政府)来形成一种互有重叠的供应单位格局。[①]国家教育部的参与正是供应单位格局中的一部分。

就高校体育公共服务而言,在面向校外公民提供体育公共服务的过程中,政府、体育行政部门以及高校主管部门与高校形成上下互动的公共服务提供组和生产组。各高校在相关教育和体育行政部门的指导下,依据自身特色以不完全相同的体育公共服务内容服务于全体公民,形成各具特色的高校体育公共服务生产组。提供组与生产组通过一定的连接方式,形成多重供应、自主选择的高校体育公共服务外部供应格局。从而将集体选择的权力交给不同的利益共同体,增加公民的选择空间。这种多重供应、自主选择的外部供应格局,对有效确定公民对体育公共服务的需求、提高体育公共资源配置的效率、增加公民的满意度、培养高校体育公共服务竞争环境具有重要意义。

例如上海市杨浦区为贯彻党的十六届六中全会提出的构建社会主义和谐社会的要求,认真落实市、区相关文件精神,积极推进区域内高校体育资源向社区规范、有序开放,以更好地发挥区域内高校体育资源的效益,更好地为市民群众服务,满足社区居民对体育的基本需求,以"政府主导、有序组织、社会参与、密切配合、因地制宜、服务社区"为基本原则,在确保区域内各高校正常教学工作秩序不受影响的前提下,尽可能向社区居民开放人才、场地等体育资源,为社区居民提供更多的公共服务,并要求各街道、镇根据本区域的实际情况,针对区域内居民的需求,负起相应的组织、协调和管理责任,落实相关的社会组织承担的日常管理实务,推进社会化运作,形成长效机制。在此基础上,杨浦区确定了区域高校体育资源向社区开放的工作目标,即"由各街道、镇与区内各高校分别签订体育资源共享协议,形成一社区对多校、多社区对一校、多社区多校的相互开放格局,发挥各方优势,实现体育资源全面的、有效的整合"[②]。该目标的"一社区对多校、多社区对一校、多社区多校的相互开放格局"实质与本研究中所提到的"多重供应、自主选择"的外部供应格局是相似的。

二、合理的组织管理机构

公共组织理论认为,结构是组织实现其目标的基本管理工具,是组织机体的骨架,可表现为工作分工的集合图式及其等级上的排列。不同的组织结构对组织的过程与行为会产生不同的影响,并且,不同的组织结构对组织效率也具有较

① 参见卢映川、万鹏飞:《创新公共服务的组织与管理》,人民出版社2007年版,第267～269、276页。

② 上海市杨浦区人民政府办公室转发区社区公共服务资源开放工作联席会议办公室:《关于积极推进区域内高校体育资源向社区开放的若干意见的通知》,杨府办[2008]72号文件,2008年11月21日。

为直接的影响。我们很难想象一个结构不合理的组织能有高效率。现代组织结构的主导形式是科层组织，科层组织的主要组织形式有直线结构、职能结构、直线—职能结构以及矩阵结构。其中矩阵结构是以完成某项工作为核心，从有关部门抽调人员组成临时机构来履行工作任务的结构。该结构中垂直领导与水平领导并重。矩阵结构既保持了组织成员构成的稳定性，又有助于充分发挥组织成员的综合优势，组织效率相对较高，与其他结构形式相比，矩阵结构更加灵活，适应能力也更强，被很多规模较大的公共组织所采用。①

如图 5-3 所示，根据该组织原理，区域政府部门可牵头成立区域内体育公共服务委员会（简称“区体育公共委”），负责制定政策、整合资源、沟通信息以及协调解决问题，下设办公室负责协调、推进、督察区域内体育公共服务委员会作出决定的实施情况，推动高校体育公共服务的开展，尤其是面向校外公民的高校体育公共服务的开展。区域体育公共服务委员会的主要成员应来自区政府部门、财政部门、体育部门、教育及文化部门、街道办事处以及镇政府部门等。同时，各街道、镇应按照区域体育公共服务的具体要求开展各项工作，牵头组建由相关单位共同参加的街道体育公共服务管理委员会（简称“街道体育管委会”），承担相应的组织、协调和管理责任，并在高校有关部门与团体的帮助下，培育、落实中介服务机构，积极培育和建立俱乐部、专业协会以及各类群众性体育活动团队等中介服务组织，积极发展社区居民体育志愿者，使中介组织逐步建立自我生存、自我发展、自我约束的管理运行机制，建立面向市场、产权明晰、责权明确、制度健全、利益协调的有效监控的运作模式。各高校及相关部门则应根据区体育公共委的要求，在不影响正常教学秩序的前提下，做好体育资源的开放工作。

上海市杨浦区的社区公共服务资源开放工作正是在类似这样的组织管理机构下开展工作的。为促进社区公共服务资源共享，杨浦区建立了社区公共服务资源开放工作联席会议制度（简称“联席会议”），作为区公共服务资源开放工作的领导机构，由副区长等任召集人，成员单位是区地区办、区民政局、区文明办、区财政局、区体育局、区文化局、区教育局、团区委、区经委、区科委和各街道办事处、五角场镇。联席会议的主要职责是制定政策、整合资源、沟通信息以及协调解决问题，推动公共服务资源向社区开放。联席会议的下设办公室在区地区办，负责协调、推进、督察联席会议作出的决定。按照联席会议的要求，区体育局、区文化局、区教育局要按照各自的工作职责，切实加强对下属及实施行业管理的体育、文化、教育设施开放工作的指导与监督。各街道、镇要按照社区公共服务设

① 参见陈振明：《公共管理学——一种不同于传统行政学的研究途径》，中国人民大学出版社 2003 年版，第 5 页。

施资源共享工作的具体要求来开展各项工作，牵头组建由相关单位共同参加的社区体育、文化、教育设施资源开放管理委员会（简称“管委会”），承担相应的组织、协调和管理责任。[①]

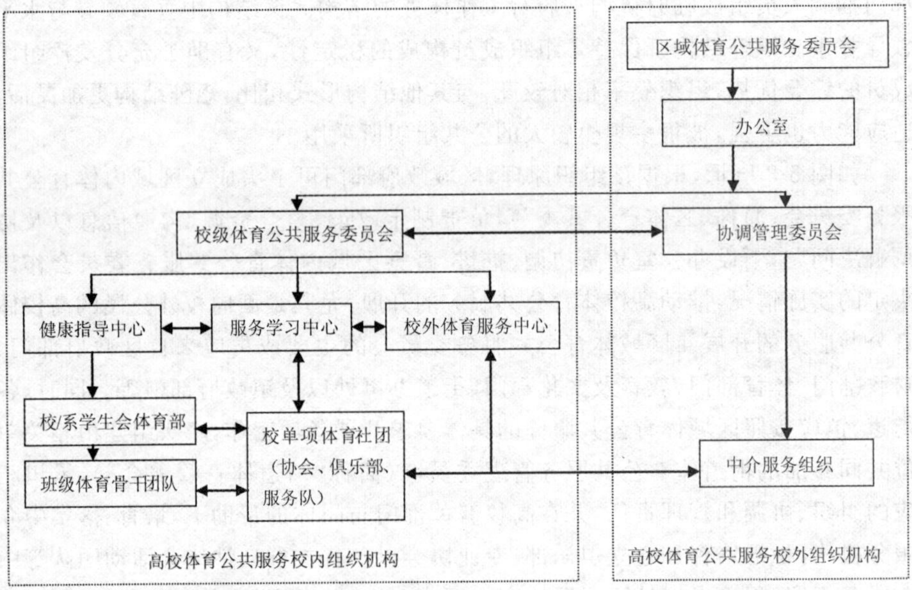

图 5-3　高校体育公共服务校内外组织管理机构

高校体育公共服务校外组织管理机构工作的有效开展，还需要合理有效的校内组织管理机构。针对开展高校校内外体育公共服务的需要，高校应建立校级体育公共服务委员会，与协调管理委员会共同配合区域体育公共服务委员会的工作。校级体育公共服务委员会的成员由校级领导、系部领导、教务处、学生处、团委会、校医院、学生会等相关责任人及体育教师、校外相关专家顾问等构成。各部门成员应分工负责，各司其职，共同完成高校体育公共服务的校内外体育服务内容。校级体育公共服务委员会下设健康指导中心、服务学习中心以及校外体育服务中心，健康指导中心主要负责高校体育教学、课外体育健身指导及体质健康测试工作，由本校体育教师组成，下设校、系学生会体育部及班级体育骨干团队；服务学习中心由学校教务系统人员及各体育专业负责人组成，主要负责高校体育服务学习的协调与实施、指导与安排等工作；校外体育服务中心由体育部门负责人、场馆部门负责人、体育教师及学生体育社团（协会、俱乐部、服务

① 上海市杨浦区人民政府办公室：《本区贯彻落实〈关于本市体育文化教育设施资源向社区开放的指导意见〉实施意见的通知》，杨府办发[2007]24 号文件，2007 年 7 月 14 日。

队）负责人组成，主要负责校外体育服务的协调与实施工作，并协助建立中介服务组织，向中介服务组织提供体育援助。健康指导中心、服务学习中心以及校外体育服务中心各工作人员在校级体育公共服务委员会的统一协调和部署下通力合作，在下设部门和团体的协助下开展各项活动，共同完成高校体育公共服务的校内外服务内容。

三、完善的体育工作管理制度体系

科学管理是一切组织发挥作用、使人力和财物发挥最大效率的前提，规范的管理制度则是科学管理的基础。高校体育公共服务的开展亦如此，应从规范管理制度入手，逐步完善高校体育公共服务的管理制度体系。

如北京大学为提高其体育服务的科学管理程度，编制了《北京大学体育部管理手册》，制定各项工作的管理办法，加强制度建设。在体育教学方面，北京大学定期修订《北京大学体育课程教学大纲》及《北京大学学生体育课程选课手册》，制定体育课教学常规等教学管理文件；在科研管理方面，制定了《北京大学体育科研工作管理办法》，规范了各研究机构的章程，监督机构运行，优化科研机构管理；在课余体育方面，制定《北京大学学生课余体育活动管理办法》，并执行《北京大学学生课余体育锻炼考勤办法》；在后勤管理方面，制定《北京大学体育场馆管理办法》《北京大学体育教研部外聘人员管理办法》等，强化服务意识，规范服务流程，提高服务质量；在信息化建设方面，制定《北京大学体育教研部信息化建设管理办法》，注重宣传，树立形象。

四、完善的体育网络管理系统

当今社会，网络的功能越来越强大，给人们的生活带来极大的便利。对高校公共服务而言，其有效供给同样离不开网络技术，网络技术的便捷性在高校体育公共服务组织与管理的各个环节都有不同的体现。完善的体育网络管理已经成为许多高校组织与管理体育活动的重要手段。如北京大学、复旦大学、深圳大学、上海大学、上海体育学院等高校都拥有自己的体育网络管理系统或体育综合网络管理平台，对高校体育资源的共享和良性配置起到重要作用。诸高校网络管理系统的综合服务功能体现在体育教学与课外体育活动、场馆管理以及体质健康测试等多方面。

（一）高校网络管理系统的应用现状

1. 体育教学与课外体育活动方面

北京大学、复旦大学的综合网络管理平台及深圳大学的校园自助长跑网络系统都显示出网络的强大功能。北京大学于 2005 年全面实现了体育教学的网络化管理，学生选课、网上评教、体质测试预约和结果查询、课余锻炼考勤查询、教师网上教学、网上登录成绩、网上答疑以及师生互动等方面均是网络化管理。2006年,北京大学体育教研部还自主研发了“北京大学体育工作综合管理系统”,内含体育教学、运动训练、体育科研、群众体育、体育场馆及学科建设六大模块,使管理工作实现了数字化、系统化,管理科学性不断提高,管理水平不断加强。复旦大学的体育综合网络管理平台也充分利用网络的特点与优势,建立了一系列为其“多元一体”体育教学体系服务的网络教学与管理体系。从教师课前准备的教案到学生体育成绩管理,从早操、课外辅导、考勤到学生体质健康成绩的查询,从网络多媒体教学到网上理论考试,均实现了网络化管理,使体育网络的强大功能充分为体育教学服务,极大提高了体育教学效果和科学化管理水平。

2.体育场馆管理方面

深圳大学为创新体育场馆管理体制,开发了校园体育消费网络系统,并研发了先进的一卡通系统,将体育场馆的收费系统进行改造,使各个主要场馆均设有一卡通服务终端,以进行统一管理,体育场馆的预订和支付方式也相应实现了网络化。

3.在体质健康测试管理方面

深圳大学在对体质健康测试结果进行反馈的同时,开发了网络运动处方,使学生可以根据自身体质健康状况进行锻炼项目的菜单式选择及运动控制。对于不按规定参与体质健康测试的学生,深圳大学则开发了专用软件对其进行筛选,将名单与各学院进行联系,敦促他们参与体质健康测试。为更好地利用体质健康测评平台,将体质健康测评与选课指导结合起来,使学生在了解自我健康的基础上,选择能够更好地促进健康发展的课程,校方依据体质指数、体质标准达标进行分类,对体质弱的学生进行体育课的选课指导,在教学分组、发展目标上对他们提供合理的定位。

(二)体育智能化的发展前景

随着“互联网+”时代的到来,体育智能设备不断更新升级,围绕“运动”“健康”为主题的可穿戴设备也越来越普遍。同时,智能手机的迅速普及也为健身类手机软件提供了迅速发展的条件。不管是体育智能硬件设施的发展,还是健身类手机软件的推广,均高度依赖智能手机等电子设备,在这样的背景下,高校体育公共服务要实现网络化管理亦应考虑开发与应用体育健身手机软件,并基于健身手机软件,构建体育公共服务评价与学习管理平台,以便更加有效地实施课内体育教学管理与监控、课外体育活动监测与评价以及高校体育社会服务的评价与管理。

五、多渠道筹措资金的保障机制

《高等教育法》第二十四条规定,设立高等学校,应当“符合国家利益和社会公共利益，不得以营利为目的”。高校体育公共服务的公共性本质既与体育公共服务的公共性和公益性相一致，又与高校的非营利性相统一。正是由于高校体育公共服务的公共性和非营利性，高校体育公共服务的资金，尤其是开展校内体育活动所需要的资金，最主要来源是政府财政拨款。如东南大学在保持正常体育经费的基础上，每年为研究生运动会、校田径运动会、万人长跑、体育类社团活动及比赛等各类常规活动及高水平运动队建设设立了135万元专项经费；2008年，为完善早操及课外考核，该校又投入14万元建立了与校园网络平台对接的管理系统，投入40万元更新了体质健康测试仪器，增加了教师管理早操、课外活动辅导的专项酬金20万元，有力保障了学校各项体育活动的正常开展。

然而，政府投资依然难以满足迅速发展的体育公共服务需求，财政投入的效率和效果也较难监控。政府还需以较小的政府投入，引导和刺激社会投资者进入，从而推动和掌控更多的资金，更好地提供体育公共服务。在这种情况下，政府应不以投资者或借款人的身份介入，而要以统筹规划者、服务者、协调者、监督者的身份出现，为高校引导社会投资者进入并规范其行为。同时，政府也应鼓励高校通过自身努力拓宽资金来源渠道，如：在保证高校体育公共服务公共性本质和公益性特征的同时，高校应向使用高校体育公共服务的公民收取一定费用，以用于场馆设施的维护与管理等。在上海市杨浦区区域高校体育资源向社区开放的过程中，政府正是以统筹者和协调者的姿态来规范整个活动的开展，在鼓励高校拓宽资金来源渠道的同时，支持高校的某些项目在对外开放时收取一定费用，并对收费标准的上限作了规定。

第五节　高校体育公共服务有效供给模式

靳永翥在关于公共服务提供机制的研究中将公共服务的提供分为政府代理提供、市场化提供、自愿提供以及混合提供。[①] 基于该理论，本研究将高校体育公共服务分为行政供给、市场化机制供给、自愿供给以及混合供给。

(1)行政供给。在高校体育公共服务中，尽管高校的行政力量不是唯一的，但行政力量却一直是必须的和主要的，它基本主宰或主导着许多高校体育公共服务内容的生产和供应。高校可以通过联合各部门，委托各相应部门作为体育公共服务内容的直接生产者；或者由学校根据相关政策，提供外部环境、内部政策和制度支持，将具体服务的任务以授权的方式交由推荐产生的领导机构，如系

① 参见靳永翥：《公共服务提供机制：以欠发达农村地区为研究对象》，社会科学文献出版社2009年版，第9页。

部或高校体育公共服务委员会；也可以由高校行政部门动员体育教师、学生或学生体育社团直接参与体育公共服务的生产等。

(2)市场化机制供给。市场化机制是市场机制的转化和优点借鉴，市场化机制只能分离高校体育公共服务的生产责任，而高校的责任并没有消失，它还要更好地对高校体育公共服务过程进行监督，保证高校体育公共服务供给中的责任以及服务供给的质量和绩效。高校体育公共服务的市场化机制供给可以通过合同外包、用者付费、凭单制以及补助的方式进行。

(3)自愿供给。即高校成员尤其是体育教师和大学生以志愿、互助等方式，从事高校体育公共服务的部分供给，是高校体育公共服务有效供给的重要补充方式。对避免单纯的行政提供可能造成的服务短期效应有一定辅助作用。自愿参与人员可以通自愿合作、自由式参与、俱乐部性质的积极参与等方式进行。

(4)混合供给。混合供给更像是行政供给、市场化供给和自愿供给的混合体。高校体育公共服务内容具有多样性和服务类型的多样性，必然产生具有不同特点和内容的多元联合的多种服务方式。混合供给具有行政供给、市场化供给和自愿供给的综合性特点，正因为此，混合供给较其他供给方式有更大的灵活性，对发挥其他供给方式的优点、避免其他供给方式的不足具有一定优势。此供给方式的存在形式较多，面向高校大学生的体育公共服务，往往表现为行政供给与自愿供给的结合；面向校外公民，则往往表现为行政供给与市场供给的结合；有时面向校内外公民提供服务时，也会有三种供给方式结合的情况。因此，要发挥好混合供给的灵活性优势，须注重不同供给方式的结合。

四种供给模式各具优势，行政供给往往能形成较大的规模与较大的影响力，但有时空前的影响力和规模容易变成短期效应，而自愿供给对避免此缺点具有一定的辅助作用。市场化机制供给可以借鉴市场机制的优点，但对高校体育公共服务而言，其适用的范围较小。混合供给往往具有前三种供给方式的某些特点，因此具有一定的灵活性，在开拓高校体育公共服务的供给方式方面具有重要作用。

一、行政供给

(一)校内体育服务的行政干预

面向校内学生，高校体育公共服务的直接行政干预是必不可少的重要手段，是高校行政部门联合提供或委托提供各相应部门直接生产的主要方式。它具体表现为高校行政部门(团委、学生处、工会等)单独或联合与相应系部合作提供体育服务，或学校根据有关政策，提供体育场馆(地)，制定相关政策或制度，将具体服务的任务委托给系部或高校体育公共服务委员会。

如复旦大学在开展学生体育活动方面坚持行政措施与学生自我发展相结

合，充分利用学校体育资源，将课内教学、课外体育活动、运动训练相结合，创建了“多元一体”体育课程体系，如图 5-3 所示。该体系在课内教学方面格尤为重视行政措施的实施，规定了体育课的 4 个必修学分和几项体育课上必考的身体素质项目；规定了早操与课外体育锻炼的次数，将学生的体质健康与学生奖学金、优秀学生、先进集体的评定挂钩。同时注重加强监督与管理，坚持领导干部检查看课制度，坚持每月召开教研室主任例会和每周一、周二进行教法研究，狠抓教学质量。复旦大学严抓学生体质健康测试工作，坚持测试工作全部由体育教学部教职工负责测试完成，确保了测试数据库的准确性，保持了学生体质健康的高合格率。在构建课外体育活动体系方面，也不同程度地采取了行政措施，如图 5-4 所示。复旦大学强调学校课外体育活动的制度化与日常化，坚持“月月有计划，周周有比赛，日日有活动”，以丰富多彩、小型多样的各类竞赛活动，吸引、调动广大学生积极参与，营造良好的校园体育文化氛围；在群体竞赛方面，实施学校、院系、协会（社团）三个层面的群体竞赛组织与活动方式（见图 5-5），以丰富学生参与体育活动途径，提高锻炼效果。根据学校规定，每个层次都有常设体育活动或项目，如校级比赛有校田径运动会、篮球、排球、足球、广播操、拔河、跳绳、冬季长跑等项目，院级比赛与活动有体育游戏及竞赛活动；在体育评价方面，复旦大学创设了多维体育评价体系，力求体现以“学生为本”，把《国家学生体质健康标准》和学生课外体育锻炼情况纳入体育课程评价体系，强调全面、综合地评价学生体育学习状况，如图 5-6 所示。

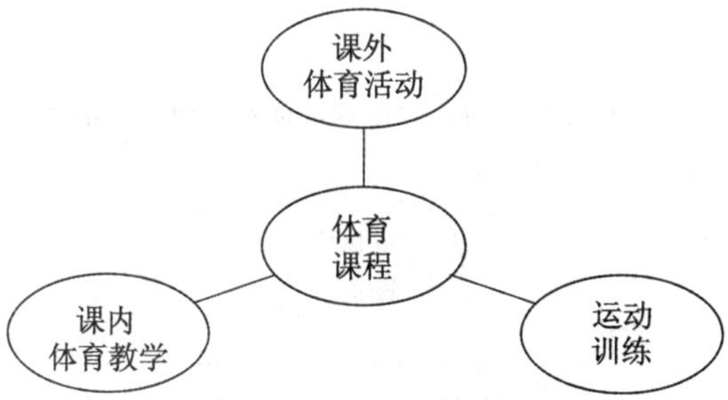

图 5-3 复旦大学“多元一体”体育课程体系

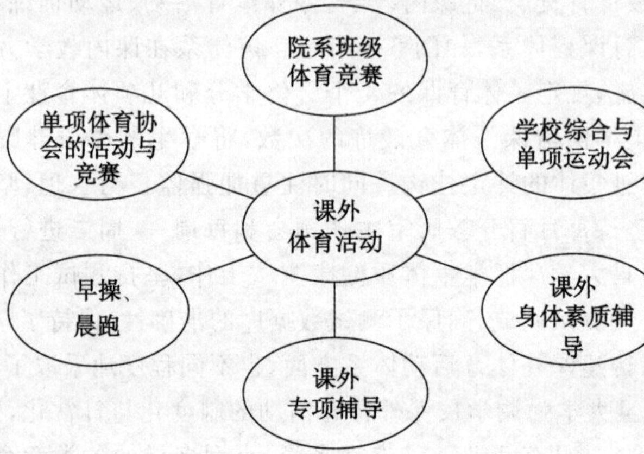

图 5-4　复旦大学课外体育活动体系

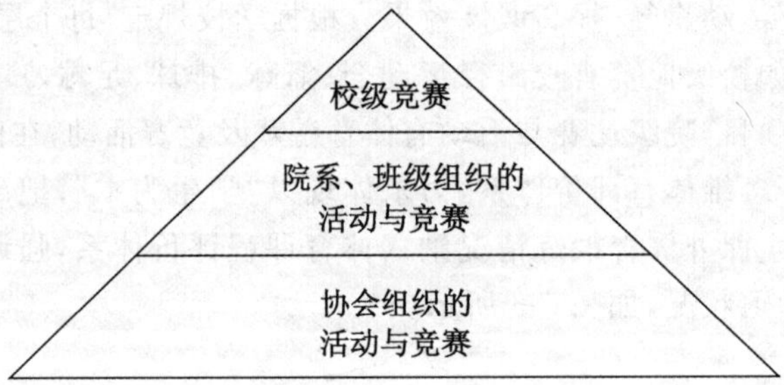

图 5-5　学校、院系、协会层面的群体竞赛组织与活动方式

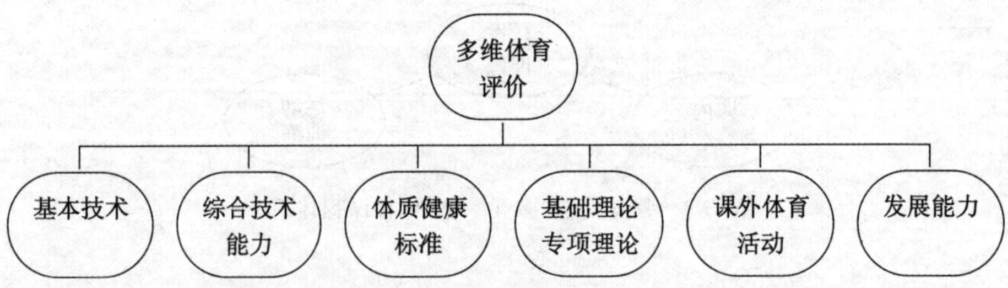

图 5-6　复旦大学多维体育评价体系

(二)高校体育社区服务

提供部分社区体育服务是高校行政供给的另一种表现形式。社区体育是群众体育的主要组成部分,也是区域体育文化建设的重要组成部分。高校以多种

形式服务于社区体育，已经成为促进地方体育文化建设、构建和谐社会的重要内容和手段。从向韶举关于成都市高校体育与社区体育互动现状的研究，即可对高校体育与社区互动服务的情况窥知一二。

1.高校体育场地对社区开放的情况

据向韶举的调查研究，关于高校体育场地的开放情况，以成都市为例，五所高校目前共有体育场地 976 块，其中对外开放的有 318 块，占总数的 32.58%；部分开放的有 210 块，占总数的 21.51%；不对外开放的有 448 块，占总数的 45.90%。对外开放的场地只限于外借与出租等开放形式，还有一些学校因为特定的原因，开放后又关闭。总的来说，体育场地没有较好地实现资源共享、合理有效利用和优势互补，没有得到最大限度的开放和利用。关于居民对学校体育场地的开放态度，66.46%的受访居民对学校场地设施的开放有强烈的心理需求，25.07%对开放学校场地设施持反对态度，其原因是担心开放学校场地设施会影响学生的体育教学和正常生活，另有 8.57%对此抱无所谓态度。在社区周围有高校的居民对参加学校里的俱乐部和体育社团的态度情况方面，有 71.52%的受访居民表示愿意参加，原因是高校里的体育团体教学内容丰富，教学方法新颖、科学，锻炼效果明显等；也有 26.46%的受访居民不愿意到高校的体育团体参加体育锻炼，原因是时间不充裕或收费不合理等；还有 9.12%对此抱无所谓的态度。[①]

正如向韶举所述，随着体育组织的规范和健全，越来越多的社区居民开始参与有组织的体育活动，但居民社区体育指导员出现了业余性趋向。在社区有 64%～79%的受访居民在进行体育锻炼时是有组织和专业人员指导的。尽管社会体育指导员制度在很早就建立了，但是并没能满足社区实际需要。另外在体育指导员的培养和制度实施的过程中存在一定的问题，没有较好地发挥社区体育指导员的作用。所以成都市在社区体育组织和科学指导方面有待进一步改善。

2.高校体育与社区体育互动发展存在的问题

通过对高校体育与社区体育在物质设施、组织管理和经济消费水平三个方面的表现进行调查分析，发现两者在互动发展中存在着不少问题，主要表现在以下几个方面。

(1)组织机构不健全。高校缺乏必要的专门负责的社区事务机构，社区也没建立起相应的落实服务和负责参与高校活动的机构，两者的联系缺乏必要的体制保障。高校与社区通常是在各自的领域内发展，缺乏必要的沟通和联系。他们偶有的联系和沟通也只是通过双方对体育活动有热心的人促成的，因而高校

---

① 参见向韶举：《成都市高校体育与社区体育互动现状与发展研究》，四川师范大学体育学院硕士学位论文，2010 年。

参与社区的活动或社区参与高校的活动都具有临时性、变动性、随意性，互动发展不深入。

(2)场地利用不充分。资源的共享受到经济利益和其他利益的排斥，不少市、区部门将公共资源贴上专属的标签，给学校和社区在资源上的互动合作增设了障碍。另外，资源利用上的不足也是资源开放的另一缺失。受到学校本位思想的影响，人们通常认为学校资源要比社区资源优越，社区资源只是它的补充和附属，而不是对学校教育有着重要的改善作用。人们在很大程度上忽略了社区体育资源对于学生发展的重要性。事实上，学校可以将社区资源合理引进高校，这对学校体育教育科学化、学生的个性化以及教育和人才的创新培养有着极其重要的作用。总的来说，学校体育资源向社区开放程度依然不足，高校只是开放了一部分物质资源，且存在体育场地有偿开放、信息知识资源开放不全面等情况。

(3)体育指导人员相对不足。在高校要积极参与到社区生活的各个方面的同时，社区对高校活动的参与层面仍然很低，仅仅局限在为高校提供必要的时间和展示自身文化的舞台、保障后勤供应、维持周边环境等，缺少专业的指导人才。尤其在社区体育团体中大部分是退休体育教师、长期从事体育锻炼的人才，没有专业的体育指导员。同时高校的社区服务没能很好地针对社会弱势团体，没能开发出针对农民工和城市流动人口的社区服务，城市流动人口的再教育培训和对新知识的需求很难得到满足。高校与社区互动没能惠及每个社区成员，常常是以本市常住人口为主体。

(4)体育经费的筹集渠道单一。学校与社区在互动过程中，体育经费的筹集渠道比较单一，大部分体育组织都是会员自筹经费，学校和社区拨款的很少，企业赞助也只占很少一部分。高校与社区在互动发展上，要充分利用全面健身基金、慈善机构的捐助等，通过多渠道筹集资金，同时要拓展高校与社区的合作面和合作层次，提高服务水平和服务质量，增强自身的造血功能，保证两者正常、稳定地进行互动。[①]

3.高校体育社区服务的途径

综合分析许多高校社区服务的状况可以发现，社区服务开展较好的高校往往具有一定程度的行政因素，高校为保证社区体育服务质量，应从多方面进行努力。

(1)高校可在保证学校教学、训练、群体工作的前提下，利用自身场地设施优势服务社区，面向社区成员开放全部或部分体育场馆。高校可利用早晚、双休日、节假日，尤其是寒暑假的空闲时间对周边居民开放，提高场地设施的使用效

---

① 参见向韶举：《成都市高校体育与社区体育互动现状与发展研究》，四川师范大学体育学院硕士学位论文，2010年。

率，推动社区体育活动的开展。由于高校体育设施相对集中，种类较多，体育专业人员也多，适合不同人群选择适合自己的锻炼场地和项目，在激发广大体育爱好者的锻炼热情，吸引体育爱好者投身体育锻炼、培养他们自觉锻炼的体育意识和习惯等方面具有积极作用。各高校可根据自身需要，建立以高校为基地的社区体育服务中心来协调和管理高校社区体育服务工作。

(2)为更好地开展社区体育服务，有些高校与体育局合作，培养更多的校内外社会体育指导员，以满足社区公民大量的健身指导需求。在这方面，专业体育院校具有较强优势，上海体育学院、山东体育学院在这方面就取得了较好的成效，每年为社会培养了大量的社会体育指导员。2010 年山东体育学院仅培养的国家级社会体育指导员就有 80 人。

(3)建立长期稳定的社区体育辅导站、点及体质监测中心，以指导社区成员进行科学锻炼。科学的锻炼往往能得到事半功倍的健身效果，盲目锻炼则收不到预期效果，甚至会造成运动伤害。高校有专业的体育教师、技术水平相对较高的高校学生体育社团以及医疗工作人员，他们拥有丰富的健身方法和实践经验；有体质监测设备和健康诊疗设备。将高校的诸多资源整合在一起，建立社区体育辅导站点和体质监测中心，以会员制的形式(适当收取费用)对健身者进行健身方法指导以及体质状况跟踪监测，以科学的数据为基础制定运动处方，指导其进行科学的锻炼，可以使其收到良好的锻炼效果，培养他们科学锻炼的意识，并可以促进科学健身宣传，从而推动社区科学健身的推广。

(4)高校应协助社区建立和完善社区体育俱乐部。通过体育行政部门和街道办事处给予的启动资金，协助动员居民力量积极参与，组建社区体育俱乐部，协助其自主经营，使其拥有自我运作、自我发展以及自我“造血”的功能，从而逐步承接政府部门部分职能，成为推动社区体育的载体和主力，进而吸纳并组织更多的居民参与社区体育俱乐部举行的各种健身活动。

(5)建立“高校—社区”体育资源共享机制。建议双方领导或代表组成领导小组，定期召开协作会议，协调双方利益和各种物质及指导人才资源等，制定区域规划及年度工作计划，并组织实施开展各类体育活动和体育交流。为解决学校体育场地开放后的安全保障问题，可促使或协助进入学校参加健身锻炼的人员购买人身保险。通过各方努力，使高校体育公共服务逐步向规范化与制度化发展。近几年上海市杨浦区开展的区域高校体育资源共享正是一种“高校—社区”的资源共享机制。主管部门通过成立组织管理机构，制定相应的制度并采取一定措施，促进了高校体育资源与社区的共享。共享内容主要有三个方面：①高校体育部门可根据社区要求，派出体育专业人员为社区居民提供科学健身的培训指导。②高校所属的体育场馆、设施，可根据社区居民的需求，安排一定的时段向社区居民无偿或低偿开放。③社区应根据高校要求，积极利用社会资源为高校提供服务，支持大学生社会实践活动，为高校精神文明建设提供帮助。

4.高校与社区体育互动发展的模式

所谓互动发展就是双方利用对方的优点来弥补自身的不足，不断完善自己，从而取得更快的发展。对于高校体育与社区体育来说，一方面高校要充分利用社区这个平台来促进高校体育教学的社会化发展；另一方面社区要利用高校的人力、物力和专业技术等方面的优势，来弥补自身的不足，促进自身的发展。两者在互动的同时不能影响高校的正常教学，高校与社区的互动必须要通过一定的体育组织形式来实现，否则互动就没有实际意义。研究认为，高校体育与社区体育要真正实现互动，必须通过一定形式的体育组织，加强彼此之间的交流和协助，促进高校体育与社区体育的和谐互动发展，可行的方法包括依托高校课外教学俱乐部进行互动、利用高校体育社团加强互动力度、依靠社区体育健身协会扩大互动范围等。①

作为高校体育公共服务有效供给的重要模式，高校体育与社区体育的互动发展要充分运用高校公共体育资源，以社区居民和高校学生为活动主体，通过有效利用高校体育教师和体育设施资源开展高校和社区公共体育活动。

（三）高校体育服务学习

目前，高校体育社会服务往往存在开展时间短、范围小、评价难等问题，许多高校的体育社会服务往往只在乎短期效应，对社会服务的质与量一般没有较明确的规定，具体有效的举措更是少而又少。为改善此种状况并提高学生的社会服务能力，增强他们的社会责任感，提高他们的自尊与自信，帮助他们确定将来的职业兴趣和方向，高校可以利用行政手段开展高校体育服务学生的活动，这既可以增强高校服务职能的发挥，又可以加强学生对课程知识的学习。所谓高校体育服务学习，是通过高校与社会合作，将服务社会与体育课程联系起来，使学生参与到有组织的体育服务行动中去，以满足社会的体育服务需求、强化学生体育课程的学习、增强学生对所学体育知识和技能的应用，并培养学生的社会责任感，提高其与同伴及其他社会成员的合作能力以及分析、评价、解决问题的能力。我国高等学校在推动服务学习时，不可盲目遵循美国高校服务学习的具体制度，应该努力创造出属于自己的服务学习方式。这些方式不仅要符合我国教育制度、教学理论，而且要与我国高等教育机构的办学理念、课程安排、组织结构相符，切实地找出服务学习在我国最能发挥效用的领域。

高校体育服务学习的服务对象既可以是校外人员，也可以是校内人员；所服务的单位也较广泛，既可以是企业单位，也可以是学校周边社区，如图 5-7 所示。

① 参见向韶举：《成都市高校体育与社区体育互动现状与发展研究》，四川师范大学体育学院硕士学位论文，2010 年。

高校体育服务学习的过程往往是相似的，一般包括制订计划、学生和服务场所管理员的准备、服务学习的实施、服务学习的反思和评价等过程，如表 5-1 所示。体育服务学习的计划可以有多种，可以是全校或各年级统一，可以以班级为单位独立制定，也可以是有选择地制定相关计划。体育服务学习的内容涉及自然环境与社会生活的方方面面，不仅仅是体育专业知识的学习与实践。体育服务学习是课程的一部分，其组织的方式是多样的，可以是一次或短期的服务学习，可以是长期的课外服务学习，可以是与课程结合的服务学习，也可以是密集经验的服务学习(如整个暑假与被服务者生活在一起的服务队就属于密集经验的服务学习)。学校对参与体育服务学习的学生可给予学分，或者可将体育服务学习列为毕业的必须条件。综上所述，高校体育服务学习具有普遍相似的过程，可以以不同的服务对象、服务计划以及组织方式来实施体育服务学习，因此，每所高校因主、客观环境需要以及所具备的条件不同，可以有不同的选择与设计。

目前一些高校的具体做法与服务学习的理念极其相似。如近几年山东体育学院体育社会科学系的实践教学内容改革积极提倡“四个一工程”[①]，不同专业根据此思路，将社会实践服务社会的内容纳入课程设置，并对社会服务的次数和时间做出了具体的规定，要求每个学生在校期间都有一定的社会服务经历。如学生在指导老师的指导下参加体育三下乡活动、社区体育调查活动、社区体育指导活动等。学生的服务过程在指导教师的指导下进行，服务结束由指导老师对其服务做出客观评价，评价结果既是评优的参考条件，更是学生顺利毕业的重要条件。

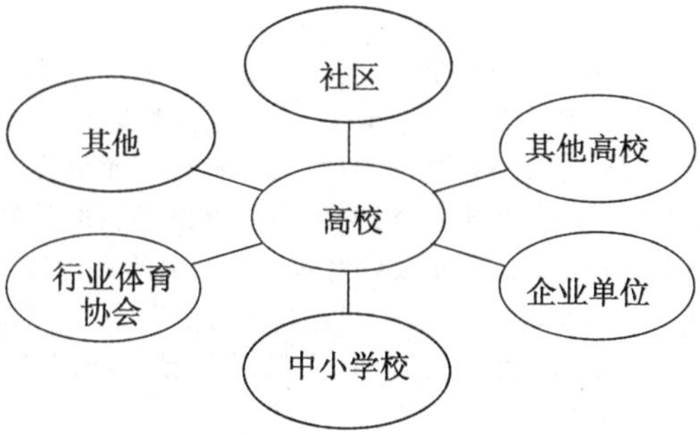

图 5-1　高校体育公共服务的服务单位或组织

① “四个一工程”：山东体育学院体育社会科学系要求学生“上一堂术科专项技能教学训练课，讲授一堂本专业有关课程的理论课，组织或参加一次体育比赛，结合所学专业组织或参加一次社会实践活动”的简称，是提高学生实践能力，加强体育课程学习的指导思想。所谓“进行一次社会实践活动”，也并非只有“一次”的要求，各专业根据此思想一般会有不同的要求和安排，将体育社区服务纳入各专业课程设置。

表 5-1　　　　高校体育服务学习的过程①

过程	内容
制订计划	在确定问题的基础上明确的服务目标和对象;所提供体育服务的内容;参与人数及活动计划;确定指导者及其计划;解决问题的过程;学生训练计划;活动评价计划;预算;行动过程中的庆祝计划等。制定计划应该考虑以下几个问题:能否提供给学生应用他们在课程中所学知识和技能的机会?是否能够发展学生的批判性思维、分析解决问题和反思的能力?是否能够发展学生的领导能力和可靠负责以及合作的习惯?能否加强学生的价值感以使他们对社区的良好发展做出有意义的贡献?能否在有限的时间内取得实质性的和可见的成果?所有(学校和所服务的社会单位)成员是否都同意计划的目的、过程和预期成果?另外,要让学生参与制定计划;制订计划要在评估社会或单位需要的基础上进行
学生与服务场所管理员的准备	学生首先要知道他们在服务学习中的角色和责任。要向他们介绍服务场所的情况及各种活动规则。如果学生在活动中要面对一些特殊的人群,如老人、幼儿或残疾人,则要告诉学生相应的注意事项。可以通过录像或角色扮演让学生了解服务的场所和对象。总之,学生必须确切地知道他们要做什么、怎样做以及在哪里和为什么要这样做,他们还要知道谁将指导和管理他们的工作。如果学生所在服务场所有管理员参与,那么要让管理员清楚地了解整个服务计划。教师与管理员要经常就如下问题进行沟通:学生的角色和责任;他们要进行的具体活动;教师的角色以及出现问题怎样解决
服务学习的实施	应按照计划实施服务学习,但要根据活动进展的情况及时对计划进行修正。任务的要求要适合学生的能力,他们需要挑战,但是如果目标超出他们的能力太远甚至是达不到的,就会使他们感到沮丧。特别是对于刚进入服务领域的新手来说,引导他们在以前经验的基础上获得成功是很重要的。教师和管理人员要针对每一个学生的具体情况来安排或调整任务的种类和难度,如对于一个不善言辞的学生,可以鼓励他担任服务学习中的外交工作,同时要注意任务的难度不能超出该学生的能力太多,可选择一个比较容易打交道的人作为交往对象。学生在服务学习中难免会遇到困难和挫折,甚至会因此而感到灰心丧气,所以不断的总结、反馈和激励是必要的,要使学生及时了解任务的进展、已经取得的成果及努力的方向

① 参见李燕:《美国高等学校的服务学习研究》,浙江师范大学硕士学位论文,2003 年。

续表

过程	内容
服务学习的反思和评价	通过精心设计的反思过程，学生将会思考他们在服务学习中所获得的经验，并分析解释它们，以理解其中的意义。通过与服务学习有关的开放话题，如做了什么，为什么这样做，为哪些人，结果怎样等，可以使学生对于自己的行动和经验有一个新的、更深刻的认识，同时学生可以借此获得智力人格和社会性的成长。反思通常发生在活动之后，也可以在服务学习计划的任何一个阶段，主要是由学生预测和分析可能的结果、反思活动的结果及其对个人成长和社会的作用。反思有很多种形式，包括个人总结、小组讨论、录像录音回顾、照片展览、档案、信件、文章以及研究报告等。服务学习的评价可以是非正式的调查或访谈，也可以是正式的定量或定性的对活动结果的评价。评价过程在一定程度上取决于计划的目的和与其相关的课程目标

二、市场化供给

公共服务体制改革的重要内容之一是引入市场机制，打破垄断，促进竞争。以市场化途径来组织公共服务的生产是世界性的潮流，也是我国公共服务改革的方向。目前在我国公共服务生产的某些领域，已经不同程度地引入了市场机制。理论与实践证实，公共服务市场化的推行，不但要以市场机制为依托，而且市场化的效果最终要依赖市场机制的完善程度，只有引入市场竞争机制，才能实现多元化的公共服务供给。[①] 随着我国公共服务体制改革的深入，一定条件下，部分地区和城市的高校体育公共服务可适时引入市场机制。不同的高校根据自身具体情况，可以引入不同的市场机制方式，如合同外包、用者付费、凭单制、补贴。

(一)合同外包

1. 概述

合同外包是目前最为普遍的一种公共服务市场化生产途径。合同外包又称合同出租或合同承包，是指政府在不扩大行政规模、不增加财政支出的情况下，以合同的形式，在公共领域引入市场机制，通过投标者的竞争和履约行为，将原本由政府垄断的公共物品的生产，转让给私营公司、非营利组织等机构，而政府则以纳税人的税收去购买承包商提供的公共服务并依据合同对其进行监管。[②]

---

① 参见卢映川、万鹏飞：《创新公共服务的组织与管理》，人民出版社 2007 年版，第 276 页。

② 参见程样国等：《国际新公共管理浪潮与行政改革》，人民出版社 2005 年版，第 324～325 页。

就高校体育公共服务而言，高校体育场馆（地）在一定条件下可以实施不同方式的服务外包，即场馆主管部门通过与外部企业签订合约，将体育场馆（地）的非核心业务进行外包，由外部专业化管理团队为高校提供所需服务内容，以达到降低经营成本、提高使用效率、增强高校核心竞争力以及提高高校的环境应变能力。[①] 高校体育场馆（地）服务外包在本质上是引入市场机制，其意图在于通过对高校体育场馆（地）的项目招标，选择成熟、高效的专业管理机构对高校体育场馆（地）进行运营与管理，为高校体育场馆（地）管理者及消费者提供更专业的服务。如高校体育场馆（地）设施的维护，可以通过项目招标的方式，选择实力较强的设备维护公司负责。由于大型专业设备维护公司一般拥有相对充足的高水平技术人员，往往具有较强的专业性与全面性，可以为高校体育场馆（地）设施及设备的正常运转提供优质高效的服务。这既可以使高校体育场馆设施资源得到充分利用，又可使场馆服务部门提高对公众需求的反应速度，加大服务产品的开发力度、提高服务质量，进而不断满足消费者多样化的消费需求。

2.高校体育公共服务外包的方式

高校体育场馆设施服务有多种外包方式（见表 5-2），主要有整体服务外包、部分服务外包、横向服务外包、场馆建造合同外包以及场馆（地）设备维护外包五种方式，每种方式各有特点，都是帮助高校充分利用体育场馆（地）设施、提高利用效率以及降低维护成本等的有效举措。

表 5-2　　高校体育场馆（地）设施服务外包的方式

服务外包方式	内容
整体服务外包	类似场馆的委托经营，强调场馆所有权与经营权的分离，将场馆的整体经营权通过公开招标等形式外包给社会机构，由受托机构负责管理场馆运营中的一切事宜，如员工聘用、设备维护、水电供应及税费缴纳等。政府部门在实施场馆整体外包时，往往匹配一定的优惠政策，如减免房产税、土地使用税及享受事业单位标准的水电费用等
部分服务外包	通过与营利或非营利的民间组织签订外包合同，把高校体育场馆的部分面向校外公民的体育服务内容转移出去
横向服务外包	场馆经营部门为扩大自身经营范围，通过外包或承包形式，将场馆部门自身体育资源与其他外部企业的资源整合在一起的外包经营模式。该模式注重将场馆的本体服务与其他企业所提供的服务相结合，共同扩张合作双方的经营范围

① 参见程燕飞、张文亮、陈元欣：《大型体育场馆服务外包运营的初步探究》，载《南京体育学院学报》2009 年第 3 期。

续表

服务外包方式	内容
场馆建造合同外包	高校根据自身需要，将场馆的设计、材料采购、场馆建造等工作通过法人招标手段外包给其他专业设计、建筑公司，以达到缩短建设周期、减少自身风险等目的
场馆设备维护外包	高校场馆管理者为降低设备维护成本或提高维护质量，将场馆设施维护的全部或部分工作外包给专业设备维修公司，以获得更高的设备维护绩效

（二）用者付费

1. 概述

用者付费机制的主旨在于把价格机制引入公共服务领域。该机制包括三方面的付费行为：一是提供公共服务的政府或私营部门向消费公共服务的公众收费；二是政府雇佣或付费给其他政府部门以使其提供公共服务；三是政府付费给提供公共服务的非政府部门。消费者在使用政府的服务时必须向政府支付其赖以收回成本的费用。消费者的适量交费能弱化公共服务的内在膨胀。该项措施适用于具有消费可分性、使用者可以自由选择服务、且成本能够通过价格机制部分回收的准公共物品供给领域。[①]

高校体育公共服务具有两个层次的付费行为：政府或企业单位对高校的付费以及消费体育公共服务的公民对高校的付费。用者付费能够消除因免费导致的高校体育公共资源的不合理配置和浪费现象；由直接受益者支付成本，可以体现社会公平；付费制以成本为基础，也可以激励高校以较低的价格供给体育公共服务。

2. 用者付费的基本形式

除政府对高校的付费以外，近年来大力提倡的学校体育场馆（地）设施对外开放是高校体育公共服务用者付费的重要形式之一。高校采用用者付费的方式，将市场机制引入公共服务领域，在一定程度上缓解了高校在体育设施维修保养上的经济压力，保证了高校体育场馆对外开放的可持续性。

实施用者付费机制不仅能使健身者对运动场地设施保持爱护心态和责任观念，凝聚小区的整体共识，整合运用各方资源，更能解决目前开放制度所衍生的不当效应。基于学校体育场馆（地）设施用者付费观点的多方需求及法令支持，本研究认为用者付费机制具有以下几点效能：①解决运动场地设施开放的种种

① 参见刘厚金：《我国政府转型中的公共服务》，中央编译出版社 2008 年版，第 110～114 页。

问题;②倡导现代消费行为合理的权责观念;③建立民众正确的公共资源使用认知;④满足个别化需求的选择性消费行为;⑤获得运动场地设施的有效管理与维护;⑥筹措设备管护经费、缓解资金困境。

3. 对用者付费的反思

任何新制度、新观念都有其优劣之处,虽然用者付费的新理论是因应多方面需求所提出的较完整的具体作法,但就理论持续演进所需经历的时间考验和实证应用程序来说,仍不算是一种无懈可击的成熟结构。因此本研究认为,用者付费机制在学校运动场地设施的管理应用与实践上,有更深入的认识与争议问题:

(1)收费机制会降低使用者意愿,使他们因而排斥收费的运动休闲种类。针对该问题,学校必须考虑的不是使用者付费意愿的高低,而应着眼于满足他们各种不同的使用需求,以达到既能推广全民运动又可兼顾学校场地设施永续经营维护的目的,并积极熟悉服务内容,以达到使用者内心真正所期望的对等价值之服务质量,尤其应以保障使用者人身安全方面的服务为首要目标。随着收费管理的实质效应,社会意识形态的变化与外围环境的变迁将会逐步修正使用者的认知、行为和心态,逐渐提高其参与意愿。任何消费行为的构成都是基于物品价值和消费者内在需求的一种平衡。而物品的价值,应是客观的市场价格和消费者主观的判定而决定的。一个人一旦有了某种需求,必然会设法满足,即使在满足过程中,以替代或转移的方式进行,仍必须为需求的满足程度而付出对等的代价;不同的消费能力将会带来不同程度的满足,这完全由使用者自行来决定。

(2)收费经营管理不易,可考虑其他开放而不收费的方式。学校体育运动场所设施的开放不仅是社会问题和体育问题,也是教育问题。面对具有三个向度的严重问题,身为教育工作推动者的我们,岂能因为不易处理而加以忽视搁置或是消极应对?从20世纪到21世纪,开放问题足足谈了十多年,至今仍旧无法解决因开放衍生而来的管理问题,主要原因在于政府并未规划出完善的配套措施,只一味要求学校开放,却对其后产生的种种麻烦予以漠视而未加深究解决策略。事实上,为应对未来全球性高度的自由竞争环境与开放改革社会风潮的冲击,构思发展一套完善的学校本位管理制度,不仅对民众有利、对小区有益,甚至对学校或政府来说,都是必然、必要、必定的策略。而开放过程中最实际且重要的关键是经费来源问题的解决,相信也唯有用者付费机制才能达到此目标。

(3)已经纳税,为何还要用者付费。尽管高校体育运动场所设施均是由全体国民缴纳税金所购置的公共财产,但就负担公平的原则来说,这是由全体国民的纳税钱所购置而提供部分民众受益使用,因而学校更应妥善管理维护,酬聘专人对设施进行维护,而不该坐视其被任意毁损;另一方面,从心理层面来说,采用用者付费机制可以让利益享有和成本负担产生直接的联系,提高民众自我负责的意识，使他们珍惜场地并更加重视运动在其日常生活中的价值和运动与休闲活动对他们的重要性。因此，必须透过政策积极倡导，使民众对付费维护的观念有正确的认知，唤醒大家对现有场地设施的爱护，使他们珍视个人身体活动的机会。

新世纪的教育环境必须为国民健康提供有利的条件，而学校体育运动设施的功能也需要重新加以定位。当学校的角色突破传统的封闭孤立，而以服务精神和外界建立良好关系后，以互惠互利的合作模式将可获得更多的资源效益，这有助于学校的可持续发展。也就是说，应将学校设施视为社会大众健康的一项资产，体育专业管理人员需要能充分发挥企划能力，在兼顾教育功能、经济效益与社会服务效益的基础上，以前瞻性的经济策略，开发学校运动设施营运管理更多可能的路径。再者，学校的设备会随时间逐渐老化、折旧，直至损坏弃置，在这段过程中，如果未能充分加以使用，发挥其应有的教育价值，那么对于纳税人的金钱就是一种浪费。因此，宁可从高校体育场馆的开放过程中发现问题，积极寻求能根本解决问题的妥善的经营管理策略，也不应将之束之高阁、不加过问。只有发挥这些公共设施特定的功能，将它们提供给更多的对象使用，才能真正体现其使用效益，提高其附加价值。

(三)凭单制

凭单制是财政补贴①的一种具体方式，是政府部门对有资格消费某种服务的个体发放优惠券，有资格接受凭单的个体在政府指定的公共服务供给组织中消费其手中的凭单，然后政府用现金兑换各组织接收的凭单的方式。② 因此凭单又称代金券或消费券。凭单有三层含义：①凭单是围绕某种服务或物品对特定消费者实施的一种补贴，体现了政府的意愿和政策导向；②凭单是直接补贴消费者而不是服务生产者，消费者有自己选择的权利；③凭单采取的是消费券而非现金。实际上，凭单制是借用市场凭单理念与技术来改造公共服务提供机制的一种工具，它通过消费者的选择引发公共服务供给主体之间的竞争。

在凭单制的实施过程中，服务的安排者与生产者产生了分离。就高校体育

---

① 财政补贴：指一国政府根据一定时期政治经济形势及方针政策，为达到特定的目的，对指定的事项由财政安排的专项资金补助支出。在公共服务领域，补贴往往是政府对于需要鼓励收费的服务项目进行的补贴。补贴通常有补助和凭单两种方式。财政补贴总是与相对价格的变动联系在一起：或者补贴引起价格变动，或者价格变动导致财政补贴。因此，财政补贴通常也称为价格补贴。财政补贴的内容可以从不同的分类角度进行考察：从补贴同社会经济运行过程的关系来看，可分为生产环节补贴、流通环节补贴和消费环节补贴；从政府是否明确地安排支出来区分，可分为明补与暗补；从补贴资金的接受主体来划分，可分为企业补贴和居民补贴；从补贴对经济活动的影响来看，可分为对生产的补贴和对消费的补贴。

② 参见刘厚金：《我国政府转型中的公共服务》，中央编译出版社2008年版，第110～114页。

公共服务而言，高校既可以是安排者又可以是生产者。高校作为生产者时，政府由直接生产者转变为安排者、资助者和监管者，其作用范围主要集中在凭单方案制定、凭单发放、资格审查以及质量评估等方面。体育公共服务的使用者（以校外公民为主）利用政府发给的特定消费券自主选择服务的生产者，这刺激了生产者之间的竞争，而高校则通过提高服务质量吸引消费者，也即追逐消费者手中的消费券从而获得更大的利益。因此在凭单制实施的整个过程中，政府、高校和使用者形成了三角互动的关系。高校作为安排者时，成为了资助者与监管者，面向全体学生发放凭单，高校各部门（如各系部）则成为具体生产者，通过组织安排不同的体育活动，激发学生参加体育活动的兴趣，并追逐学生手中的消费券，从而获得一定的利益。总之，高校校内外体育公共服务效果的优劣，不是由其游说能力而定，而是由消费者个体的优惠券消费情况决定，消费者个体的选择引发生产部门之间的竞争压力，部分代替了政府对高校或高校对各部门的监督。

如同其他公共物品提供的制度安排，凭单制的运行也需要一定的条件，并非所有的公共服务供给都可以采取凭单制。萨瓦斯认为凭单制的运行需要六个理想条件[①]，国内学者认为其至少需具备政府支付意愿、供给主体存在竞争可能、服务具有排他性并可收费以及消费者具有一定选择能力这四个条件，对高校体育公共服务而言，凭单制的运行同样也需要具备一定条件。

(四)补助

补助是财政补贴的另外一种具体方式，是政府给予公共服务生产者的补贴，其形式包括拨款、税收优惠、低息贷款、提供业务活动场所等。补助降低了特定服务的使用价格，使消费者可以使用相同的资金购买更多的服务。就高校体育公共服务而言，补助包括政府对高校的补助及学校对校内学生的补助。

(1)政府对高校的补助。政府对高校进行补助，是激励高校有效提供体育公共服务的常用措施，如给予财政拨款资助、实物补贴（如允许使用公共体育场地设施、给予办公场所）、政策性扶持措施（如减免税收政策）以及其他方面的补贴（如免费业务指导、人员培训等）。

(2)高校对校内学生的补助，是高校激励学生积极参与体育活动的重要举措。如深圳大学每学年为学生发放 200 元的体育活动专项经费，并规定这笔活动专项经费必须本人使用，且只能用于校内各个收费体育场馆，不得用于其他消

---

① 萨瓦斯认为凭单制运行的理想条件：①人们对服务的偏好普遍不同，且社会公众认为这些多样化偏好都很合理。②存在多个服务供应者之间的竞争，进入成本很低。③个人对市场状况有充分了解。④使用者容易评判服务质量，或生产者由政府批准并受其监控。⑤个人有去购买该种服务的积极性。⑥该种服务比较便宜且人们购买频繁。参见：[美]E. S. 萨瓦斯：《民营化与公私部门的伙伴关系》，中国人民大学出版社 2002 年版，第 83 页。

费，如一学年内没有用完，将自动清零。这一创新举措，大大调动了学生自觉参加体育锻炼的积极性，仅2007年参与羽毛球、游泳、健身、篮球、排球、乒乓球、网球、高尔夫、保龄球以及足球项目的人数就达到264973人次。

一种机制的有效运行，除有赖于其诸多操作环节的正确把握外，与它所处的环境也密切相关，因而任何方式的选择必须因时因地制宜。高校体育公共服务市场机制的引入，对高校体育公共服务的持续有效开展以及培养高校体育公共服务竞争机制，将具有重要意义。

三、自愿供给

（一）自愿供给的主体与方式

高校成员尤其是体育教师、高校大学生体育社团（协会）、院（系）学生会、大学生体育志愿者、体育专业大学生、班级体育骨干分子以及班委成员等在高校体育公共服务过程中都起着重要的作用，是自愿供给的主体成员，承担着高校体育公共服务部分内容的供给。其中，体育教师主要是起到对其他自愿供给人员的指导作用。诸多成员通过自愿供给所提供的很多服务内容并非出于高校的行政委派，许多活动内容的开展完全是出于这些成员的自愿参与与组织，这种自愿参与和组织的活动既是高校体育公共服务行政供给的重要补充方式，也是高校体育公共服务有效供给不可或缺的方式，对高校体育公共服务长效机制的形成具有重要意义。

高校体育公共服务的自愿供给方式往往有主体人员的自愿合作、自由式参与以及俱乐部性质的积极参与等，在高校内外有不同的体现，主要形式有：

(1)与社区街道合作。该途径是最常见的自愿供给途径，它通过进行健身指导或组织形式多样的群众体育比赛，培养体育骨干的组织能力，培育居民参与体育和自觉锻炼的习惯，使他们形成终身体育的观念，以促进社区体育的健康持续发展。目前这种自愿供给方式在许多高校都比较常见。如上海体育学院、上海大学、山东体育学院等许多体育专业的大学生长期坚持在社区进行健身指导，有时还参与组织社区的体育比赛活动等。

(2)体育专业大学生及体育骨干分子的积极参与。为提高自身社会实践能力，体育专业大学生及体育骨干分子也会积极主动地参与到校外社会实践中去，如许多高校开展的暑期体育三下乡活动，便是许多高校的体育骨干分子及体育专业大学生积极自主自愿参与的。

(3)学生体育社团的中坚作用。学生体育社团在校内外的自愿供给更是不可忽视，许多高校的学生体育社团已经成为开展体育活动强劲有力的中坚力量。

据研究，现阶段按组织结构划分，我国高校体育社团主要有自发组成、兼职教师领导、专职教师领导三种类型，如表 5-3 所示。社团的学生干部和成员多数身兼数职，在组织和开展活动时，服务与被服务者之间无直接经济利益关系，这体现了体育社团的公益性。[①]

表 5-3　　高校体育社团特征

类型	自发性体育社团	专职教师领导的体育社团	兼职教师领导的体育社团
组织结构特征	部分社团拥有各种配套的辅助部门，如专门的后勤服务人员和拉拉队。其中，“老乡会”形式的社团多为临时性组织，成员组成混乱；裁判性社团存在时间最长，组织相对比较严密，多数是以“传帮带”的形式发展起来的。据杨左的调查显示：社团成员多接近或达到裁判三级水平，且有较强的组织和协调能力，在校际间扮演举足轻重的中介和经纪角色，受学生尊重和信任程度较高……带有一定的有偿服务或变相有偿报务性质，但裁判职业道德和业务水平都有待进一步提高	教师组成社团指导办公室，社团由主席团、办公中心、公关中心、宣传中心及督导中心组成。有健全的规章制度、财务制度、例会制度、值班制度、奖惩制度等	特征介于前两者之间
管理结构特征	有固定的名称和负责人，但基本上无正规的管理章程和组织措施，管理水平低且缺乏固定的经费来源和财务管理。成员各自支出基本费用(服装、器材等费用)，活动时实行“AA 制”。活动常以比赛的形式进行，几乎没有理论和技术指导，运动水平普遍不高。各高校几乎均拥有一支从事裁判和赛事协调工作的专门性队伍，受学生及社团的信任程度较高，但多为变相有偿服务，其“裁判职业道德”和业务水平需进一步加强和提高。社团负责人的换届往往存在“老乡会”内部人员交替，乡情重于能力的问题，或缺乏思想上的沟通。新上任的负责人往往存在“夺权”情况，多数会推翻前任负责人制定的计划、目标和管理办法，或随意安排各类活动，从而造成社团内部管理低层次重复。比较有代表性的有黑龙江省齐齐哈尔大学的篮球协会、排球协会、跆拳道协会等	教师组成社团指导办公室。各社团设有主席团，由一名秘书、一名主席、一名执行主席、两名副主席组成。办公中心下设办公室和文秘部两个部门。公关中心下设外联部和公关部两个部门。宣传中心下设宣传部和网络部两个部门。督导中心下设内联部和监察部两个部门。如清华大学的赛艇协会、足球协会，北京大学的赛艇协会、山鹰社、国际象棋协会，南开大学的网球中心、跆拳道协会、球迷协会、自行车协会、乒乓球协会、搏击协会，上海体育学院的舞狮协会等社团	基本都有固定的名称和负责人，但基本上无正规的管理章程和组织措施，管理水平低，缺乏固定的经费来源和财务管理。成员各自支出基本费用(服装、器材等费用)，活动时实行“AA 制”，或依靠兼职教师拉一些社会赞助。活动时常以比赛的形式进行。在比赛前，兼职教师会进行一些基本的理论和技术指导，但他们的运动水平普遍一般。兼职教师的专项业务水平受学生及社团成员的信任和尊重程度极高，他们基本上均是无偿进行义务服务，如上海体育学院研究生网球协会等社团

① 参见韩冬：《我国大学生体育社团的组织与活动建设》，载《上海体育学院学报》2008 年第 5 期。

续表

类型	自发性体育社团	专职教师领导的体育社团	兼职教师领导的体育社团
活动特征	体育社团以单项运动为主，业余训练常以比赛形式进行。各种比赛也常以情感、技术交流的“民间”形式自发举行。女性社团占调查总数的14%，主要以健身操、形体和热舞为基本运动形式，以减肥、健身为主要活动目的。除学校“品牌”协会外，社团活动均缺乏固定的经费来源，成员活动时大多实行“AA制”		

(二)自愿供给的综合表现形式

1.课余体育自治管理

面向多数高校大学生的体育公共服务以增强学生体质为根本，学生课余体育活动的持久开展是解决此根本问题的关键所在，增加学生的参与面、调动学生体育锻炼的积极性则是课余体育活动持久开展的关键所在。要达到这个目的，必须采取有效措施，减少行政干预、减少对学生参与体育锻炼的强迫，并不断创新机制，采取有力措施促使学生从“要我运动”逐渐转变为“我要运动”，增强他们的体育意识，使他们养成自我锻炼的习惯。为此，必须打破传统的体育部对学生课余体育活动的统一管理模式，创新高校课余体育管理模式，实现高校对学生课余体育活动的自治管理。

课余体育自治管理具有以下几方面特点：

(1)学生课余体育锻炼。在学生课余体育锻炼方面，根据大学生身心发展特点和组织能力特点，以各个单项运动体育俱乐部为管理中心和组织实体，每个单项俱乐部由一名本专业体育教师为指导老师，总体把握单项俱乐部的发展方向和计划安排，有效发挥单项俱乐部对高校大学生的号召力，从而逐步调动大学生自主组织、自主锻炼的积极性。这既可以减轻体育教师的工作负担，又能有效培养学生的体育综合能力。

(2)学生课余体育竞赛。在高校大学生课余体育竞赛方面，应使竞赛集中体现体育运动的魅力与乐趣，以各类体育竞赛为杠杆组织好学校的体育活动，调动并激发大学生参与体育比赛及体育锻炼的积极性。高校许多体育竞赛活动的组织和安排则完全可以由各个俱乐部的大学生来承担，各俱乐部可以根据本项目特点成立竞赛委部，进行竞赛组织、裁判、宣传与经费管理等工作。如山东体育学院体育社会科学系的部分体育社团和大学生每年在指导教师的指导下，组织的全系花样体育运动会，整个运动会完全由学生组织、协调，参与人数达上千人。

这种全系师生共同参与的花样体育运动会，对锻炼学生的组织才能，提高他们的实践能力起到了重要作用。

(3)竞赛组织与管理。在竞赛组织与管理方面，应充分发挥学生单项俱乐部及学生会的重要作用，将不同级别的体育竞赛交由不同的部门组织。如：校级大型比赛、综合性比赛由体育部主办；单项体育比赛由俱乐部主办；系级和其他类型的体育比赛由学生会与俱乐部联合举办。除此以外，还可以由俱乐部组织不同体育比赛内容的俱乐部杯联赛，以培养和提高学生的体育能力和组织能力。

(4)比赛项目设置。在体育比赛项目设置方面，既要使体育赛事内容丰富，又要使体育赛事具有激烈的竞争性，可选择如球类比赛这样既有表演性又有娱乐性的比赛项目。同时，校内运动竞赛应被看做体育课的延伸与补充，可将其作为体育课成绩评定与考核的重要组成部分，用以向学生展示体育运动的不同特色和魅力，促进学生体育兴趣与爱好的培养。

(5)竞赛水平与层次。学校体育竞赛应使全体学生均有机会参加，使不同层次和运动技术水平不同的学生均有在竞技赛场上一展风采的机会，每个学生都能够在身临其境的感受中体验体育比赛的挑战性和竞争感，从而培养学生对体育运动的爱好。比赛可以分级别或小组，以吸纳大量兴趣各异的同学。

(6)竞赛的时间安排。在竞赛时间安排方面，应力求使竞赛贯穿全年的每一个月，采取固定赛季时间和比赛项目的方法，使校园月月有比赛。

据了解，深圳大学在实施课余体育管理自治方面做出采取了一系列措施，在课余体育锻炼和竞赛等方面均具有较好的成效。由于实施了课余体育竞赛自治管理模式，深圳大学的体育活动蓬勃开展，2007 年由各个校级体育俱乐部、院级和系级体育部组织的各级各项体育比赛上百余次，参赛人数达 3 万人次，大大激发了学生参加体育锻炼的积极性。

2.学生体育社团的增量服务

所谓学生体育社团的增量服务，是指高校学生体育社团所提供的并非来源于高校的要求，而是根据学生体育社团的特点展开的各种体育公共服务活动，对于整个高校来讲是学生体育社团额外增加的体育服务内容，属于一种增量服务。在服务的供给中，高校对学生体育社团组织提供服务的行动和目标表示认可，但并不干涉其具体的生产过程和服务质量等，两者之间并未涉及具体的制度安排，高校只是通过宏观的政策引导对其发展及其所提供的各种体育服务予以支持和规范。学生体育社团的服务对象既可以是本校大学生，也可以是校外大学生或社会公民。

随着社会经济的发展和体制改革，人们的思想意识在逐渐转变，高校学生的主体意识、参与意识也得到了空前提高，加之高校教育体制改革的不断深入和学分制的实施，给学生体育社团的发展营造了宽松的环境，带来了良好的发展机遇。近几年，北京大学、复旦大学、上海大学、西安交通大学、深圳大学、东北大学等多所高校的学生体育社团都得到了较好的发展。以北京大学为例，截至2008年9月，北京大学学生体育社团共有261个，其中体育健身类44个，居单个学科社团数量之最。各社团具有规模层次性、项目多样性、参与人次高、运作水平高、赛事活动多、视野宽广、活动时间灵活、经费相对充足、有固定场地和指导教师及单位、绝大多数社团有自己的出版物或网站和网上讨论区等特点。据调查，北京大学25%的体育社团有300以上的会员人数，50%在100～300人之间，25%的规模低于100人，这些社团中有30%的体育社团每周有2次以上的活动，65%的体育社团每周有1～2次活动，86%有固定的日常体育活动时间。活动通常集中在中午或下午的课外活动时间、晚上以及周末，根据协会干部和社团成员的时间来机动安排，90%的社团有固定的活动地点，95%的社团有自己的出版物或者网站。

大学生体育社团作为融合大学生生活与教育于一体的具有重要意义的实践方式，是大学体育工作的主要组成部分。为学生兴趣的自由发展，改善人际关系、培养健康的心理品质提供了广阔的天地。不仅是学生自我主体的需要，也是学校全面推进素质教育的需要。在促进营造浓厚的校园体育氛围和传播体育文化，促进体育课程的实施、体育赛事的组织以及人才的培养等方面发挥着重要作用。通过增加国际交流与校际交流、促进社团间的横向交流、增强赛事组织能力、提高社团影响力等途径不断提高社团业务能力，可以使学生体育社团成为高校体育公共服务的重要辅助团体。

(1)增加国际交流与校际交流。如北京大学体育社团不仅在校内拥有较大的影响力，可不断满足校内大学生娱乐健身、愉悦身心的各种各样的体育活动和参与赛事的需求，同时更站在一个较高的引领潮流的出发点，充分利用北大特有的学术和沟通网络资源优势，不断走出学校进行校际和国际的交流活动，比如参加和组织较高水准的赛事，接待或出访国外大学的相关体育社团等。据不完全统计，在北大的44个体育社团中，已有像高尔夫球协会、围棋、国际象棋、空手道、乒乓球、棒垒球、杨式太极拳、自行车和山鹰社等10多个体育社团到港、澳、台地区或出国到日本、泰国、美国、韩国等地区参加交流和比赛。2005年10月，北京大学乒乓球协会联合组织了“第11届国关类高校乒乓球联赛”和“首届国关类4院校研究生乒乓球巡回赛”，参加比赛的包括国际关系学院乒乓球协会、中国人民大学、外交学院的高校体育社团。2007年，北大山鹰社与清华大学、香港大学、香港中文大学、香港科技大学组成联合登山队攀登青海的玉珠峰，以庆祝香港回归祖国10周年。

(2)促进社团间的横向交流。促进体育社团之间紧密的横向联系,可以形成良好的联动机制,使各社团相互之间可以交流学习,在彼此活动中提供相互的依赖与支持。如北大山鹰社在组织大型户外技能大赛时,会邀请定向协会组织其中关于圆明园定向越野的分项目;车协会在进行长途穿越时,可以向山鹰社借用大量的帐篷、睡袋等露营设备;跑步爱好者协会在联系到阿迪达斯的活动赞助后,会通知尽可能多的体育社团来参加他们的跑步活动等。同时,注重体育社团与其他类型社团的联系、协作与交流,可以为社团创造联系的机会,开拓社团之间的交流渠道。社团之间应积极寻找优势互补和资源共享的方式,可以推出跨校际联合活动,成立相关的"联盟"或互动组织,建立长效的交流合作机构,定期开展相关论坛交流活动,彼此之间取长补短,资源共享;可以建立类似行业协会的联盟或论坛等,在本市和全国范围内开展活动,形成合力,提高社团的影响力和号召力。比如北大定向协会举办的高校定向越野比赛,一般会召集全国各地的32所高校参赛;由北大山鹰社举办的每年一届的户外技能挑战赛,会召集来自全国各地的30多所著名院校的兄弟社团参赛,并邀请各社团成员参加高校户外体育社团发展现状分析报告会,由各社团分担有关联系赞助、登山户外训练计划、赛事组织等议题的汇报工作。

(3)提高社团的赛事组织能力。大学生体育社团每年都要组织一些较大型的赛事或活动来锻炼和培养社团成员的各方面能力,这同时也是社团应尽的责任和义务。在大部分大学生没有固定的锻炼模式可以参考的情况下,体育社团需要学习相关知识,进行摸索和创新,展现其赛事组织的能力。如2008年5月,北京大学羽毛球协会策划并组织了羽毛球大赛,邀请了来自23所高校的100名大学生羽毛球爱好者聚首北大。比赛裁判员清一色由学生来担任,这其中包括羽毛球协会成员和其他参赛高校社团的选派人员,这些学生均于赛前进行了统一的裁判培训。同时,比赛还设有仲裁委员会,由3～5个参赛社团的社长和指导老师担任。总之,整个比赛的发起、组织、规程、资格、编排、场地、安全、联络、经费等诸多事宜完全依靠了学生体育社团的力量。另外,复旦大学的学生体育社团在赛事组织方面也表现出了较强的实力,仅2008年度复旦大学就组织了384场学生体育社团自主比赛,如表5-4所示。

表 5-4　　复旦大学 2008 年度学生体育社团组织比赛活动情况

项目	组织比赛场次	赛事长度	参赛院系	参赛队伍	涉及全国其他院校	合作的兄弟社团、院系团学联	合作的社会组织、机构	联系到的校园媒体
数量	348 场	18 周	20 个	160 余支	21 所	10 余个	3 个	5 家

(4)树立社团品牌，提高社团影响。北大历年的十佳社团、品牌社团和最佳活动奖的评选中，体育类社团均占有约 40%的名额。在每三年一次的五大品牌社团评优中，有着广泛群众基础和影响力的山鹰社及自行车协会总会出现在其中。体育类社团旨在展现当代大学生良好的精神风貌和内在活力，提高学生的审美情趣与艺术修养，组织能使学生获得健康身心的各类活动，在学校和社会中起到模范带头的作用。为此，高校与社团应共同努力，积极提高业务能力，通过组织各类体育活动来提高自身影响力。如上海中医药大学的运动医学专业社团发挥自身专业特色，以认真的服务态度、优秀的服务质量、专业的服务手段、先进的服务理念，打造了运动保健服务的品牌，提供运动养生、运动营养咨询、保健抗疲劳服务、放松全身的服务，通过将学生的专业知识与实践活动相结合、实践与培训相结合，提高服务队学生的个人能力，组织学生为校内教师、兄弟院校教师提供运动保健服务，为本校各运动队运动员提供训练热身、赛前放松及赛后保健服务，甚至为国际赛事提供了运动保健服务，力求发挥学生专长，激发学生对专业的兴趣并促进其全面发展。

在高校体育社团不断为高校进行增量服务的同时，高校可采取以下方式积极扶持各类体育社团的发展，以促进社团活动的积极开展：①在组织建设方面，要帮助各社团积极转变认识观念、优化组织结构、转换管理方式，给予他们优惠扶持政策；②在活动建设方面，要充分利用学校体育场地设施相对完善的优势，根据学生的实际需要定位社团的发展方向。③尊重学生参加社团的实际考虑和对指导教师的选择，并在学生能够承受的范围内，收取一定的费用，以保证社团正常活动的开展。

四、混合供给

(一)高校动员下的学生自助式体育活动

在面向校内学生的体育公共服务中，高校可以将行政供给与自愿供给相结合，高校动员下的学生自助式体育活动就是其结合的表现形式之一。高校通过课外体育活动自助式参与制度的实施及相关硬件设施的完善，可以大大提高学生锻炼的积极性，培养学生良好的锻炼习惯和体育意识，因而成为许多高校建立高校“以人为本”的大学生体育活动长效机制的重要途径。

1.课外体育活动自助参与制度的实施

课外体育活动自助参与制度的制定与实施是行政供给与自愿供给的结合，是高校动员下的学生自助式体育活动的具体体现。该制度的实施从学生健康的角度出发，引导和鼓励学生自助地参与到运动中，在具体实施中充分体现“以人为本”的原则，以下为北京大学的具体做法。

(1)考虑到学生的锻炼情况和学校课程安排，为确保学生能够接受课外体育活动制度并长期坚持下来，体育部制定了合理的次数，规定学生每周进行一次早操和两次课外体育活动。这样的出勤次数对于经常从事课外体育活动的同学来说是轻而易举的，而对于平时不参加体育活动的同学难度也不会太大，基本可以做到兼顾全体学生。制度规定在校出勤学生每周早晨6:30～7:30至少出操一次，每次最少活动15分钟，下午4:30～21:00参加课外活动两次，每次活动的最少时间为30分钟。学生在规定时间段内，按照要求的时间刷两次活动记录卡，读卡器会记录当天的活动。学生可以在网上查询到考勤次数和学期末合计考勤次数。具体活动内容交由各院系学生会组织或自行安排。学生参加早操和课外锻炼的组织选择性很强。时间方面，早操每周一次，学生可以根据自己的身体状况、天气以及课程安排自己选择时间。

(2)开放所有的室外场馆和部分室内场馆供学生进行课外锻炼，学生可以就近或者选择自己喜欢的运动场地进行体育运动。

(3)在锻炼方式方面，早操或课外锻炼对学生的运动方式不作限制，学生可随意选择自己喜欢的运动项目进行锻炼。

这种开放式出勤方式使得早操、课外活动制度的管理更为人性化，更贴近学生的需求，学生可以自由选择到体育场内、外进行喜爱的体育活动。另外，学校为引导学生参加体育社团，还制定了相应的奖励措施，即对学生参加有组织、有意义的课外体育活动、校内体育竞赛和校际体育竞赛的，实行减少出勤次数的奖励。

2007年，北大教学指导方案将课外体育锻炼纳入课程管理体系，要求学生按照要求完成考勤，以得到相应的体育学分。在提出要求的同时，该方案积极采取措施对学生早操和课外体育锻炼活动内容进行了指导，如组织教师和社团成员指导学生的健身活动，由教师定时定点进行健美操、瑜伽、散打、太极拳辅导，定时、定期在健身场所播放搏击操、健美操指导录像等。这些措施有效地对学生的课余体育活动进行动员和指导，使学生的课余活动更加丰富多彩。

2. 校园自助健身系统的建立与完善

校园自助健身系统是高校实施课外体育活动自助参与的重要条件，高校可以通过建立“健身长廊”“健身路径”或自助长跑系统等，完善高校课外活动自助参与及其管理的硬件配备。如山东大学的 6 个校区分别安装了“健身路径”、开辟了“健身走廊”，达到了每 50 名学生拥有一件、每 800 名学生拥有一套（一套含 15 件）的公共健身器材设备标准。又如深圳大学研制的校园自助长跑网络系统，旨在引导学生开展自助长跑活动并对学生长跑活动进行有效管理。为减少长跑的强制性和统一性，提高学生对长跑的兴趣，使长跑活动能够持续开展，深圳大学借鉴了定向越野的原理和方法，充分利用校园场地进行长跑活动。该网络系统的特点是：学生可以根据自己的时间安排和体力状况，自主选择所跑的路线长度与难度，自主打印长跑路线图。如图 5-8 所示，整套自助系统全程采用电子设备，学生从自助亭打印地图后刷卡出发，找到所有检查点后回到自助亭打卡，系统根据学生的打卡信息计算成绩并验证成绩的有效性，然后将其保存到系统数据库中，系统会根据这些成绩形成学生个人的运动档案，给予学生运动参考。同时，每次长跑后，学生都会得到一个成绩积分，系统能统计出所有学生的运动积分，形成积分排行榜。根据时间的长短，积分排行榜分为总积分榜、一周积分榜、一月积分榜、季度积分榜，并存储相应的历史排行记录，此功能可以有效促使学生多参加长跑运动。另外，在每条线路上还有一个前十佳纪录，展示每条线路跑得最快的前 10 名学生。

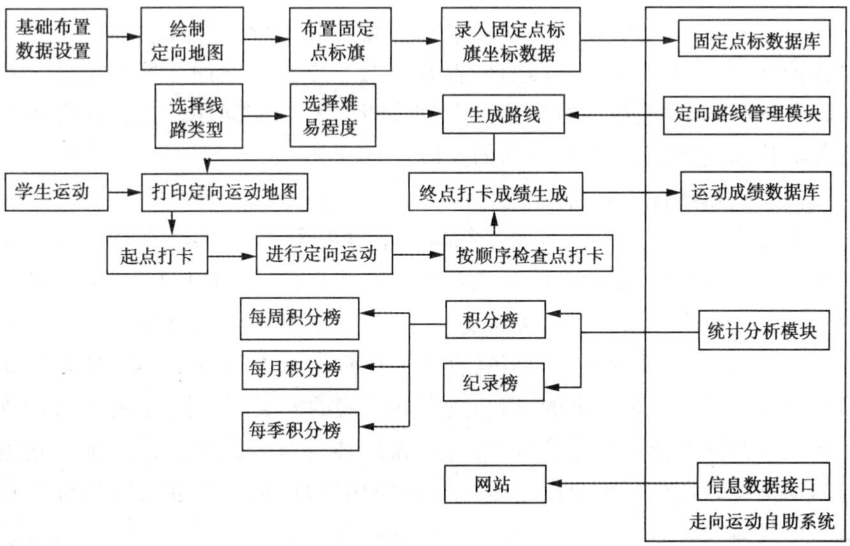

图 5-8　深圳大学校园自助长跑网络系统

(二)多部门或多主体人员联合开展体育活动

高校多部门多主体人员联合开展集体性体育活动是行政供给与自愿供给结合的另一表现形式,也是高校开展课外群体活动比较常见的重要组织方式。校团工委、各院系部门、体育教师、学生会、学生体育社团等共同参与集体活动的组织,形成以学生为主体,以专业班级或学院为实体,竞技与趣味相结合,团体和个人相结合,形式多样、内容广泛的群众性体育活动。

如西安交通大学的群体模式课外活动,长期坚持学生早操考勤辅导制度,充分发挥各级学生会、体育社团的作用,指派专业特长突出的教师进行指导,承办和协办学校的各项活动,不断提高学生的组织能力。该校全年以团工委、学生会和学生体育社团(协会)、各书院、各专业院系和班级组织的各项体育赛事为普及面,将群体赛事活动落到最基层,确保在校学生均有参加体育比赛的机会,使基层体育赛事活动全年达到500项以上,年参加人数超过3万人。另外,西安交通大学于2000年9月制定了《西安交通大学课外8学分制体育活动及比赛评分细则》,结合学校实施的课外8学分制,积极开展学生课外体育活动指导中心的工作,仅2005~2006学年从体育活动中获得学分的学生就有约10334人,所有学生共计获得体育类课外学分25753.65分。

(三)高校校际体育资源的共享

高校校际体育资源共享是混合供给的又一具体表现形式,是解决高校体育资源有限性问题、促进高校横向联系、走合作发展之路的重要途径,对打破高校画地为牢、围墙为界、囿于一隅、不相往来的封闭状态,促进高校体育公共服务的发展具有重要意义。新时期,必须克服高等教育领域内传统观念的束缚和体制上的各种弊端,为推进高校校际间体育资源共享创造有利的环境和条件。然而在实践中,校际体育资源的共享还存在许多阻力和现实问题。要实现高校校际体育资源共享,应注重以下几方面的发展。

1.构建校际体育资源共享平台

在多校合作基础上的校际体育资源共享过程中,尽管参与主体共同遵循着高等教育的总体目标,仍存在明显的利益多元化现象。① 正因为此,为促进高校体育资源所有者与使用者利益关系的协调,促进区域校际体育资源的合理配置与使用,政府教育行政管理部门应高度重视校际体育资源共享问题,充分认识共享给区域高等教育发展带来的影响,发挥好政府的宏观调控作用,并支持建立较为完善的高校体育资源共享平台,为高校校际体育资源共享提供宏观的政策保障与制度支持。高校可出台校际体育资源使用管理办法,建立校际体育协作组

① 参见谢英:《高校体育资源共享问题探究》,载《中国高等教育》2009年第20期。

织、校际体育资源使用网络管理平台、校际体育赛事系统等。如北京大学依托学生体育社团组织校际体育赛事，在促进校际体育资源共享方面迈出了先进的一步。《北京大学关于开展学生课外体育活动的实施办法》中明确指出："校际运动竞赛是学校体育的重要组成部分，是普及与提高相结合、活跃校园文化、塑造良好育人环境的重要平台。校际运动竞赛包括北京市、全国及国际间以单项锦标赛、邀请赛、对抗赛等形式，不定期举行，须由体育教研部或校团委组织、批准方可参加。"

2.形成区域开放环境，建立区域开放机制

区域高校校际体育资源共享是高校校际体育资源共享的基础，注重高校体育资源区域开放环境的形成以及建立区域开放机制是高校校际体育资源共享的重要措施。区域体育资源开放不仅指各种体育场馆、设施资源，还应是各类体育人力资源的开放，如体育教师资源和大学生体育爱好者资源。现在许多高校已经逐步认识到开放与发展的密切关系，用开放的方式获得了更大的发展，具体措施如支持或允许学生跨校选修体育类课程并承认其学分，鼓励学生参与校际体育节、会、赛的组织和实施以及具体赛事的参与，都是高校以开放促进发展、提高学生综合素质的有益尝试。开放为大学生提高自身综合素质、享有更多的优质体育资源提供了机会，在一定程度上对高校教育质量和人才培养水平的提高也具有重要的意义，既可以提高区域体育资源的使用效益，又可以减少区域范围内体育资源建设的重复投入。

3.不断加强高校体育资源的内涵建设

高校体育资源的共享应具备良好的竞争环境。高校应通过对自身体育资源内容与质量的充实与提升，提高校际体育资源共享环境的竞争性，为实现有效的体育资源共享提供保障。高校可通过师资培训、引进等方式，培养和招聘跆拳道、轮滑等特殊项目的高水平教练员、运动员，并依赖其市场稀缺性形成富有竞争力的特色项目培训基地、体育俱乐部，以吸引本校及周边高校大学生体育爱好者参与相关教学与培训，并从课外体育活动、课余训练与培训等方面扩展共享的范围，进而提高本校体育资源的综合效益。还可通过提供体育场地、设施、师资、特色体育社团等资源，或组织特色体育节、会、赛等活动，实现提高体育资源综合效益的目的，使高校校内外体育公共服务和谐有序。

第六节　高校体育公共服务有效供给的条件

一、体育人力资源的充分发挥

(一)体育教师的核心指导

体育教师在校内外体育公共服务的过程中起着重要的指导作用,对学校体育教学和课外体育活动起主导作用,对学生体育社团活动的开展也起着重要的指导作用。体育教师的核心指导是学校体育制度实施的中枢环节,动员体育教师配合高校体育公共服务的实施,是解决高校体育公共服务诸多问题的关键所在。

然而现实中,体育教师往往担负着大量的体育教学、体育科研以及课外体育锻炼指导任务。如东南大学的部分体育教师,按照东南大学的"体育教师主持院系(系)体育工作的全面负责制",要对任课班级学生全面负责,既管课内又管课外,既教技术又育人,要关心学生的全面发展。在整个高校体育公共服务的过程中,部分体育教师难免会出现力不从心的现象。因此,若要求体育教师为本校体育公共服务贡献更多的力量,还需校方多方面的支持。如表5-5所示,多数体育教师希望高校能提供政策支持、加强组织与管理、提供一定的经济补贴,并为体育教师提供更好的发展空间,如为促进其业务能力的提高而提供更多外出学习或培训的机会等。其次,多数体育教师均认为,高校应完善高校体育公共服务的规章制度。可见,调动体育服务的积极性,政策支持、合理的组织与管理以及完善的规章制度是保证体育公共服务质量的重要前提,经济补贴与能力提高也是多数体育教师的期望,毕竟开展任何体育活动或任何健身指导都需要花费体育教师的大量时间和精力,给予其一定的经济补贴或向其提供提高能力的机会也是合情合理的。

表5-5　体育教师希望校方提供的有利条件(N=213)

内容	频数	百分比(%)	内容	频数	百分比(%)
学校政策支持	162	76.1	一定的经济补贴	118	55.4
加强组织与管理	109	51.2	表彰激励	49	23.0
完善服务规章制度	93	43.7	赋予组织体育活动的权力	55	25.8
体育服务与职称晋升挂钩	59	27.7	提供更好的发展空间	112	52.6

(二)学生体育志愿者的辅助支撑

发展高校体育志愿服务是高校体育公共服务有效供给的重要环节,而如何开发高校巨大的人力资源则是高校体育志愿服务的关键。尤其是开发高校学生体育志愿者,发展学生体育志愿服务,对高校体育公共服务的实施起着重要的辅助作用。然而长期以来,大学生往往只是被当成潜在的人才来看待,关于大学生人才资源的研究与利用一直被忽视,这造成了人才资源的巨大浪费。尽管大学生还处在成长发展中,但这并不意味着他们只有在毕业之后才能为社会做出贡献。恰恰相反,大学生必须在为社会做贡献的过程中锻炼和成长。高校大学生尤其是体育专业的大学生,一般都具备一定的体育知识与技能,只要给予合理的教育和引导,他们一般都能胜任大部分社会体育服务工作。况且,大学生的余暇时间相对较多,把其中一部分用来从事社会体育服务,既帮助了他人,又提高和发展了自己,可谓一举多得。

(三)社区公民的体育志愿服务

发展与动员社区公民参与体育志愿服务即协助社区公民自助体育服务,是社区体育发展的需要,也是高校体育公共服务的重要目的之一。发展和动员社区公民参与体育志愿服务是高校校外体育公共服务的内容,也是高校校外体育公共服务的途径,更是高校体育服务社区活动从以突击性、随意性为主,发展到建立依托社区培植志愿服务体系的长效机制的重要举措。

社区公民的积极参与和志愿服务实质是体育公共服务的个人供给,体育公共服务的个人供给更多地体现了公民的主体意识和积极进取精神,可以激发公民自豪感和社会责任感的回归,激活公民真实参与的意识。公民自己组织起来管理自身事务,其性质类似于非营利组织,但是却没有明确的组织形式,是个体的非制度化参与,具有更大的自适应性,属于补缺型服务。[①] 例如,公民个人可以在自身锻炼的过程中,为别人提供体育锻炼方法及内容等指导,充当社会体育指导员的角色。公民个人在提供体育公共服务的过程中不但可以积累经验,还可以提升自己的公共精神,产生主动参与意识,这恰是新公共服务理论所积极倡导的。公民应是以创造、维护公共利益为己任的,他们不会妨碍符合公共需要的政策与计划的正确执行,也不应该被当作降低成本一种工具。相反,公民参与被视为民主政体中政策能够更有效执行的恰当且必要的组成部分。[②] 因此,社区公民的积极参与和志愿服务将给高校体育公共服务带来极大的便利和成效,二者相互影响,相得益彰。

---

① 参见牛寒松:《刍议我国体育公共服务的供给主体与供给方式》,载《网络财富》2010年第7期。

② 参见[美]珍妮特·V.登哈特、罗伯特·B.登哈特:《新公共服务:服务,而不是掌舵》,丁煌译,中国人民大学出版社2004年版,第110页。

二、有效的监督与激励机制

(一)注重实效的监督机制

监督,是提供公共服务过程的重要部分,是公共服务价值得以体现,质量得以保障的关键问题。根据公共服务递送过程划分为提供与生产两大环节的逻辑,监督可以分为两个层面:一是公民对提供主体和生产主体的监督,二是提供主体对生产主体的监督。就高校体育公共服务而言,监督可分为公民对政府与高校的监督和是政府对高校的监督。

公民对政府及高校的监督是通过一定渠道保障公民参与高校体育公共服务决策的权利,使高校体育公共服务能充分反映各种社会群体的偏好,从而具备最大限度的包容性,防止高校体育公共服务蜕变为特殊集团或高校的特殊利益服务工具。加强公民监督,需注重民主监督理念,并建立和完善一系列能体现民主监督精神的制度安排,畅通公民基本体育需求的表达渠道,以保证公民能够行使相当程度的"表达"权利,确保高校所做恰是民之所需。公民的表达渠道可以是多样的,可以通过选举、听证等制度化途径,也可以通过各种非制度途径,如公众论坛、网络投票、大众传媒、公民调查等。

政府对高校的监督则需要落实细节,健全激励。政府可以采取对高校体育公共服务工作进行随机抽样检查、追踪公众舆论评价等多种方式。监督应以合同为依据,以系统的测评为基础展开。在实施过程中要把握分寸,既不能流于形式,也不能演变为对高校体育公共服务的微观管理和控制。应注重保持与诸多高校之间的良好合作,加强对高校具体情况的了解,并以实现公民的体育公共利益为共同目标,努力做到政府与高校之间的激励相容。

对高校体育公共服务的监督,还应注重开辟多种监督渠道,将政府行政监督与媒体监督、公民监督结合起来,以确保高校能够供给更加优质的体育公共服务。

(二)以奖励为主、奖惩分明的激励机制

1.政府对高校的激励

对高校体育公共服务过程中的高校、组织及个人,应视其贡献情况予以奖励。政府可组织各种评选活动,并设计具体制度,在不违背相关法律法规的前提下,使评比活动经常化、公开化和法制化。对于促进区域体育协调发展、社会效益显著的体育健身指导与咨询服务、体质监测服务、体育信息服务活动等,相关部门应给予补贴、奖励及表彰;而对于高校体育公共服务绩效评估不合格的,则予以警告,或视具体情况减少、拖延或停止资助等。

为鼓励高校做好高校体育公共资源设施扩大开放的工作,政府部门、体育系

统及教育系统等相关部门应协调好各方面利益关系，对高校对外体育公共服务实行以奖代补，深化绩效评估机制。政府与体育局等相关职能部门要定期对高校体育资源开放情况进行评估，对成绩显著的单位采取以奖代补的方式进行激励和表彰。

如上海市杨浦区对高校体育资源区域共享的考核奖励与补贴办法为，区政府将相关设施资源开放情况纳入社区精神文明建设考评，定期由主管部门和街道、镇根据考核评估机制，对开放的单位进行综合评估，对有突出贡献的单位和个人给予奖励或补贴。具体根据上海市政府办公厅转发市民政局等五部委《关于本市体育文化教育设施资源向社区开放的指导意见的通知》（沪府办发[2006]33 号）及区政府办公室《本区贯彻落实〈关于本市体育文化教育设施资源向社区开放的指导意见〉的实施意见》（杨府办[2007]24 号）文件精神，杨浦区对高校体育资源向社区开放工作进行了适当补贴与奖励：[①]

（1）关于物耗的费用。根据沪府办发[2006]33 号文件精神："财政拨款的事业单位原则上在年度部门预算中统筹安排解决；经费自理的事业单位和企业，直接给予相应补贴，资金由街道（乡镇）承担，对财力困难的街道（乡镇），由所在区县政府帮助。"高校体育资源向社区开放中的物耗由各高校自行统筹安排解决。

（2）关于日常管理费用和保险费用。采取政府购买服务的方式，由各街道、镇将所需的日常管理费用和保险费用列入本单位年度预算并按计划使用。

（3）关于评估奖励。建立分级定期评估检查和表彰奖励机制，由区联席会议对各街道、镇管委会的高校体育资源向社区开放工作进行评估、表彰和奖励；各街道、镇管委会依据与高校体育部门签订的开放协议对年度开放工作情况进行评估检查，并进行表彰和奖励。

2. 对高校大学生体质的考核与激励

高校体育教育的首要任务是增强学生体质，"健康第一"是其重要指导思想。因此对高校学生体质的考核与激励也是高校体育公共服务激励与评估机制的重要内容。在促进学生体质健康发展方面，北京大学、上海大学、深圳大学等多所著名高校具有较为成功的经验，值得学习。

（1）教学干预，学分制约。2007 年，新《国家学生体质健康标准》的实施带来了新的挑战。这些高校要求学生认真参加测试，并在测试前采取多项措施积极引导学生进行锻炼，如在课外体育活动时间内设置专门的身体素质区，安排教师

① 参见《杨浦区人民政府办公室转发区社区公共服务资源开放工作联席会议办公室〈关于积极推进区域内高校体育资源向社区开放的若干意见〉的通知》，上海市杨府办[2008]72 号文件，2008 年 11 月 21 日。

进行辅导，布置器材让学生练习等。另外，将学生体质测试成绩纳入课程管理体系，教学指导方案将“参加体质测试并达到50分”作为得到体育学分的必要条件，明确提出了要求，没有达到50分的学生，在选修课时只能选修“体适能”课程，以便其有针对性地进行身体锻炼，提高体质健康水平。

(2)现场反馈成绩，设立激励机制，是诸高校采取的另一项有效激励措施。如印发“优秀证书”、推选“健康之星”的活动：凡是在测试中获得86分以上的同学都可获得优秀证书；在测试中获得满分的同学，则授予“健康之星”称号，并颁发奖杯、证书以及奖品。

(3)以新的《国家学生体质健康标准》的出台为契机，推动学校体育体制改革。特别是设置最低毕业标准(50分)以区别于及格标准，设立针对《新标准》评价指标中台阶实验等项目指标不及格的“一票否决制”，增强了对学生心肺系统机能的要求。这些方面都增加了学生测评的难度，对学生体质的增强具有重要意义。

三、科学的外部绩效评估体系

(一)评估主体与客体

建立高校体育公共服务绩效考核体系的目的在于敦促高校体育公共服务体现公益性，使高校以校内外公民的体育公共利益为导向，以满足公民基本体育需求为基础，不断改善和提高高校体育公共服务水平。

高校体育公共服务的绩效评估绝不仅仅是上级行政部门的事情，其评估主体应是多元的，主要有政府、高校主管部门、第三方主体和社会其他力量、公民及高校。绩效评估过程中，可以成立绩效评估委员会，其成员由政府相关人员、高校管理者、专家学者和服务对象组成，负责对高校体育公共服务的外部评估；高校相关人员则负责本校体育公共服务的内部评估。在整个评估过程中，政府是第一评估主体，但由于高校数目众多，政府不可能进行全程细致管理，只能起引导和监督的作用，而不是对高校直接进行评估。高校主管部门对高校情况较为了解，因此可以承担较细致的监督与管理工作。第三方主体和社会其他力量作为高校体育公共服务绩效评估的主体，与高校没有隶属关系，也没有固定的利益关系，主要包括相关非营利组织、高等院校研究所、体育中介组织等，以保证评估的客观性和中立性，防止因利益原因被评估对象“俘获”。需要引起重视的是，最有发言权的评估主体是接受高校体育公共服务的公民，公民应是高校体育公共服务绩效评估和满意度的最终评判者。

高校体育公共服务绩效评估的对象，包括高校和高校生产的体育公共服务(产品)两个方面。评估要求高校必须具备供应体育公共服务的资质，并对高校的生产、经营管理能力和条件等进行必要的资质审查，对高校体育公共服务的投入、产出数量和质量、满足公民基本体育需求的情况等进行评价。因此，构建一套科学合理的评估指标是开展公共服务绩效评价中最关键也是最难的一环。

(二)确定评估的指标依据

高校体育公共服务的评估指标必须以科学、合理、客观、标准、透明、效率和公平并重，具有重要性、可测性以及动态发展性，需要定性与定量相结合，以定量为主，定性为辅。因此，建议从高校体育公共服务的公共性、效益性、服务对象的满意度三个层面确定指标，并分别为以上指标建立高校体育公共服务监测系统，进行公共性监测、效益性监测以及满意度监测，每个层面或监测系统应具有不同内容的指标，每个指标内容分别占不同的权重。

(1)公共性监测。公共性是高校体育公共服务提供过程中的公共责任指向，公共性意味着高校要要与公民间的横向平等关系，意味着高校要与公民共同关心和参与解决公共利益问题。公共性也意味着高校体育公共服务应以社会公平为政策的首要价值，可以从责任性与公正性两个维度加以解释。高校体育公共服务立足公共性目标，在服务的供给过程中，首先应坚持政府伦理。政府确保公众利益得到维护是其职能中的重要组成部分，是对社会的公共利益要求做出的责任回应。另一方面，高校供给体育公共服务应强调和倡导平等性。和谐社会下政府治理以服务为核心，以公共利益最大化为目标，高校体育公共服务的公共性供给对构建注重社会公平与正义的效率型与正义型政府具有重要意义。

(2)效益性监测。高校体育公共服务的效益性是指高校体育公共服务提供过程中的投入与相应利益之间的关系，它强调客观效率上的低投入、高产出，又追求主观效果方面目的与方法的整合。高校体育公共服务的效益性目标包括经济性效益和社会性效益，要求高校在政府的协助下提供高质量、多种类、有针对性的体育公共服务产品，满足一定社会公共需求。为实现效益性目标，在管理实践中高校管理部门应定位高校体育公共服务中高校的职责，着眼于提供有益于社会整体而又无法通过市场提供的公共产品与服务，应不断优化高校整体实力，合理配置高校体育资源，不断提升高校体育服务的运转效率。

(3)满意度监测。公民对高校体育公共服务的满意程度是高校体育公共服务评价与考核的最重要内容。公民是被服务者，是最有发言权的群体，高校应不断提高公民的满意度。在管理层面，高校应不断提高体育公共服务产品的品质，增加高校体育公共服务的内容和种类，不断强化公民接受服务的便捷性。在价值层面，则需要逐渐摆脱传统观念的束缚，树立“公民本位”和“以人为本”的价值观。在制度层面，高校在逐渐完善内部体育管理制度的情况下，应敦促政府对高校体育公共服务的支持力度，建立相应的管理制度及监督体系，减少公民、政府、高校三者之间的信息不对称，从而建立以公众满意度为导向的绩效评估体系。对于高校体育公共服务评价与考核的具体指标，则应从高校体育资源的情况、资源的配置与使用情况、组织与管理情况、服务对象的满意度等多方面进行考核，如表 5-6 所示。

表 5-6　对高校体育公共服务进行评价和考核的内容(N=246)
(调查对象:体育管理者与体育教师)

考核内容	频数	百分比(%)	考核内容	频数	百分比(%)
高校体育资源的情况	163	66.3	群体竞赛活动情况	121	49.2
组织与管理,如服务人员的构成	132	53.7	体育社团组织作用的发挥	101	41.1
体育资源的配置与使用情况	164	66.7	《健康标准》测试与评价	66	26.8
体育教学与体育科研	93	37.8	服务对象的满意度	103	41.9
课外活动,如发展体育组织的数量	122	49.6			

需要指出的是，绩效评估结果的应用是高校体育公共服务绩效评估管理的最后一环，可以将绩效评估与激励机制相结合，以使评估结果在实践中得到良好的应用，成为高校体育公共服务长足发展的动力机制。

四、有效的政策法规体系的建立

高校体育公共服务是一个系统工程，其有效供给离不开有关政策法规的支持，尤其是高校在面向校外公民提供体育公共服务的过程中，更加需要有关政策法规的支持。正因为此，大多数高校体育教师及管理者希望政府采取有力措施支持高校体育公共服务，如成立高校体育公共服务专门机构，增加经济投入，提供开展活动所需的设备、器材，明确高校责任与权力等，如表 5-7 所示。如前文所提到的上海市杨浦区区域高校体育资源向社区的开放工作，在组织机构设置、经费投入、责权划分以及激励机制等方面都有明确的要求。

表 5-7 高校体育教师及管理者希望政府采取的措施(N=246)

措施	频数	百分比(%)	措施	频数	百分比(%)
成立高校体育公共服务专门机构	153	62.2	建立相应激励机制	113	45.9
增加经济投入	166	67.5	提供有关政策法规	111	45.1
政策倾斜	99	40.2	进行宣传	98	39.8
提供开展活动所需的设备、器材	134	54.5	完善公民参与制度	75	30.5
明确高校责任与权力	126	51.2	其他	1	0.4
提供发展高校体育公共服务的体制和机制	106	43.1			

在高校提供体育公共服务的过程中，政府制定法规政策可以起到间接调控的作用，而市教委作为管理主体，依托政府的权力可进行直接调控。无论是间接或直接调控，在调控的手段上可以采用行政手段、法律手段或经济手段等。高校作为体育公共服务的生产者和提供者，离不开法制的支持与保障，加快配套立法，建立健全相关法规体系和执法监督体系，也是高校体育公共服务有效供给的重要条件。高校体育公共服务的有效供给，除了要继续贯彻《体育法》的宣传和学习工作以外，还要进一步加强配套法规制度的建立、实施及其检查工作，保证高校体育公共服务的服务对象不论贫富贵贱，都能够得到锻炼身体的机会。

(一)高校体育政策法规发展沿革

改革开放 30 年间，我国高校体育发生了历史性的变化，高校体育政策法规建设在其中起到了重要作用。

(1)1979～1989 年，改革开放初期我国学校体育法规体系和组织领导机构逐渐恢复，并提出了高校体育改革的重大措施，使高校体育管理制度开始走向法制化、规范化、科学化。此阶段主要的法律和法规有 1979 年教育部与国家体委联合发布的《高等学校体育工作暂行条例》《全国学生体育运动竞赛制度》《高等学校体育教学大纲》及 1982 年颁发的新修订的《国家体育锻炼标准》。[①]

(2)1990～1995 年，高校体育进入快速发展期。此时期高校体育法制建设发展迅速，国家制定、完善和颁布了一些至今仍然重要的、基础性的教育法规和学校体育法规，为高校体育改革提供了有力的保障。1990 年 3 月经国务院批准

① 参见贾文彤等:《高校体育改革若干政策法规的回顾与分析——从改革开放后谈起》，载《河北师范大学学报》(教育科学版)2009 年第 2 期。

颁布了《学校体育工作条例》《学校卫生工作条例》，标志着我国学校体育卫生工作真正进入了法制的轨道，学校体育卫生管理工作将沿着管理科学化、规范化、制度化方向发展。同年，国家教委颁布了《大学生体育合格标准》及《大学生体育合格标准实施办法》。1992 年教育部颁布了《全国普通高等学校体育课程教学指导纲要》，对推动高校体育教学改革起到了积极的作用。1995 年颁布的《中华人民共和国体育法》，结束了体育工作长期无部门基本法可依的历史。另外，1995 年还颁布了《中华人民共和国教育法》和《全民健身计划纲要》。这一时期法律、法规的颁布和实施，进一步完善了学校体育法规体系，成为确保我国高校体育改革可持续发展的直接法律保障，使我国高校体育迈入依法治体、依法治教的新阶段。①

(3)1996 年高校体育进入深入发展期至今，"健康第一"的指导思想逐步确立，学校体育工作重点已逐渐转变到促进学生的全面发展和健康成长上来，高校体育改革的政策法规亦不断深入发展。1999 年《中共中央国务院关于深化教育改革，全面推进素质教育的决定》确立了学校体育要树立"健康第一"的指导思想。2002 年政策法规出台较多，为了贯彻《中共中央国务院关于深化教育改革全面推进素质教育的决定》，《学生体质健康标准》(试行方案)出台；年末《学生体质健康标准》(试行方案)实施办法也出台。同时，我国普通高等学校体育课程教学指导纲要也于这一年出台。针对日益增多的校园伤害事故，2002 年教育部还颁布了《学生伤害处理办法》，将学校体育法制建设的重点转移到了校园安全事故上，这也是用法律的形式要求学校体育工作贯彻落实"健康第一"指导思想的直接体现。2005 年，为尽快提高普通高等学校运动训练水平，以适应新形势对普通高等学校体育工作的要求，教育部、国家体育总局下发了《关于进一步加强普通高等学校高水平运动队建设的意见》。2006 年，为全面贯彻党的教育方针，认真落实"健康第一"的指导思想，切实提高学生体质健康水平，教育部、国家体育总局、共青团中央下发了《关于开展全国亿万学生阳光体育运动的通知》。以迎接 2008 年北京奥运会为契机，为进一步加强青少年体育课程质量、增强青少年体质，2007 年 5 月 24 日中共中央国务院发布了《关于加强青少年体育增强青少年体质的意见》。② 2014 年 6 月，国家教育部颁布《高等学校体育工作基本标准》，对全日制普通高等学校体育工作进一步提出了基本要求，成为评估、检查高

① 参见贾文彤等：《高校体育改革若干政策法规的回顾与分析——从改革开放后谈起》，载《河北师范大学学报》(教育科学版)2009 年第 2 期。

② 参见贾文彤等：《高校体育改革若干政策法规的回顾与分析——从改革开放后谈起》，载《河北师范大学学报》(教育科学版)2009 年第 2 期。

等学校体育工作的重要依据。该《标准》对落实立德树人根本任务、加强高等学校体育工作、切实提高高校学生体质健康水平、促进学生全面发展具有重要意义。

(二)对高校体育公共服务有效供给有重要影响的政策法规的分析

1.《学校体育工作条例》对高校体育公共服务有效供给的影响

1990 年出台的《学校体育工作条例》对高校体育改革产生了深远影响。首先,《学校体育工作条例》导致了高校体育在教育思想上的转变,终身体育成为高校体育改革的目标。其次,在实践中为贯彻《中国教育改革和发展纲要》和《学校体育工作条例》,很多地方制定了配套的法规政策。第三,20 世纪 90 年代初期,同工不同酬、评职称遭到歧视、社会偏见等现象成为高校体育教师的最大困惑,《学校体育工作条例》以及各地配套政策的出台使体育教师的待遇有了一个具体的政策保证,对稳定体育教师队伍起到了举足轻重的作用。[①]《条例》的诸多规定为高校面向校内外提供体育公共服务提供了有力的支撑。

2.《体育法》对高校体育公共服务有效供给的影响

1995 年 10 月 1 日,《中华人民共和国体育法》开始实施,该法将“学校体育”内容用法律的形式加以确认,体现了国家发展体育事业的意志和决心,具有里程碑式的意义,它标志着开展学校体育,已成为教育行政部门及广大体育工作者应尽的义务。《体育法》共分 8 章 56 条,其中总则第 5 条中表示,国家对青年、少年、儿童的体育活动给予特别保障,以增进青年、少年、儿童的身心健康。第 3 章学校体育部分共有 7 条,从学校体育的地位、作用、内容、形式、师资、场地和体制方面确立了学校体育必须遵循的原则。以师资为例,体育教师是高校体育改革的主力军,体育法特别确立了体育教师在高校体育改革中的根本任务和作用,即增强学生体质,增进学生身心全面发展,在学校统一领导下,与各有关部门紧密配合,进行各项体育工作,组织与指导学生参加各种体育活动、积极锻炼身体[②]。《体育法》不仅是高校有效供给体育公共服务的法规依据,也是高校有效供给体育公共服务的总的指导思想,对高校体育公共服务的有效供给具有重要的导向作用。

3.新《全国普通高等学校体育课程教学指导纲要》对高校体育公共服务有效供给的影响

当前我国高校体育课程改革中存在诸多问题,如体育教学目标不清、教学效

---

① 参见贾文彤等:《高校体育改革若干政策法规的回顾与分析——从改革开放后谈起》,载《河北师范大学学报》(教育科学版)2009 年第 2 期。

② 参见贾文彤等:《高校体育改革若干政策法规的回顾与分析——从改革开放后谈起》,载《河北师范大学学报》(教育科学版)2009 年第 2 期。

果不尽如人意、教学内容安排无序性影响课程的整体优化、“课内外一体化”的管理体制过于形式化影响了锻炼的效果等。新《纲要》在强调“健康第一”的基础上,提出了“以人为本”“以全面发展的视野培养全面发展的人”的指导思想,强调教学方法的统一与灵活,不断拓展教学评价视野,直接回应了上述问题[1]。诸多内容在高校体育公共服务有效供给途径和办法方面提供了重要的指导思想。

4.《学生伤害处理办法》对高校体育公共服务有效供给的影响

学校体育伤害事故是难以避免的,这在很大程度上影响了高校体育公共服务的有效供给。2002 年教育部出台了《学校伤害事故处理办法》,该办法依据《民法》等法律规范了学校与学生的关系、归责原则及赔偿等问题,尽管其法律效力较低,并且人们在实践中对它提出了一些质疑,如不合理地规避了公平责任、部分条款条文的规定超越权限范围等,但其影响是巨大的,为高校体育改革及体育公共服务的有效供给提供了重要的法律保障。[2]

5.《关于开展全国亿万学生阳光体育运动的通知》对高校体育公共服务有效供给的影响

2006 年,教育部、国家体育总局、共青团中央下发了《关于开展全国亿万学生阳光体育运动的通知》。该通知要求要以“达标争优、强健体魄”为目标。用 3 年时间,使 85%以上的学校能全面实施《学生体质健康标准》,使 85%以上的学生能做到每天锻炼一小时,达到《学生体质健康标准》及格等级以上,并掌握至少 2 项日常锻炼的体育技能,形成良好的体育锻炼习惯,体质健康水平切实得到提高。该通知同样对高校体育改革产生了深远影响,对高校体育课、课外活动的开展均有所触动。一些研究理论先行适时地给出了具体建议,如建立专门的学校体育督导制度、充分发挥学生会和各类社团组织的作用及发挥学生管理职能部门的作用等。[3] 诸多政策法规有效地指导和保障了高校体育改革的不断深化。

6.《高等学校体育工作基本标准》对高校体育公共服务有效供给的影响

教育部出台的《高等学校体育工作基本标准》是在高等学校体育工作仍存在不少困难和问题,尤其是大学生体质健康水平下降趋势还没有从根本上得到扭转的背景下提出的,对落实高校立德树人的根本任务、加强高等学校体育工作、

---

① 参见贾文彤等:《高校体育改革若干政策法规的回顾与分析——从改革开放后谈起》,载《河北师范大学学报》(教育科学版)2009 年第 2 期。

② 参见贾文彤等:《高校体育改革若干政策法规的回顾与分析——从改革开放后谈起》,载《河北师范大学学报》(教育科学版)2009 年第 2 期。

③ 参见贾文彤等:《高校体育改革若干政策法规的回顾与分析——从改革开放后谈起》,载《河北师范大学学报》(教育科学版)2009 年第 2 期

提高高等学校体育的教学质量、切实提高高校学生体质健康水平、促进学生全面发展具有重要意义。[①]

《标准》是对全日制普通高等学校体育工作的基本要求，是衡量高等学校体育工作的重要依据。其以教育教学、学生体质水平的提高作为高校体育工作的基本点和立足点，把高校体育发展规划、师资力量、资源配置、经费安排、工作管理和工作评价等核心重点纳入标准范围。[②] 为与高校体育公共服务的有效供给相适应，《标准》根据自身特点，将社会服务能力作为高校体育工作的一项基本功能，使高校的体育工作真正能够成为继承文化传统、实践并传承文化创新的有效载体[③]。研究认为，《标准》将起到以下作用：①推动高校把学校体育工作列入学校的发展规划，充分发挥学校体育立德树人的功能；②保证高校体育课时，推进教育教学改革，丰富课程项目、内容，提高教学质量；③保障学校体育课外活动时间，解决校内外体育社团建设薄弱，校园体育文化、社会服务功能单一的问题；④健全学校的评价体系建设，使学生的体质健康水平成为全面衡量学生发展和学校体育工作的重要指标；⑤解决学校体育办学条件亟待改善，场地设施等基础设施薄弱，教师队伍素质有待提高的问题。[④] 该《标准》针对了许多高校体育公共服务有效供给所需解决的重要问题，它的出台为高校体育公共服务有效供给提供了新的重要的政策保障。

回顾和分析高校体育政策法规可以发现，针对性强是这些政策法规的突出特点。这些政策法规的出台有效地指导和保障了高校体育改革的不断深化。而随着时间的推移，这种针对性也越发明显。如 2006 年出台的《关于开展全国亿万学生阳光体育运动的通知》和《关于加强青少年体育增强青少年体质的意见》，就是针对近年在学生体质监测过程中发现的问题而出台的。改革开放以来，高校体育改革的政策法规出台了很多，彼此之间冲突较少，集中体现了针对性强的特点，这应该源于高校体育改革不断明确的“以人为本”“健康第一”的指导思想。另外，这些政策法规以专业标准及政策居多，多是鼓励、促进性的规范，如《学生体质健康标准》《关于开展全国亿万学生阳光体育运动的通知》等。政策具有权威性、灵活性、时效性特点，其专业标准对高校体育改革的指导性更强。但在一定程度上讲，它们缺乏可操作性以及法律上的保障。这在今后高校体育公共服

① 参见《教育部负责人解读〈高等学校体育工作基本标准〉》，载 2014 年 7 月 9 日《中国教育报》

② 参见《教育部负责人解读〈高等学校体育工作基本标准〉》，载 2014 年 7 月 9 日《中国教育报》。

③ 参见《教育部负责人解读〈高等学校体育工作基本标准〉》，载 2014 年 7 月 9 日《中国教育报》。

④ 参见《教育部负责人解读〈高等学校体育工作基本标准〉》，载 2014 年 7 月 9 日《中国教育报》。

务相关法规政策的制定过程中应引起重视。[①]

随着我国公共服务事业的发展，公共服务将逐步被法律条款控制、监督及调节，逐步走向法制化的轨道，实现公共服务管理的规范化与制度化。在此基础上，高校体育公共服务也将越来越有法可依，规范发展。

① 参见贾文彤等：《高校体育改革若干政策法规的回顾与分析——从改革开放后谈起》，载《河北师范大学学报》（教育科学版）2009 年第 2 期。

第六章　高校体育公共服务有效供给的对策

高校体育公共服务是高校体育自身使命的双重体现。高校体育既要满足师生的需求，也要为社会公民创造一个相对平等的锻炼平台，因此必须构建一种有效机制，以保证两者互不影响，甚至互动促进。

对策一　建立高校体育公共服务有效供给的决策机制

相关体育与教育行政部门应进一步完善体育公共服务有效供给政策的制定与实施工作，为高校体育公共服务有效供给创造有利的政策环境，并建立相应的决策机制，对高校体育公共服务有效供给做出相应的决策与统筹规划，对其服务的内容、方式及途径做出较为明确的宏观决策。

对策二　加强政府部门的宏观管理与统筹规划

在建立和完善高校体育公共服务有效供给决策机制的基础上，不断提高政府部门对高校体育公共服务有效供给的宏观管理、统筹规划水平，加强政府在高校体育公共服务中的主导作用，发挥高校在高校体育公共服务有效供给中的主体作用。

对策三　建立有效的监督、激励与评估机制

建立高校体育公共服务有效供给的监督、激励与评估机制，这既是高校体育公共服务有效供给的重要条件，也是相关政府部门对高校体育公共服务有效供给加强宏观管理与规划的重要内容和途径。

对策四　建立和完善相关法律法规体系

建立和完善高校体育公共服务有效供给的法律法规体系，使高校体育公共服务逐渐走向法制化，促进高校体育公共服务长效机制的建立。相关司法部门应予以配合，研究并明确高校提供体育公共服务过程中可能出现的各种民事和

刑事纠纷及法律解决方案。对安全及其法律问题，高校在提供体育公共服务的过程中须予以足够重视，这不仅关系到高校体育公共服务的声誉和信誉问题，更关乎高校体育公共服务均等化发展趋势的实际效率。

对策五　建立高校体育公共服务部门的财政管理机制

政府部门应支持和鼓励高校体育公共服务多渠道筹集资金，以缓解政府体育公共服务的财政压力。与此同时，政府部门与高校应建立合理的财政管理机制，对高校体育公共服务的财政收入与支出进行有效管理。

对策六　完善高校体育公共服务部门的内部组织与管理

在相关政策的支持和鼓励下，高校应逐渐完善高校体育公共服务部门的内部组织与管理，发掘自身优势，供给更加丰富的体育公共服务内容，建立和完善高校体育公共服务部门的内部组织管理机构，建立更为严谨、科学、的人性化管理模式，探索适合自身的高校体育公共服务供给模式，逐步提高高校体育公共服务供给的质量和水平。

对策七　提高高校供给体育公共服务的服务意识

高校应提高体育公共服务意识，完善体育公共服务管理模式，构建利益协调分配机制。无论是面对校内学生还是校外公民，高校必须建立一种成熟、宽厚和相对公正的服务意识。通过舆论与宣传、组织体育活动或比赛等途径，逐步提高高校供给体育公共服务的服务意识。

第七章 结 论

通过对高校体育公共服务相关理论、政策的研究，分析现有状况和影响因素，本书得出如下结论：

结论一 高校体育公共服务具有多中心、多元化的特点，是体育公共服务供给体系的重要组成部分。高校作为体育公共服务的供给主体之一，面向高校大学生、教职工及其家属、校外公民，提供健身指导服务、健身设施服务等体育服务内容，以满足公民最基本、最直接的体育需求，从而促进公民体育公共利益的实现。

结论二 作为公共服务的重要组成部分，公共性原则、公开性原则、公正性原则、持续性原则以及人本性原则是高校体育公共服务应遵循的公共服务基本原则。高校体育公共服务过程中应注重产品供给的有效性、活动场所的便利性、服务内容的多样性、服务性质的公共性、服务人员的志愿性、资源共享性以及服务理念人本性的基本理念。

结论三 高校体育公共服务的供给主体主要有高校体育教师、外聘教练、高校学生体育社团、高校体育志愿者以及高校大学生，供给的客体主要有校内学生、校内教职工、教职工家属以及校外公民，其中校内学生是最主要服务客体。与不同群体的体育需求相比，高校面向不同客体的服务内容尚显不足，尤其是面向校外公民的服务。

结论四 影响公民接受高校体育公共服务的客观因素有服务态度、服务内容、收费标准、服务时间、安全保障、场馆(地)设施的完善程度、交通条件、体育组织、联系渠道等；主观因素为公民的消费能力、消费观念以及体育意识。高校体育公共服务的质量、服务对象的情况，高校体育科技与信息水平，体育场馆(地)与人力资源的有效利用以及外部环境则是影响高校体育公共服务有效供给的主要因素。

结论五 高校在体育公共服务过程中，承担着体育公共服务的提供和生产责任。目前高校体育公共服务的服务内容主要是健身设施服务、健身指导服务、体质监测服务、健身组织服务、体育活动服务、体育培训服务。

结论六 高校体育组织管理人员、体育专家、体育教师及少数外聘教练、学生体育社团、体育专业大学生、大学生体育志愿者是高校体育服务的供给主体；多重单位自主选择的外部供应格局、合理的组织管理机构、完善的体育工作管理制度体系、完善的体育网络管理系统以及多渠道筹资的资金保障机制是高校体育公共服务有效供给的组织与管理保障。

结论七 行政供给、市场化供给、自愿供给以及混合供给是高校体育公共服务有效供给的主要模式；高校体育人力资源的充分发挥、有效的政策支持、有效的监督激励与评估机制、科学的外部绩效评估体系以及相关体育法规体系的建立是高校体育公共服务有效供给应具备的重要条件。

结论八 在目前高校体育公共服务尚未广泛开展的情况下，建议建立高校体育公共服务决策机制、宏观管理机制、评估激励机制，完善相关的体育法规体系，并建立相应的高校体育公共服务财政管理体系，完善高校内部组织管理机构，并不断提高高校的服务意识。

附　录

案例资料

本书在研究过程中参阅了大量事例与新闻报道，为方便读者检索，现将主要资料的名称与来源收录如下：

[1]《社区缺体育设施 学校场馆来开放》，载北方网：http://news.enorth.com.cn/system/2012/11/14/010271853.shtml.

[2]《深圳大学体育场馆订场方式及价格》，载深圳大学网站：http://swzx.szu.edu.cn/swzx_view_affair_details.asp? affair_id=b0601930491e1664.

[3]《上海市学生体质监测中心介绍》，载上海市学生体质健康监测中心网站：http://www.tzjk.net/.

[4]《上海市"新建7所学生体质健康监测中心"总结报告》，载上海市学生体质健康监测中心网站：http://www.shmec.gov.cn/web/xxzx/xxzx_detail.php? article_id=70678.

[5]《沪10所学生体质监测中心投用高校试点"限时跑"》，载东方网：http://sh.city8.com/news/697050.html.

[6]《房山区"体育三下乡活动"启动》，载房山区体育局网站：http://sports.bjfsh.gov.cn/tydt/20133/4230.html.

[7]《2013年自治区"体育三下乡"活动圆满结束》，载新疆维吾尔自治区体育局网站：http://tyj.xinjiang.gov.cn/tyxw/2013/214844.htm.

[8]《社团：高校体育最佳第六人 让体育社团"物尽其用"》，载2012年9月28日《中国体育报》。

[9]《首届"烟台高校校际篮球争霸赛"火爆开幕》，载胶东在线网：http://www.jiaodong.net/news/system/2010/11/28/011019145.shtml.

[10]《武大华中科大打造校际龙舟赛》，载央视网：http://news.cntv.cn/

20120615/100986. shtml.

[11]《深广大学举行校际篮球赛,大力支持各种体育活动》,载搜狐体育:http://sports. sohu. com/20121206/n359679577. shtml.

[12]《我校(北京体育大学)与台湾体育运动大学签订两校校际交流合作协议》,载凤凰网:http://edu. ifeng. com/gaoxiao/detail_2013_01/06/20868627_0. shtml.

[13]《中俄将开展校际体育交流 中国大学生代表团看重金牌外的收获》,载人民网:http://sports. people. com. cn/n/2013/0717/c366194-22221407. html.

[14]《栖霞社区向辖区居民招募"体育联盟"队员》,载贵阳网:http://www. gywb. cn/content/2014-06/06/content_876882. htm.

[15]《社区居民热学体育为申奥加油》,载张家口新闻网:http://www. zjknews. com/news/2014-04/03/content_225224. htm.

[16]《苏州社区自建"十分钟文体服务圈"居民想健身上网就能找场地找伙伴》,载网易体育:http://sports. 163. com/13/0710/22/93F4BJN50005227R. html.

杭州市人民政府办公厅关于进一步规范管理逐步恢复学校体育运动场地等设施向社区(村)居民开放的通知[①]

杭政办函[2010]260 号

各区、县(市)人民政府,市政府各部门、各直属单位:

前段时间因校园安全面临严峻考验,市政府部署学校体育运动场地等设施暂停向社区(村)居民开放。在此期间,各级政府和有关部门积极采取措施,使校园安全工作得到了加强。为进一步加强和谐社区(村)建设,提高学校体育运动场地等设施的资源利用效率,经市政府同意,现就落实校园安全措施后,进一步规范管理、逐步恢复学校体育运动场地等设施向社区(村)居民开放有关事项通知如下:

一、开放原则

各区、县(市)政府和有关部门要在严格按照有关规定和要求落实校园安全

① 《杭州市人民政府办公厅关于进一步规范管理逐步恢复学校体育运动场地等级施向社区(村)居民开放的通知》,载 http://www. hangzhou. gov. cn/main/wjgg/ZFGB/201010/szfwj/T333743. shtml.

措施、确保师生生命财产安全的前提下，进一步规范管理，逐步恢复学校体育运动场地等设施向社区（村）居民开放，以尽量满足社区（村）居民的健身需求。

二、开放范围

各区、县（市）（包括杭州经济开发区、杭州西湖风景名胜区）除幼儿园、特殊教育学校和寄宿制学校以外的公办中小学校。

三、定点开放

学校向社区（村）居民开放的体育运动场地等设施主要为室外体育运动场地（包括田径场地、球类运动场地、器械活动场地等）和具备安全开放条件的室内体育运动场地。学校配套的室内体育运动场地不得向外租赁经营，原则上以学校自主管理为主，也可经过招标引入或委托经体育部门审核、有资质的体育俱乐部、青少年体育俱乐部和体育公司参与运作管理。

四、定时开放

学校体育运动场地等设施向社区（村）居民开放的时间为双休日、法定节假日和寒暑假等，其中学校的田径场地和球类运动场地可在每天学生非在校时段向社区（村）居民开放，原则上可安排在早晚时段。每个学校的具体开放时间，可由社区（村）居委会与学校根据实际情况商定。学生在校时段的学校体育运动场地等设施不向社区（村）居民开放。因学校组织临时性教育教学等活动和校园维修等因素，学校体育运动场地等设施可暂停对外开放，但需及时告知社区（村）居委会并对外公告。

五、规范管理

学校体育运动场地等设施向社区（村）居民开放，学校必须在确保安全的基础上，以保证学校正常教育教学秩序为前提，并符合学校有关规定；参加锻炼的社区（村）居民要自觉爱护学校各类设施。社区（村）居委会要与学校签订体育运动场地等设施使用协议，制订切实可行的管理制度，向社区（村）居民公告。坚持凭“校园健身出入证”进入校园制度，严禁社区（村）居民携带宠物和危险物品等进入校园以及到校园从事与健身无关的活动。学校体育运动场地等设施向社区（村）居民开放期间，要明确专人负责管理，可由社区（村）居委会有关人员、社会体育指导员和学校保安等有关人员负责组织管理工作。

六、工作职责

学校体育运动场地等设施向社区（村）居民开放工作要做到定人定岗，社区（村）居委会有关人员、社会体育指导员、学校保安等有关人员要共同做好开放管理工作。社区（村）居委会负责颁发统一制作的“校园健身出入证”，并对领证人员进行把关，做好秩序维护、人员清场等工作。体育和教育部门负责制作“校园健身出入证”样证（样证包括照片、注意事项及有关风险），也可要求“校园健身出入证"与身份证、居民暂住证同时使用。学校门卫、保安和相关人员负责做好入园证件检查,协助做好秩序维护、人员清场等工作;社会体育指导员负责健身指导,协助做好秩序维护、人员清场等工作。

七、经费保障

学校体育运动场地等设施向社区(村)居民开放所需经费,由各级财政部门按照现有财政资金渠道予以保障落实,主要用于学校因体育运动场地等设施向社区(村)居民开放涉及的体育设施维护、更新、添置以及人员和相关管理经费等。其中开放场地的体育设施的维修、保养、更新和添置等经费,由各学校列入年度预算;人员及相关管理经费,由各区、县(市)政府负责落实。市体育局、教育局每年安排专项经费,以当地政府名义,采取"以奖代补"的形式,对学校体育运动场地等设施向社区(村)居民开放工作成绩突出的地区和学校、社区(村)予以奖励或补助,具体办法由市财政局、体育局、教育局共同制订。

八、强化监督

要建立监督评价机制,体育、民政、教育、公安等有关部门要组织人员定期对学校体育运动场地等设施向社区(村)居民开放实施情况进行安全评估和督查,不断改进和完善具体举措,并将开放工作纳入社区(村)居委会和学校的年度考核。

九、加强领导

学校体育运动场地等设施向社区(村)居民开放工作涉及面广,安全保障要求高,综合管理难度大,各级各有关部门要高度重视,加强领导,分工协作,共同做好开放工作。按照属地管理的原则,各区、县(市)政府要成立学校体育运动场地等设施向社区(村)居民开放工作协调小组,建立和完善工作协调机制,制订具体开放制度,确保开放工作安全、有序,活动内容文明、健康。各街道(乡镇)作为所在区域学校体育运动场地等设施向社区(村)居民开放工作的管理单位,要明确专人负责,做好组织和协调工作。社区(村)居委会作为学校体育运动场地等设施向社区(村)居民开放工作的具体组织者,要将开放工作纳入社区(村)服务管理体系,按照就近和方便的原则,负责组织和管理社区(村)居民到学校体育运动场地开展体育锻炼活动,做好证件发放的登记管理,并建立台账,同时落实专职人员做好学校体育运动场地等设施开放期间的秩序维护、人员清场等工作。综治机关要将学校体育运动场地等设施向社区(村)居民开放工作纳入校园治安综合治理工作,对符合开放条件的学校予以把关。公安机关要将学校体育运动场地等设施向社区(村)居民开放工作纳入当地公安机关和派出所的治安工作。教育部门要督促学校按照规定,提供和维护体育运动场地等设施,配合社区(村)居委会和体育部门做好开放工作。体育部门要培训和发展社会体育指导员及体育志愿者，鼓励社区（村）体育俱乐部、青少年体育俱乐部参与经营和管理学校室内体育运动场地等设施，指导学校检修维护体育设施、居民正确使用体育设施和开展群众性体育活动。

本通知自2011年1月1日起施行。各区、县（市）政府可结合本地实际，综合评估校园安全状况，制订本辖区学校体育运动场地等设施向社区（村）居民开放的具体实施办法。

杭州市人民政府办公厅

2010年9月13日

教育部办公厅关于加强全国学生体质健康监测网络建设的通知[①]

教体艺厅[2004]4号

各省、自治区、直辖市教育厅（教委）：

自2002年我部在北京等14省（自治区、直辖市）建立全国学生体质健康网络以来，经过相关省（自治区、直辖市）各级教育部门的共同努力，学生体质健康监测网络已初步形成。为了进一步加强全国学生体质健康监测网络建设，完善学生体质健康监测网络，特提出以下意见并通知如下：

一、各级教育行政部门和各监测站要进一步提高对建立学生体质健康监测网络、开展学生体质健康监测工作重要意义的认识。要充分认识到建立学生体质健康监测网络、开展学生体质健康监测工作既是贯彻“学校教育要树立健康第一”的指导思想的一项重要举措，也是科学决策、科学管理与科学评价学校体育卫生工作的一项基础工作，对调动社会各界关心、支持学校体育卫生工作也具有重要的作用。

二、各地教育行政部门要重视学生体质健康监测网络建设，加强对此项工作的领导和协调，特别是要有效整合学校卫生与体育资源、对与学生体质健康监测有关的体育卫生工作进行统筹考虑和安排、协助解决学生体质健康监测中存在的问题与困难。各学生体质健康监测站也应主动争取教育行政部门对学生体质健康监测工作的支持和帮助，在教育行政部门的指导下开展工作。

三、尚未承担全国学生体质健康监测网络工作任务的省（自治区、直辖市）教

① 《教育部办公厅关于加强全国学生体质健康监测网络建设的通知》，教育部网站：http://www.moe.edu.cn/publicfiles/business/htmlfiles/moe/moe_42/201001/80278.html.2004.

育行政部门要积极创造条件,增加相应的投入,支持和鼓励地方教育行政部门建立全国学生体质健康监测站。已建有全国学生体质健康监测站的省(自治区、直辖市)要在现有基础上,继续加大工作力度,增加经费投入,依托当地学校卫生保健机构或医学院校等业务机构,建立自己的学生体质健康监测网络,并与全国学生体质健康监测网络相互连通。

四、学生体质健康监测网络的监测工作应与学校日常体育卫生工作如体质健康标准推广、体育达标、学生体检等工作有机结合起来,做到工作安排有序、检测数据共享,以减少不必要的重复检查,减轻基层工作负担。监测站主管教育行政部门对此应加强协调和统筹安排。

五、要逐步扩展学生体质健康监测网络的功能。各监测站要逐步利用该监测网络报送突发公共卫生事件、日常体育卫生工作信息与工作情况,教育行政部门也要利用该监测网络发布学校体育卫生工作的政策法规和信息,介绍和推广各地开展学校体育卫生工作的经验,指导基层工作的开展,以此推动各地学校卫生信息化管理;要通过监测网络为学校卫生人员提供业务培训的平台,不断提高监测工作质量和学校卫生工作水平;教育行政部门要充分发挥各监测站在学校卫生工作中的示范导向与主力军作用,组织他们在学校卫生领域中进行全方位的探索和研究,为学校卫生的改革和发展提供科学依据和经验。

六、各监测站及其主管教育行政部门要按照《全国学生体质健康监测网络工作实施方案》要求,尽快做好 2004 年全国学生体质健康监测的各项准备工作。教育行政部门要按照《实施方案》要求,落实有关组织与管理工作,各监测站应按照要求,认真做好检测仪器校正与补充、队伍培训、现场检测时间安排等准备工作,以确保 2004 年学生体质健康监测任务按时、保质、保量完成。

七、对 2004 年学生体质健康监测的检测工作有关问题做如下调整:

1. 内科检测中,增加脉搏、血压指标的检测,并作为是否进行素质测试的依据;

2. 台阶试验测试年龄组调整为:12 岁、14 岁、17 岁、19 岁、21 岁年龄组;

3. 18 岁年龄段的样本可以由 18 岁中学生和大学生共同组成,大学生各个年龄组样本可以不受大学生籍贯的限制;

4. 2004 年的监测取消粪蛔虫卵检测项目。

学校体育工作条例[①]

国家体委令第8号、国家体委令第11号发布

第一章 总 则

第一条 为保证学校体育工作的正常开展，促进学生身心的健康成长，制定本条例。

第二条 学校体育工作是指普通中小学校、农业中学、职业中学、中等专业学校、普通高等学校的体育课教学、课外体育活动、课余体育训练和体育竞赛。

第三条 学校体育工作的基本任务是：增进学生身心健康，增强学生体质；使学生掌握体育基本知识，培养学生体育运动能力和习惯；提高学生运动技术水平，为国家培养体育后备人才；对学生进行品德教育，增强组织纪律性，培养学生的勇敢、顽强、进取精神。

第四条 学校体育工作应当坚持普及与提高相结合、体育锻炼与安全卫生相结合的原则，积极开展多种形式的强身健体活动，重视继承和发扬民族传统体育，注意汲取国外学校体育的有益经验，积极开展体育科学研究工作。

第五条 学校体育工作应当面向全体学生，积极推行国家体育锻炼标准。

第六条 学校体育工作在教育行政部门领导下，由学校组织实施，并接受体育行政部门的指导。

第二章 体育课教学

第七条 学校应当根据教育行政部门的规定，组织实施体育课教学活动。

普通中小学校、农业中学、职业中学、中等专业学校各年级和普通高等学校的一、二年级必须开设体育课。普通高等学校对三年级以上学生开设体育选修课。

第八条 体育课教学应当遵循学生身心发展的规律，教学内容应当符合教学大纲的要求，符合学生年龄、性别特点和所在地区地理、气候条件。

体育课的教学形式应当灵活多样，不断改进教学方法，改善教学条件，提高教学质量。

第九条 体育课是学生毕业、升学考试科目。学生因病、残免修体育课或者免除体育课考试的，必须持医院证明，经学校体育教研室（组）审核同意，并报学校教务部门备案，记入学生健康档案。

---

① 《学校体育工作条例》，载人民教育出版社网站：http://www.pep.com.cn/tiyu/jszx123/zcfg/201009/t20100909_888084.htm.

第三章　课外体育活动

第十条　开展课外体育活动应当从实际情况出发，因地制宜，生动活泼。

普通中小学、农业中学、职业中学每天应当安排课间操，每周安排三次以上课外体育活动，保证学生每天有一小时体育活动的时间(含体育课)。

中等专业学校、普通高等学校除安排有体育课、劳动课的当天外，每天应当组织学生开展各种课外体育活动。

第十一条　学校应当在学生中认真推行《国家体育锻炼标准》的达标活动和等级运动员制度。学校可根据条件有计划地组织学生远足、野营和举办夏(冬)令营等多种形式的体育活动。

第四章　课余体育训练与竞赛

第十二条　学校应当在体育课教学和课外体育活动的基础上，开展多种形式的课余体育训练，提高学生的运动技术水平。有条件的普通中小学校、农业中学、职业中学、中等专业学校经省级教育行政部门批准，普通高等学校经国家教育委员会批准，可以开展培养优秀体育后备人才的训练。

第十三条　学校对参加课余体育训练的学生，应当安排好文化课学习，加强思想品德教育并注意改善他们的营养。普通高等学校对运动水平较高、具有培养前途的学生，报国家教育委员会批准，可适当延长学习年限。

第十四条 学校体育竞赛贯彻小型多样、单项分散、基层为主、勤俭节约的原则。学校每学年至少举行一次田径项目为主的全校性运动会。

普通小学校际体育竞赛在学校所在地的区、县范围内举行，普通中学校际体育竞赛在学校所在地的自治州、市范围内举行。但经省、自治区、直辖市教育行政部门批准，也可以在本省、自治区、直辖市范围内举行。

第十五条 全国中学生运动会每三年举行一次；全国大学生运动会每四年举行一次。特殊情况下，经国家教育委员会批准可提前或延期举行。

国家教育委员会根据需要，可以安排学生参加国际学生体育竞赛。

第十六条　学校体育竞赛应当执行国家有关的体育竞赛制度和规定，树立良好的赛风。

第五章　体育教师

第十七条　体育教师应当热爱学校体育工作，具有良好的思想品德、文化素养，掌握体育教育的理论和教学方法。

第十八条　学校应当在各级教育行政部门核定的教师总编制数内，按照教学计划中体育课授课时数所占的比例和开展课余体育活动的需要配备体育教师。除普通小学外，学校应当根据学校女生数量配备一定比例的女体育教师。承担培养优秀体育后备人才训练任务的学校，体育教师的配备应当相应增加。

第十九条　各级教育行政部门和学校应当有计划地安排体育教师进修培训。对体育教师的职务聘任、工资待遇应当与其他任课教师同等对待。按照国家有关规定，有关部门应当妥善解决体育教师的工作服装和粮食定量。

体育教师组织课间操(早操)、课外体育活动和课余训练、体育竞赛应当计算工作量。学校对妊娠、产后的女体育教师，应当依照《女职工劳动保护规定》给予相应的照顾。

第六章　场地、器材、设备和经费

第二十条　学校的上级主管部门和学校应当按照国家或者地方制订的各类学校体育场地、器材、设备标准，有计划地逐步配齐。学校体育器材应当纳入教学仪器供应计划。新建、改建学校必须按照有关场地、器材的规定进行规划、设计和建设。

在学校比较密集的城镇地区，逐步建立中、小学体育活动中心，并纳入城市建设规划。社会的体育场(馆)和体育设施应当安排一定时间免费向学生开放。

第二十一条　学校应当制定体育场地、器材、设备的管理维修制度，并由专人负责管理。任何单位或者个人不得侵占、破坏学校体育场地或者破坏体育器材、设备。

第二十二条　各级教育行政部门和学校应当根据学校体育工作的实际需要，把学校体育经费纳入核定的年度教育经费预算内，予以妥善安排。

地方各级人民政府在安排年度学校教育经费时，应当安排一定数额的体育经费，以保证学校体育工作的开展。

国家和地方各级体育行政部门在经费上应当尽可能对学校体育工作给予支持。

国家鼓励各种社会力量以及个人自愿捐资支援学校体育工作。

第七章　组织机构和管理

第二十三条　各级教育行政部门应当健全学校体育管理机构，加强对学校体育工作的指导和检查。

学校体育工作应当作为考核学校工作的一项基本内容。普通中小学校的体育工作应当列入督导计划。

第二十四条　学校应当由一位副校(院)长主管体育工作，在制订计划、总结工作、评选先进时，应当把体育工作列为重要内容。

第二十五条　普通高等学校、中等专业学校和规模较大的普通中学，可以建立相应的体育管理部门，配备专职干部和管理人员。

班主任、辅导员应当把学校体育工作作为一项工作内容，教育和督促学生积极参加体育活动。学校的卫生部门应当与体育管理部门互相配合，搞好体育卫生工作。总务部门应当搞好学校体育工作的后勤保障。

学校应当充分发挥共青团、少先队、学生会以及大、中学生体育协会等组织在学校体育工作中的作用。

第八章 奖励与处罚

第二十六条 对在学校体育工作中成绩显著的单位和个人，各级教育、体育行政部门或者学校应当给予表彰、奖励。

第二十七条 对违反本条例，有下列行为之一的单位或者个人，由当地教育行政部门令其限期改正，并视情节轻重对直接责任人员给予批评教育或者行政处分：

(一)不按规定开设或者随意停止体育课的；

(二)未保证学生每天一小时体育活动时间(含体育课)的；

(三)在体育竞赛中违反纪律、弄虚作假的；

(四)不按国家规定解决体育教师工作服装、粮食定量的。

第二十八条 对违反本条例，侵占、破坏学校体育场地、器材、设备的单位或者个人，由当地人民政府或者教育行政部门令其限期清退和修复场地、赔偿或者修复器材、设备。

第九章 附 则

第二十九条 高等体育院校和普通高等学校的体育专业的体育工作不适用本条例。

技工学校、工读学校、特殊教育学校、成人学校的学校体育工作参照本条例执行。

第三十条 国家教育委员会、国家体育运动委员会可根据本条例制定实施办法。

第三十一条 本条例自发布之日起施行。原教育部、国家体育运动委员会1979年10月5日发布的《高等学校体育工作暂行规定(试行草案)》和《中、小学体育工作暂行规定(试行草案)》同时废止。

中华人民共和国体育法[①]

中华人民共和国主席令第55号公布

根据2009年8月27日第十一届全国人民代表大会常务委员会第十次会议

① 《中华人民共和国体育法》，载国家体育总局网站：http://www.sport.gov.cn/n16/n1092/n16819/312031.html.

《关于修改部分法律的决定》修正

第一章　总　则

第一条　为了发展体育事业，增强人民体质，提高体育运动水平，促进社会主义物质文明和精神文明建设，根据宪法，制定本法。

第二条　国家发展体育事业，开展群众性的体育活动，提高全民族身体素质。体育工作坚持以开展全民健身活动为基础，实行普及与提高相结合，促进各类体育协调发展。

第三条　国家坚持体育为经济建设、国防建设和社会发展服务。体育事业应当纳入国民经济和社会发展计划。

国家推进体育管理体制改革。国家鼓励企业事业组织、社会团体和公民兴办和支持体育事业。

第四条　国务院体育行政部门主管全国体育工作。国务院其他有关部门在各自的职权范围内管理体育工作。

县级以上地方各级人民政府体育行政部门或者本级人民政府授权的机构主管本行政区域内的体育工作。

第五条　国家对青年、少年、儿童的体育活动给予特别保障，增进青年、少年、儿童的身心健康。

第六条　国家扶持少数民族地区发展体育事业，培养少数民族体育人才。

第七条　国家发展体育教育和体育科学研究，推广先进、实用的体育科学技术成果，依靠科学技术发展体育事业。

第八条　国家对在体育事业中做出贡献的组织和个人，给予奖励。

第九条　国家鼓励开展对外体育交往。对外体育交往坚持独立自主、平等互利、相互尊重的原则，维护国家主权和尊严，遵守中华人民共和国缔结或者参加的国际条约。

第二章　社会体育

第十条　国家提倡公民参加社会体育活动，增进身心健康。

社会体育活动应当坚持业余、自愿、小型多样，遵循因地制宜和科学文明的原则。

第十一条　国家推行全民健身计划，实施体育锻炼标准，进行体质监测。

国家实行社会体育指导员技术等级制度。社会体育指导员对社会体育活动进行指导。

第十二条　地方各级人民政府应当为公民参加社会体育活动创造必要的条件，支持、扶助群众性体育活动的开展。

城市应当发挥居民委员会等社区基层组织的作用，组织居民开展体育活动。

农村应当发挥村民委员会、基层文化体育组织的作用,开展适合农村特点的体育活动。

第十三条 国家机关、企业事业组织应当开展多种形式的体育活动,举办群众性体育竞赛。

第十四条 工会等社会团体应当根据各自特点,组织体育活动。

第十五条 国家鼓励、支持民族、民间传统体育项目的发掘、整理和提高。

第十六条 全社会应当关心、支持老年人、残疾人参加体育活动。各级人民政府应当采取措施,为老年人、残疾人参加体育活动提供方便。

第三章 学校体育

第十七条 教育行政部门和学校应当将体育作为学校教育的组成部分,培养德、智、体等全面发展的人才。

第十八条 学校必须开设体育课,并将体育课列为考核学生学业成绩的科目。

学校应当创造条件为病残学生组织适合其特点的体育活动。

第十九条 学校必须实施国家体育锻炼标准,对学生在校期间每天用于体育活动的时间给予保证。

第二十条 学校应当组织多种形式的课外体育活动,开展课外训练和体育竞赛,并根据条件每学年举行一次全校性的体育运动会。

第二十一条 学校应当按照国家有关规定,配备合格的体育教师,保障体育教师享受与其工作特点有关的待遇。

第二十二条 学校应当按照国务院教育行政部门规定的标准配置体育场地、设施和器材。

学校体育场地必须用于体育活动,不得挪作他用。

第二十三条 学校应当建立学生体格健康检查制度。教育、体育和卫生行政部门应当加强对学生体质的监测。

第四章 竞技体育

第二十四条 国家促进竞技体育发展,鼓励运动员提高体育运动技术水平,在体育竞赛中创造优异成绩,为国家争取荣誉。

第二十五条 国家鼓励、支持开展业余体育训练,培养优秀的体育后备人才。

第二十六条 参加国内、国际重大体育竞赛的运动员和运动队,应当按照公平、择优的原则选拔和组建。具体办法由国务院体育行政部门规定。

第二十七条 培养运动员必须实行严格、科学、文明的训练和管理;对运动员进行爱国主义、集体主义和社会主义教育,以及道德和纪律教育。

第二十八条　国家对优秀运动员在就业或者升学方面给予优待。

第二十九条　全国性的单项体育协会对本项目的运动员实行注册管理。经注册的运动员，可以根据国务院体育行政部门的规定，参加有关的体育竞赛和运动队之间的人员流动。

第三十条　国家实行运动员技术等级、裁判员技术等级和教练员专业技术职务等级制度。

第三十一条　国家对体育竞赛实行分级分类管理。

全国综合性运动会由国务院体育行政部门管理或者由国务院体育行政部门会同有关组织管理。

全国单项体育竞赛由该项运动的全国性协会负责管理。

地方综合性运动会和地方单项体育竞赛的管理办法由地方人民政府制定。

第三十二条　国家实行体育竞赛全国纪录审批制度，全国纪录由国务院体育行政部门确认。

第三十三条　在竞技体育活动中发生纠纷，由体育仲裁机构负责调解、仲裁。

体育仲裁机构的设立办法和仲裁范围由国务院另行规定。

第三十四条　体育竞赛实行公平竞争的原则。体育竞赛的组织者和运动员、教练员、裁判员应当遵守体育道德，不得弄虚作假、营私舞弊。

在体育运动中严禁使用禁用的药物和方法。禁用药物检测机构应当对禁用的药物和方法进行严格检查。

严禁任何组织和个人利用体育竞赛从事赌博活动。

第三十五条　在中国境内举办的重大体育竞赛，其名称、徽记、旗帜及吉祥物等标志按照国家有关规定予以保护。

第五章　体育社会团体

第三十六条　国家鼓励、支持体育社会团体按照其章程，组织和开展体育活动，推动体育事业的发展。

第三十七条　各级体育总会是联系、团结运动员和体育工作者的群众性体育组织，应当在发展体育事业中发挥作用。

第三十八条　中国奥林匹克委员会是以发展和推动奥林匹克运动为主要任务的体育组织，代表中国参与国际奥林匹克事务。

第三十九条　体育科学社会团体是体育科学技术工作者的学术性群众组织，应当在发展体育科技事业中发挥作用。

第四十条　全国性的单项体育协会管理该项运动的普及与提高工作，代表中国参加相应的国际单项体育组织。

第六章　保障条件

第四十一条　县级以上各级人民政府应当将体育事业经费体育基本建设资金列入本级财政预算和基本建设投资计划，并随着国民经济的发展逐步增加对体育事业的投入。

第四十二条　国家鼓励企业事业组织和社会团体自筹资金发展体育事业，鼓励组织和个人对体育事业的捐赠和赞助。

第四十三条　国家有关部门应当加强对体育资金的管理，任何组织和个人不得挪用、克扣体育资金。

第四十四条　县级以上各级人民政府体育行政部门对以健身、竞技等体育活动为内容的经营活动，应当按照国家有关规定加强管理和监督。

第四十五条　县级以上地方各级人民政府应当按照国家对城市公共体育设施用地定额指标的规定，将城市公共体育设施建设纳入城市建设规划和土地利用总体规划，合理布局，统一安排。

城市在规划企业、学校、街道和居住区时，应当将体育设施纳入建设规划。

乡、民族乡、镇应当随着经济发展，逐步建设和完善体育设施。

第四十六条　公共体育设施应当向社会开放，方便群众开展体育活动，对学生、老年人、残疾人实行优惠办法，提高体育设施的利用率。

任何组织和个人不得侵占、破坏公共体育设施。因特殊情况需要临时占用体育设施的，必须经体育行政部门和建设规划部门批准，并及时归还；按照城市规划改变体育场地用途的，应当按照国家有关规定，先行择地新建偿还。

（根据 2009 年 8 月 27 日第十一届全国人民代表大会常务委员会第十次会议《关于修改部分法律的决定》，第四十七条已被删去）

第四十八条　国家发展体育专业教育，建立各类体育专业院校、系、科，培养运动、训练、教学、科学研究、管理以及从事群众体育等方面的专业人员。

国家鼓励企业事业组织、社会团体和公民依法举办体育专业教育。

第七章　法律责任

第四十九条　在竞技体育中从事弄虚作假等违反纪律和体育规则的行为，由体育社会团体按照章程规定给予处罚；对国家工作人员中的直接责任人员，依法给予行政处分。

第五十条　在体育运动中使用禁用的药物和方法的，由体育社会团体按照章程规定给予处罚；对国家工作人员中的直接责任人员，依法给予行政处分。

第五十一条　利用竞技体育从事赌博活动的，由体育行政部门协助公安机关责令停止违法活动，并由公安机关依照治安管理处罚法的有关规定给予处罚。

在竞技体育活动中，有贿赂、诈骗、组织赌博行为，构成犯罪的，依法追究刑事责任。

第五十二条　侵占、破坏公共体育设施的，由体育行政部门责令限期改正，并依法承担民事责任。

有前款所列行为，违反治安管理的，由公安机关依照治安管理处罚法的有关规定给予处罚；构成犯罪的，依法追究刑事责任。

第五十三条　在体育活动中，寻衅滋事、扰乱公共秩序的，给予批评、教育并予以制止；违反治安管理的，由公安机关依照治安管理处罚法的规定给予处罚；构成犯罪的，依法追究刑事责任。

第五十四条　违反国家财政制度、财务制度，挪用、克扣体育资金的，由上级机关责令限期归还被挪用、克扣的资金，并对直接负责的主管人员和其他直接责任人员，依法给予行政处分；构成犯罪的，依法追究刑事责任。

第八章　附　则

第五十五条　军队开展体育活动的具体办法由中央军事委员会依照本法制定。

第五十六条　本法自 1995 年 10 月 1 日起施行。

第五十七条　用于全国性、国际性体育竞赛的体育器材和用品，必须经国务院体育行政部门指定的机构审定。

教育部关于印发《全国普通高等学校体育课程教学指导纲要》的通知[①]

教体艺[2002]13 号

现将《全国普通高等学校体育课程教学指导纲要》(以下简称《纲要》)印发给你们，请各主管部门转发所属高校。

《纲要》自 2002 年新学年开始先在教育部直属高校中施行，以取得经验。2003 年新学年开始在全国所有普通高校中施行。各地、各校在施行中有何意见和建议请及时告我部体育卫生与艺术教育司。已经施行《纲要》的学校即不再施行教体[1992]11 号文件。

① 《教育部关于印发〈全国普通高等学校体育课程教学指导纲要〉的通知》，载教育部网站：http://www.moe.gov.cn/publicfiles/business/htmlfiles/moe/moe_28/201001/80824.html.

全国普通高等学校体育课程教学指导纲要

为了全面贯彻党的教育方针，促进学生的健康发展，使当代大学生成为社会主义事业的建设者和接班人，根据《中共中央国务院关于深化教育改革全面推进素质教育的决定》和国务院批准发布实行的《学校体育工作条例》的精神，在总结高等学校体育课程建设和教学改革经验的基础上，特制定本纲要。

本纲要是国家对大学生在体育课程方面的基本要求，是新时期普通高等学校制订体育课程教学大纲，进行体育课程建设和评价的依据。

一、课程性质

第一条　体育课程是大学生以身体练习为主要手段，通过合理的体育教育和科学的体育锻炼过程，达到增强体质、增进健康和提高体育素养为主要目标的公共必修课程；是学校课程体系的重要组成部分；是高等学校体育工作的中心环节。

第二条　体育课程是寓促进身心和谐发展、思想品德教育、文化科学教育、生活与体育技能教育于身体活动并有机结合的教育过程；是实施素质教育和培养全面发展的人才的重要途径。

二、课程目标

第三条　基本目标

基本目标是根据大多数学生的基本要求而确定的，分为五个领域目标。

运动参与目标：积极参与各种体育活动并基本形成自觉锻炼的习惯，基本形成终身体育的意识，能够编制可行的个人锻炼计划，具有一定的体育文化欣赏能力。

运动技能目标：熟练掌握两项以上健身运动的基本方法和技能；能科学地进行体育锻炼，提高自己的运动能力；掌握常见运动创伤的处置方法。

身体健康目标：能测试和评价体质健康状况，掌握有效提高身体素质、全面发展体能的知识与方法；能合理选择人体需要的健康营养食品；养成良好的行为习惯，形成健康的生活方式；具有健康的体魄。

心理健康目标：根据自己的能力设置体育学习目标；自觉通过体育活动改善心理状态、克服心理障碍，养成积极乐观的生活态度；运用适宜的方法调节自己的情绪；在运动中体验运动的乐趣和成功的感觉。

社会适应目标：表现出良好的体育道德和合作精神；正确处理竞争与合作的关系。

第四条　发展目标

发展目标是针对部分学有所长和有余力的学生确定的，也可作为大多数学生的努力目标，分为五个领域目标。

运动参与目标：形成良好的体育锻炼习惯；能独立制订适用于自身需要的健身运动处方；具有较高的体育文化素养和观赏水平。

运动技能目标：积极提高运动技术水平，发展自己的运动才能，在某个运动项目上达到或相当于国家等级运动员水平；能参加有挑战性的野外活动和运动竞赛。

身体健康目标：能选择良好的运动环境，全面发展体能，提高自身科学锻炼的能力，练就强健的体魄。

心理健康目标：在具有挑战性的运动环境中表现出勇敢顽强的意志品质。

社会适应目标：形成良好的行为习惯，主动关心、积极参加社区体育事务。

三、课程设置

第五条　普通高等学校的一、二年级必须开设体育课程（四个学期共计 144 学时）。修满规定学分、达到基本要求是学生毕业、获得学位的必要条件之一。

第六条　普通高等学校对三年级以上学生（包括研究生）开设体育选修课。

四、课程结构

第七条　为实现体育课程目标，应使课堂教学与课外、校外的体育活动有机结合，学校与社会紧密联系。要把有目的、有计划、有组织的课外体育锻炼、校外（社会、野外）活动、运动训练等纳入体育课程，形成课内外、校内外有机联系的课程结构。

第八条　根据学校教育的总体要求和体育课程的自身规律，应面向全体学生开设多种类型的体育课程，可以打破原有的系别、班级建制，重新组合上课，以满足不同层次、不同水平、不同兴趣学生的需要。重视理论与实践相结合，在运动实践教学中注意渗透相关理论知识，并运用多种形式和现代教学手段，安排约 10%的理论教学内容（每学期约 4 学时），扩大体育的知识面，提高学生的认知能力。

第九条　要充分发挥学生的主体作用和教师的主导作用，努力倡导开放式、探究式教学，努力拓展体育课程的时间和空间。在教师的指导下，学生应具有自主选择课程内容、自主选择任课教师、自主选择上课时间的自由度，营造生动、活泼、主动的学习氛围。

第十条　应把校运动队及部分确有运动特长学生的专项运动训练纳入体育课程之中。对部分身体异常和病、残、弱及个别高龄等特殊群体的学生，开设以康复、保健为主的体育课程。

五、课程内容与教学方法

第十一条　确定体育课程内容的主要原则是：

健身性与文化性相结合。紧扣课程的主要目标，把“健康第一”的指导思想作为确定课程内容的基本出发点，同时重视课程内容的体育文化含量。

选择性与实效性相结合。学校应根据学生的特点以及地域、气候、场馆设施等不同情况确定课程内容，课程内容应力求丰富多彩，为学生提供较大的选择空间。要注意课程内容对促进学生健康发展的实效性，并注意与中学体育课程内容的衔接。

科学性和可接受性相结合。教学内容应与学科发展相适应，反映本学科的新进展、新成果。要以人为本，遵循大学生的身心发展规律和兴趣爱好，既要考虑主动适应学生个性发展的需要，也要考虑主动适应社会发展的需要，为学生所用，便于学生课外自学、自练。

民族性与世界性相结合。弘扬我国民族传统体育，汲取世界优秀体育文化，体现时代性、发展性、民族性和中国特色。

充分反映和体现教育部、国家体育总局制定的《学生体质健康标准（试行方案）》的内容和要求。

第十二条　教学方法要讲究个性化和多样化，提倡师生之间、学生与学生之间的多边互助活动，努力提高学生参与的积极性，最大限度地发挥学生的创造性。不仅要注重教法的研究，更要加强对学生学习方法和练习方法的指导，提高学生自学、自练的能力。

六、课程建设与课程资源的开发

第十三条　体育教师是课程教学的具体执行者和组织者。学校应当在上级行政部门核定的教师总编制内，按照体育课程教学计划授课、开展课外体育活动以及完成培养优秀体育人才训练的任务，配备相应数量合格的体育教师。

第十四条　体育教师要与时俱进，努力提高自身的政治、业务素养。学校应当有目的、有计划地安排体育教师定期接受教育培训，不断完善他们的知识结构、能力结构，逐步提高学历水平，从而提高体育师资队伍的整体水平，以适应现代教育的需要。

第十五条　体育教师在强化培养人才职能的基础上，逐步加强学校体育科学研究的职能和社会服务（含社区体育）的职能，开展经常性的科学研究和教育教学的研究，不断推广优秀教学成果。

第十六条　学校应当按照教育部发布的“普通高等学校体育场馆设施、器材配备目录”及有关规定进行规划和建设，创造条件满足体育课程的实际需要，采取措施延长体育场馆、设施的开放时间，提高对各项体育设施的利用率。

第十七条　要建立、健全体育课程的各项规章制度和教师培养聘任制度；各类教学文件和教师、学生考核资料须归档立案；建立《学生体质健康标准》测试管理系统；建立体育场馆设施、器材的管理系统；逐步实现体育课程管理的科学化、系统化和计算机网络化。

第十八条　各校应根据本纲要和学校的实际情况制订教学大纲，自主选择教学内容，有的放矢地进行教学改革和试验，加强教学过程控制，防止以改革之名行无政府主义之实的不良现象发生。根据体育课程的实际情况，为确保教学质量，课堂教学班人数一般以 30 人左右为宜。

第十九条　体育课程教材的审定工作由教育部全国高校体育教学指导委员会统一规划与组织。本着"一纲多本"的原则，博采众长编写高质量的教材。未经全国高校体育课程教学指导委员会审定通过的体育课程教材，各地、各高校均不得选用，以杜绝质量低劣的教材进入课堂。

第二十条　因时因地制宜开发利用各种课程资源是课程建设的重要途径。如：充分利用校内外有体育特长的教师、班主任、校医、家长、学生骨干等，开发人力资源。

充分利用校内外的体育场馆设施，合理布局，合理使用有限的物力和财力，开发体育设施资源。

做好现有运动项目的改造和对新兴、传统体育项目的利用，开发运动项目资源。

充分利用各种媒体（广播、电视、网络等）获取信息，不断充实、更新课程内容。

充分利用课外时间和节假日，开展家庭体育、社区体育、体育夏（冬）令营、体育节、郊游等各种体育活动，开发课外和校外体育资源。

充分利用空气、阳光、水、江、河、湖、海、沙滩、田野、森林、山地、草原、雪原、荒原等条件，开展野外生存、生活方面的教学与训练，开发自然环境资源。

七、课程评价

第二十一条　体育课程评价包括对学生的学习、教师的教学和课程建设等三个方面。学生的学习评价应是对学习效果和过程的评价，主要包括体能与运动技能、认知、学习态度与行为、交往与合作精神、情意表现等，通过学生自评、互评和教师评定等方式进行。评价中应淡化甄别、选拔功能，强化激励、发展功能，把学生的进步幅度纳入评价内容。教师的教学评价内容主要包括教师业务素养（专业素质、教学能力、科研能力、教学工作量）和课堂教学两个方面，可通过教师自评、学生评价、同行专家评议等方式进行。课程建设评价的内容主要包括课程结构体系、课程内容、教材建设、课程管理、师资配备与培训、体育经费、场馆设施以及课程目标的达成程度等，采用多元综合评价的方式进行。评价过程中，应重视学生的学习效果和反应，重视社会有关方面的评价意见。

第二十二条　体育课程建设的评价由教育部组织进行。各省、自治区、直辖市教育行政部门应根据教育部有关规定制定评价方案，定期表彰和奖励有突出贡献的个人和成绩优秀的单位。教育部在四年一次的全国大学生运动会上进行全国性表彰和奖励，充分发挥教育评价的导向和激励作用。

八、附则

第二十三条　本纲要适用于全国普通高等学校。普通高等学校体育类专业不适用本纲要。

教育部关于印发《高等学校体育工作基本标准》的通知①

教体艺[2014]4号

各省、自治区、直辖市教育厅(教委)，新疆生产建设兵团教育局，有关部门(单位)教育司(局)，部属各高等学校：

现将《高等学校体育工作基本标准》(以下简称《基本标准》)印发给你们，请遵照执行。

《基本标准》是对全日制普通高等学校体育工作的基本要求，也是评估、检查高等学校体育工作的重要依据，凡是达不到《基本标准》要求、学生体质健康水平连续三年下降的学校，在"高等学校本科教学工作水平评估"中不得评为合格等级，各省(区、市)不得批准其为高水平运动队建设学校。

各高等学校要充分认识加强学校体育工作的重要意义，牢固树立健康第一的指导思想，把体育工作摆上重要位置，切实加强领导和规范管理，认真落实《基本标准》。

教育部将适时组织开展面向所有高校的《基本标准》达标工作专项评估、检查，凡不达标的学校，将予以通报并限期整改，整改期间高水平运动队建设学校停止招收运动队新生。

请将此件转发至所属高校。

教育部

2014年6月11日

① 《教育部关于印发〈高等学校体育工作基本标准〉的通知》，载教育部网站：http://www.moe.gov.cn/publicfiles/business/htmlfiles/moe/s3273/201407/xxgk_171180.html。

高等学校体育工作基本标准

为落实立德树人根本任务，加强高等学校体育工作，切实提高高校学生体质健康水平，促进学生全面发展，根据国家有关规定，制定本标准。本标准适用于普通本科学校和高等职业学校的体育工作。

一、体育工作规划与发展

1. 全面贯彻党的教育方针，服务立德树人根本任务，将学校体育纳入学校全面实施素质教育的各项工作，认真执行国家教育发展规划、规章制度及各项要求。创新人才培养模式，使学生掌握科学锻炼的基础知识、基本技能和有效方法，学会至少两项终身受益的体育锻炼项目，养成良好锻炼习惯。挖掘学校体育在学生道德教育、智力发展、身心健康、审美素养和健康生活方式形成中的多元育人功能，有计划、有制度、有保障地促进学校体育与德育、智育、美育有机融合，提高学生综合素质。

2. 统筹规划学校体育发展，把增强学生体质和促进学生健康作为学校教育的基本目标之一和重要工作内容，纳入学校总体发展规划，全面发挥体育在学校人才培养、科学研究、社会服务和文化传承中不可替代的作用。制订阳光体育运动工作方案，明确工作目标、具体任务、保障措施和责任分工，并落实各项工作。

3. 设置体育工作机构，配备专职干部、教师和工作人员，并赋予其统筹开展学校体育工作的各项管理职能。实行学校领导分管负责制（或体育工作委员会制），每年至少召开一次体育工作专题会议，有针对性地解决实际问题。学校各有关部门积极协同配合，合理分工，明确人员，落实责任。

4. 加强学校体育工作管理，在学校体育改革发展、教育教学、教研科研、竞赛活动、社会服务等各项工作领域制订规范文件、健全管理制度、加强过程监测。建立科学规范的学校体育工作评价机制，并纳入综合办学水平和教育教学质量评价体系。

二、体育课程设置与实施

5. 严格执行《全国普通高等学校体育课程教学指导纲要》，必须为一、二年级本科学生开设不少于 144 学时（专科生不少于 108 学时）的体育必修课，每周安排体育课不少于 2 学时，每学时不少于 45 分钟。为其他年级学生和研究生开设体育选修课，选修课成绩计入学生学分。每节体育课学生人数原则上不超过 30 人。

6. 深入推进课程改革，合理安排教学内容，开设不少于 15 门的体育项目。每节体育课须保证一定的运动强度，其中提高学生心肺功能的锻炼内容不得少于30%；要将反映学生心肺功能的素质锻炼项目作为考试内容，考试分数的权重不得少于30%。

7.创新教育教学方式，指导学生科学锻炼，增强体育教学的吸引力、特色性和实效性。建立体育教研、科研制度，形成高水平研究团队，多渠道开展以提高学生体质健康、教学质量、课余训练、体育文化水平等为目标的战略性、前瞻性、应用性项目研究，带动学校体育工作整体水平提高。

三、课外体育活动与竞赛

8.将课外体育活动纳入学校教学计划，健全制度、完善机制、加强保障。面向全体学生设置多样化、可选择、有实效的锻炼项目，组织学生每周至少参加三次课外体育锻炼，切实保证学生每天一小时体育活动时间。

9.学校每年组织春、秋季综合性学生运动会（或体育文化节），设置学生喜闻乐见、易于参与的竞技性、健身性和民族性体育项目，参与运动会的学生达到50%以上。经常组织校内体育比赛，支持院系、专业或班级学生开展体育竞赛和交流等活动。

10.注重培养学生体育特长，有效发挥体育特长生和学生体育骨干的示范作用，组建学生体育运动队，科学开展课余训练，组织学生参加教育和体育部门举办的体育竞赛。

11.加强校园体育文化建设，促进中华优秀体育文化传承创新。学校成立不少于20个学生体育社团，采取鼓励和支持措施定期开展活动，形成良好的校园体育传统和特色。开展对外体育交流与合作。通过校报、公告栏和校园网等形式，定期通报学生体育活动情况，传播健康理念。

12.因地制宜开展社会服务。支持体育教师适度参与国内外重大体育比赛的组织、裁判等社会实践工作。鼓励体育教师指导中小学体育教学、训练和参与社区健身辅导等公益活动。支持学校师生为政府及社会举办的体育活动提供志愿服务。

四、学生体质监测与评价

13.全面实施《国家学生体质健康标准》，建立学生体质健康测试中心，安排专门人员负责，完善工作条件，每年对所有学生进行体质健康测试，测试成绩向学生反馈，并将测试结果经教育部门审核后上报国家学生体质健康标准数据管理系统，形成本校学生体质健康年度报告。及时在校内公布学生体质健康测试总体结果。

14.建立健全《国家学生体质健康标准》管理制度，学生测试成绩列入学生档案，作为对学生评优、评先的重要依据。毕业时，学生测试成绩达不到50分者按结业处理（因病或残疾学生，凭医院证明向学校提出申请并经审核通过后可准予毕业)。毕业年级学生测试成绩及格率须达95%以上。

15.将学生体质健康状况作为衡量学校办学水平的重要指标。将体质健康状况、体育课成绩、参与体育活动等情况作为学生综合素质评价的重要内容。

16.建立学生体质健康状况分析和研判机制,根据学生体质健康状况制定干预措施,视情况采取分类教学、个别辅导等必要措施,指导学生有针对性地进行体育锻炼,切实改进体育工作,提高全体学生体质健康水平。

五、基础能力建设与保障

17.健全学校体育保障机制,学校体育工作经费纳入学校经费预算,并与学校教育事业经费同步增长。加强学校体育活动的安全教育、伤害预防和风险管理,建立健全校园体育活动意外伤害保险制度,妥善处置伤害事件。

18.根据体育课教学、课外体育活动、课余训练竞赛和实施《国家学生体质健康标准》等工作需要,合理配备体育教师。体育教师年龄、专业、学历和职称结构合理,健全体育教师职称评定、学术评价、岗位聘任和学习进修等制度。

19.将体育教学、课外体育活动、课余训练竞赛和实施《国家学生体质健康标准》等工作纳入教师工作量,保证体育教师与其他学科(专业)教师工作量的计算标准一致,实行同工同酬。

20.体育场馆、设施和器材等符合国家配备、安全和质量标准,完善配备、管理、使用等规章制度,基本满足学生参加体育锻炼的需求。定时维护体育场馆、设施,及时更新、添置易耗、易损体育器材。体育场馆、设施在课余和节假日向学生免费或优惠开放。

中华人民共和国教育部令①

(第12号)

《学生伤害事故处理办法》已于2002年3月26日经部务会议讨论通过,现予发布,自2002年9月1日起施行。

部长 陈至立

2002年6月25日

① 《中华人民共和国教育部令——学生伤害事故处理办法》,载教育部网站:http://www.moe.gov.cn/publicfiles/business/htmlfiles/moe/moe_621/201001/xxgk_81855.html。

学生伤害事故处理办法

第一章　总　则

第一条　为积极预防、妥善处理在校学生伤害事故，保护学生、学校的合法权益，根据《中华人民共和国教育法》《中华人民共和国未成年人保护法》和其他相关法律、行政法规及有关规定，制定本办法。

第二条　在学校实施的教育教学活动或者学校组织的校外活动中，以及在学校负有管理责任的校舍、场地、其他教育教学设施、生活设施内发生的，造成在校学生人身损害后果的事故的处理，适用本办法。

第三条　学生伤害事故应当遵循依法、客观公正、合理适当的原则，及时、妥善地处理。

第四条　学校的举办者应当提供符合安全标准的校舍、场地、其他教育教学设施和生活设施。

教育行政部门应当加强学校安全工作，指导学校落实预防学生伤害事故的措施，指导、协助学校妥善处理学生伤害事故，维护学校正常的教育教学秩序。

第五条　学校应当对在校学生进行必要的安全教育和自护自救教育；应当按照规定，建立健全安全制度，采取相应的管理措施，预防和消除教育教学环境中存在的安全隐患；当发生伤害事故时，应当及时采取措施救助受伤害学生。

学校对学生进行安全教育、管理和保护，应当针对学生年龄、认知能力和法律行为能力的不同，采用相应的内容和预防措施。

第六条　学生应当遵守学校的规章制度和纪律；在不同的受教育阶段，应当根据自身的年龄、认知能力和法律行为能力，避免和消除相应的危险。

第七条　未成年学生的父母或者其他监护人（以下称为监护人）应当依法履行监护职责，配合学校对学生进行安全教育、管理和保护工作。

学校对未成年学生不承担监护职责，但法律有规定的或者学校依法接受委托承担相应监护职责的情形除外。

第二章　事故与责任

第八条　学生伤害事故的责任，应当根据相关当事人的行为与损害后果之间的因果关系依法确定。

因学校、学生或者其他相关当事人的过错造成的学生伤害事故，相关当事人应当根据其行为过错程度的比例及其与损害后果之间的因果关系承担相应的责任。当事人的行为是损害后果发生的主要原因，应当承担主要责任；当事人的行为是损害后果发生的非主要原因，承担相应的责任。

第九条 因下列情形之一造成的学生伤害事故，学校应当依法承担相应的责任：

（一）学校的校舍、场地、其他公共设施，以及学校提供给学生使用的学具、教育教学和生活设施、设备不符合国家规定的标准，或者有明显不安全因素的；

（二）学校的安全保卫、消防、设施设备管理等安全管理制度有明显疏漏，或者管理混乱，存在重大安全隐患，而未及时采取措施的；

（三）学校向学生提供的药品、食品、饮用水等不符合国家或者行业的有关标准、要求的；

（四）学校组织学生参加教育教学活动或者校外活动，未对学生进行相应的安全教育，并未在可预见的范围内采取必要的安全措施的；

（五）学校知道教师或者其他工作人员患有不适宜担任教育教学工作的疾病，但未采取必要措施的；

（六）学校违反有关规定，组织或者安排未成年学生从事不宜未成年人参加的劳动、体育运动或者其他活动的；

（七）学生有特异体质或者特定疾病，不宜参加某种教育教学活动，学校知道或者应当知道，但未予以必要的注意的；

（八）学生在校期间突发疾病或者受到伤害，学校发现，但未根据实际情况及时采取相应措施，导致不良后果加重的；

（九）学校教师或者其他工作人员体罚或者变相体罚学生，或者在履行职责过程中违反工作要求、操作规程、职业道德或者其他有关规定的；

（十）学校教师或者其他工作人员在负有组织、管理未成年学生的职责期间，发现学生行为具有危险性，但未进行必要的管理、告诫或者制止的；

（十一）对未成年学生擅自离校等与学生人身安全直接相关的信息，学校发现或者知道，但未及时告知未成年学生的监护人，导致未成年学生因脱离监护人的保护而发生伤害的；

（十二）学校有未依法履行职责的其他情形的。

第十条 学生或者未成年学生监护人由于过错，有下列情形之一，造成学生伤害事故，应当依法承担相应的责任：

（一）学生违反法律法规的规定，违反社会公共行为准则、学校的规章制度或者纪律，实施按其年龄和认知能力应当知道具有危险或者可能危及他人的行为的；

（二）学生行为具有危险性，学校、教师已经告诫、纠正，但学生不听劝阻、拒不改正的；

（三）学生或者其监护人知道学生有特异体质，或者患有特定疾病，但未告知学校的；

(四)未成年学生的身体状况、行为、情绪等有异常情况，监护人知道或者已被学校告知，但未履行相应监护职责的；

(五)学生或者未成年学生监护人有其他过错的。

第十一条　学校安排学生参加活动，因提供场地、设备、交通工具、食品及其他消费与服务的经营者，或者学校以外的活动组织者的过错造成的学生伤害事故，有过错的当事人应当依法承担相应的责任。

第十二条　因下列情形之一造成的学生伤害事故，学校已履行了相应职责，行为并无不当的，无法律责任：

(一)地震、雷击、台风、洪水等不可抗的自然因素造成的；

(二)来自学校外部的突发性、偶发性侵害造成的；

(三)学生有特异体质、特定疾病或者异常心理状态，学校不知道或者难于知道的；

(四)学生自杀、自伤的；

(五)在对抗性或者具有风险性的体育竞赛活动中发生意外伤害的；

(六)其他意外因素造成的。

第十三条　下列情形下发生的造成学生人身损害后果的事故，学校行为并无不当的，不承担事故责任；事故责任应当按有关法律法规或者其他有关规定认定：

(一)在学生自行上学、放学、返校、离校途中发生的；

(二)在学生自行外出或者擅自离校期间发生的；

(三)在放学后、节假日或者假期等学校工作时间以外，学生自行滞留学校或者自行到校发生的；

(四)其他在学校管理职责范围外发生的。

第十四条　因学校教师或者其他工作人员与其职务无关的个人行为，或者因学生、教师及其他个人故意实施的违法犯罪行为，造成学生人身损害的，由致害人依法承担相应的责任。

第三章　事故处理程序

第十五条　发生学生伤害事故，学校应当及时救助受伤害学生，并应当及时告知未成年学生的监护人；有条件的，应当采取紧急救援等方式救助。

第十六条　发生学生伤害事故，情形严重的，学校应当及时向主管教育行政部门及有关部门报告；属于重大伤亡事故的，教育行政部门应当按照有关规定及时向同级人民政府和上一级教育行政部门报告。

第十七条　学校的主管教育行政部门应学校要求或者认为必要，可以指导、协助学校进行事故的处理工作，尽快恢复学校正常的教育教学秩序。

第十八条　发生学生伤害事故，学校与受伤害学生或者学生家长可以通过协商方式解决；双方自愿，可以书面请求主管教育行政部门进行调解。

成年学生或者未成年学生的监护人也可以依法直接提起诉讼。

第十九条　教育行政部门收到调解申请，认为必要的，可以指定专门人员进行调解，并应当在受理申请之日起 60 日内完成调解。

第二十条　经教育行政部门调解，双方就事故处理达成一致意见的，应当在调解人员的见证下签订调解协议，结束调解；在调解期限内，双方不能达成一致意见，或者调解过程中一方提起诉讼，人民法院已经受理的，应当终止调解。

调解结束或者终止，教育行政部门应当书面通知当事人。

第二十一条　对经调解达成的协议，一方当事人不履行或者反悔的，双方可以依法提起诉讼。

第二十二条　事故处理结束，学校应当将事故处理结果书面报告主管的教育行政部门；重大伤亡事故的处理结果，学校主管的教育行政部门应当向同级人民政府和上一级教育行政部门报告。

第四章　事故损害的赔偿

第二十三条　对发生学生伤害事故负有责任的组织或者个人，应当按照法律法规的有关规定，承担相应的损害赔偿责任。

第二十四条　学生伤害事故赔偿的范围与标准，按照有关行政法规、地方性法规或者最高人民法院司法解释中的有关规定确定。

教育行政部门进行调解时，认为学校有责任的，可以依照有关法律法规及国家有关规定，提出相应的调解方案。

第二十五条　对受伤害学生的伤残程度存在争议的，可以委托当地具有相应鉴定资格的医院或者有关机构，依据国家规定的人体伤残标准进行鉴定。

第二十六条　学校对学生伤害事故负有责任的，根据责任大小，适当予以经济赔偿，但不承担解决户口、住房、就业等与救助受伤害学生、赔偿相应经济损失无直接关系的其他事项。

学校无责任的，如果有条件，可以根据实际情况，本着自愿和可能的原则，对受伤害学生给予适当的帮助。

第二十七条　因学校教师或者其他工作人员在履行职务中的故意或者重大过失造成的学生伤害事故，学校予以赔偿后，可以向有关责任人员追偿。

第二十八条　未成年学生对学生伤害事故负有责任的，由其监护人依法承担相应的赔偿责任。

学生的行为侵害学校教师及其他工作人员以及其他组织、个人的合法权益，造成损失的，成年学生或者未成年学生的监护人应当依法予以赔偿。

第二十九条　根据双方达成的协议、经调解形成的协议或者人民法院的生效判决，应当由学校负担的赔偿金，学校应当负责筹措；学校无力完全筹措的，由学校的主管部门或者举办者协助筹措。

第三十条　县级以上人民政府教育行政部门或者学校举办者有条件的，可以通过设立学生伤害赔偿准备金等多种形式，依法筹措伤害赔偿金。

第三十一条　学校有条件的，应当依据保险法的有关规定，参加学校责任保险。

教育行政部门可以根据实际情况，鼓励中小学参加学校责任保险。

提倡学生自愿参加意外伤害保险。在尊重学生意愿的前提下，学校可以为学生参加意外伤害保险创造便利条件，但不得从中收取任何费用。

第五章　事故责任者的处理

第三十二条　发生学生伤害事故，学校负有责任且情节严重的，教育行政部门应当根据有关规定，对学校的直接负责的主管人员和其他直接责任人员，分别给予相应的行政处分；有关责任人的行为触犯刑律的，应当移送司法机关依法追究刑事责任。

第三十三条　学校管理混乱，存在重大安全隐患的，主管的教育行政部门或者其他有关部门应当责令其限期整顿；对情节严重或者拒不改正的，应当依据法律法规的有关规定，给予相应的行政处罚。

第三十四条　教育行政部门未履行相应职责，对学生伤害事故的发生负有责任的，由有关部门对直接负责的主管人员和其他直接责任人员分别给予相应的行政处分；有关责任人的行为触犯刑律的，应当移送司法机关依法追究刑事责任。

第三十五条　违反学校纪律，对造成学生伤害事故负有责任的学生，学校可以给予相应的处分；触犯刑律的，由司法机关依法追究刑事责任。

第三十六条　受伤害学生的监护人、亲属或者其他有关人员，在事故处理过程中无理取闹，扰乱学校正常教育教学秩序，或者侵犯学校、学校教师或者其他工作人员的合法权益的，学校应当报告公安机关依法处理；造成损失的，可以依法要求赔偿。

第六章　附　则

第三十七条　本办法所称学校，是指国家或者社会力量举办的全日制的中小学（含特殊教育学校）、各类中等职业学校、高等学校。

本办法所称学生是指在上述学校中全日制就读的受教育者。

第三十八条　幼儿园发生的幼儿伤害事故，应当根据幼儿为完全无行为能力人的特点，参照本办法处理。

第三十九条　其他教育机构发生的学生伤害事故，参照本办法处理。

在学校注册的其他受教育者在学校管理范围内发生的伤害事故，参照本办法处理。

第四十条　本办法自2002年9月1日起实施，原国家教委、教育部颁布的与学生人身安全事故处理有关的规定，与本办法不符的，以本办法为准。

在本办法实施之前已处理完毕的学生伤害事故不再重新处理。

教育部国家体育总局共青团中央关于开展全国亿万学生阳光体育运动的通知①

教体艺[2006]6号

各省、自治区、直辖市教育厅(教委)、体育局、团委，新疆生产建设兵团教育局、体育局、团委：

为全面贯彻党的教育方针，认真落实"健康第一"的指导思想，在全国亿万学生中掀起群众性体育锻炼的热潮，切实提高学生体质健康水平，教育部、国家体育总局、共青团中央共同决定，从2007年开始，结合《学生体质健康标准》的全面实施，在全国各级各类学校中广泛、深入地开展全国亿万学生阳光体育运动(以下简称阳光体育运动)。现将有关事项通知如下：

1. 开展阳光体育运动，要进一步提高对体育的认识。各级教育行政部门、体育行政部门、共青团组织和各级各类学校要把开展阳光体育运动作为全面推进素质教育的重要突破口和主要工作方面，作为加强学校体育工作，提高全体学生体质健康水平的主要举措，认真组织实施。动员起来，组织起来，在全国大、中、小学中掀起阳光体育运动的热潮，形成全员参与的群众性体育锻炼的良好风气。

2. 开展阳光体育运动，要以"达标争优、强健体魄"为目标。用3年时间，使85%以上的学校能全面实施《学生体质健康标准》，使85%以上的学生能做到每天锻炼一小时，达到《学生体质健康标准》及格等级以上，掌握至少2项日常锻炼的体育技能，形成良好的体育锻炼习惯，体质健康水平切实得到提高。

3. 开展阳光体育运动，要以全面实施《学生体质健康标准》为基础。建立和完善《学生体质健康标准》测试结果记录体系，测试成绩要记入小学生成长记录或学生素质报告书，初中以上学生要记入学生档案，并作为毕业、升学的重要依

① 《教育部国家体育总局共青团中央关于开展全国亿万学生阳光体育运动的通知》，载教育部网站：http://www.moe.gov.cn/publicfiles/business/htmlfiles/moe/moe_2530/201001/xxgk_80870.html.

据。建立《学生体质健康标准》通报制度，定期通报各地《学生体质健康标准》的实施情况和测试结果。认真组织全体学生积极开展“达标争优”活动，对达到《学生体质健康标准》优秀等级的学生，颁发“阳光体育奖章”。

4.开展阳光体育运动，要与体育课教学相结合。坚持依法治教，规范办学行为，严格执行国家有关体育课时的规定，开足上好体育课，不得以任何理由挤占体育课时。深化教学改革，不断提高教学质量，通过体育教学，教育、引导学生积极参加阳光体育运动。

5.开展阳光体育运动，要与课外体育活动相结合。配合体育课教学，保证学生平均每个学习日有一小时体育锻炼时间。将学生课外体育活动纳入教育计划，形成制度。认真组织实施“全国中小学生课外文体活动工程”，大力推行大课间体育活动形式，积极创建中小学快乐体育园地，加强学生体育社团和体育俱乐部建设。通过广泛开展学生体育集体项目的竞赛、主题鲜明的冬季象征性长跑、具有地方特点和民族特色的学生体育活动等，不断丰富学生课外体育活动的形式和内容。

6.开展阳光体育运动，要营造良好的舆论氛围。通过多种形式，大力宣传阳光体育运动，广泛传播健康理念，使“健康第一”“达标争优、强健体魄”“每天锻炼一小时，健康工作五十年，幸福生活一辈子”等口号家喻户晓，深入人心。建立评比表彰制度，对在阳光体育运动中取得优异成绩的单位和个人给予表彰，以唤起全社会对学生体质健康的广泛关注，吸引家庭和社会力量共同支持阳光体育运动的开展。

7.开展阳光体育运动，要加强组织领导。教育部、国家体育总局和共青团中央共同成立全国阳光体育运动领导小组，制订实施细则，领导和组织全国阳光体育运动的开展。各级教育、体育行政部门和共青团组织要成立相应的工作机构，各学校要成立以校长牵头的领导小组，按照全国的统一部署，制定具体的措施，组织本地、本学校的阳光体育运动的实施。

教育部、国家体育总局、共青团中央

2006年12月20日

参考文献

[1]陈振明:《公共管理学——一种不同于传统行政学的研究途径》,中国人民大学出版社 2003 年版。

[2]《毛泽东选集》第 3 卷,人民出版社 1991 年版。

[3]中国(海南)改革发展研究院:《聚焦中国公共服务体制》,中经济出版社 2006 年版。

[4]迟福林:《政府转型与改革攻坚》,中国经济出版社 2005 年版。

[5]赵琴:《学校教育与家庭社会教育》,广东高等教育出版社 2000 年版。

[6]咸台灵:《中国政党政府与市场》,经济日报出版社 2002 年版。

[7]刘熙瑞:《中国公共管理》,党校出版社 2005 年版。

[8]于晨:《2008 年上海市体育社会科学研究成果报告》,上海大学出版社 2008 年版。

[9]魏纪中:《我看中国体育》,三联书店 2005 年版。

[10]中国群众体育现状调查课题组:《中国群众体育现状调查与研究》,北京体育大学出版社 1998 年版。

[11]卢映川、万鹏飞:《创新公共服务的组织与管理》,人民出版社 2007 年版。

[12]全国体育学院教材委员会:《体育概论》,人民体育出版社 2005 年版。

[13]中国社会科学院语言研究所:《现代汉语词典》,商务印书馆 1996 年版。

[14]钟天朗:《体育服务业导论》,复旦大学出版社 2008 年版。

[15]辞海编辑委员会:《辞海》,上海辞书出版社 2000 年版。

[16]康绍邦、赵黎青、杨青:《中国社会公共服务体制研究》,中共中央党校出版社 2008 年版。

[17]曲宗湖等:《域外学校体育传真》,人民体育出版社 1999 年版。

[18]程样国等:《国际新公共管理浪潮与行政改革》,人民出版社 2005 年版。

[19]张馨:《公共财政论纲》,经济科学出版社 1999 年版。

[20][英]阿什比:《科技发达时代的大学教育》,滕大春译,人民教育出版社1983年版。

[21][美]珍妮特·V.登哈特、罗伯特·B.登哈特:《新公共服务:服务,而不是掌舵》,丁煌译,中国人民大学出版社2004年版。

[22][美]E.S.萨瓦斯:《民营化与公私部门的伙伴关系》,中国人民大学出版社2002年版。

[23]靳永翥:《公共服务提供机制:以欠发达农村地区为研究对象》,社会科学文献出版社2009年版。

[24]戴维.奥斯本等:《改革政府——企业家精神如何改革着公共部门》,上海市政协编译室等译:上海译文出版社1996年版。

[25] C. King & S. Camilla, *Government Is Us*, *Public Administration in an Anti-government Era*, CA:Sage Publication, 1998。

[26]张永保、周学荣、席玉宝:《高校体育社会服务分析》,载《体育文化导刊》2008年第4期。

[27]张永保、席玉宝:《高等学校体育场地对外开放情况与经营管理方式研究》,载《四川体育科学》2007年第2期。

[28]张永保、周学荣:《和谐社会进程中高校体育社会服务的必要性》,载《体育文化导刊》2007年第12期。

[29]李建国:《体育强国的基础——体育公共服务体系建设》,载《体育科研》2009年第4期。

[30]张玉超:《我国体育场地建设现状与发展对策》,载《山东体育学院学报》2006年第3期。

[31]肖林鹏、李宗浩、杨晓晨:《公共体育服务概念及其理论分析》,载《天津体育学院学报》2007年第2期。

[32]肖林鹏:《我国公共体育服务供给的基本问题》,载《体育文化导刊》2008年第1期。

[33]肖林鹏等:《论我国公共体育服务的供给困境》,载《山东体育学院学报》2008年第8期。

[34]郇昌店、肖林鹏:《公共体育服务均等化初探》,载《体育文化导刊》2008年第2期。

[35]张振龙、于善旭、郭锐:《体育权利的基本问题》,载《体育学刊》2008年第2期。

[36]唐娟、曹富国:《公共服务供给的多元模式分析》,载《华中师范大学学报》(人文社会科学版)2004年第2期。

[37]王才兴等:《构建完善的体育公共服务体系》,载《体育科研》2008 年第 2 期。

[38]黄瑞霞:《普通高校体育资源公共服务体系的构建》,载《福建体育科技》2004 年第 1 期。

[39]黄晨曦、张宏成:《江苏大学城体育服务体系构建设想》,载《体育文化导刊》2008 年第 12 期。

[40]刘维明:《对中国和美国学校体育与健康教育的比较研究》,载《三峡大学学报》(人文社会科学版)2009 年第 A2 期。

[41]李海、董永项、闫华:《西方发达国家社区体育对我国高校体育社会化进程启示之研究》,载《西安体育学院学报》2002 年第 4 期。

[42]程红义、戴俭慧、陆美琳:《试论学校在开展社区体育中的优势》,载《浙江体育科学》1998 年第 1 期。

[43]丁英俊、李海:《日本社区体育对我国高校体育社会化的启示》,载《湖州师范学院学报》2003 年第 6 期。

[44]蔡景台、樊炳有、王继帅:《城市体育公共服务居民满意度调查分析—以河南省 10 个城市为例》,载《北京体育大学学报》2009 年第 6 期。

[45]李静:《试论体育公共服务体系建设》,载《南京体育学院学报》2009 年第 1 期。

[46]樊炳有:《体育公共服务的理论框架及系统结构》,载《体育学刊》2009 年第 6 期。

[47]曹可强、徐箐、俞琳:《完善上海市体育公共服务体系的若干对策建议》,载《体育科研》2008 年第 2 期。

[48]尹杰、邹婷:《对高校体育服务内容的探讨》,载《湖北体育科技》2007 年第 5 期。

[49]陈颖川、吉建秋:《大学体育公共服务体系平台的构建》,载《中国体育科技》2002 年第 11 期。

[50]郭剑鸣:《公共服务供给主体多元化的理论与现实路径:以广东公共服务业多元化发展为例》,载《汕头大学学报》(人文社会科学版)2005 年第 3 期。

[51]蓝国彬、樊炳有:《我国体育公共服务供给主体及供给方式探析》,载《首都体育学院学报》2010 年第 2 期。

[52]周天华:《体育信息资源的开发和利用》,载《上海理工大学学报》(社会科学版)2005 年第 3 期。

[53]贾凌民、吕旭宁:《创新公共服务供给模式的研究》,载《中国行政管理》2007 年第 4 期。

[54]许悦:《政府公共服务职能与和谐社会建设——基于新公共服务理论的视角》,载《内蒙古农业大学学报》(社会科学版)2008 年第 5 期。

[55]齐异:《在新公共管理与新公共服务之间》,载《南方论刊》2007 年第 2 期。

[56]黄艳:《新公共服务理论与我国服务型政府的构建》,载《党政干部论坛》2007 年第 6 期。

[57]储岳峰:《服务而非管制——新公共服务理论对中国建设服务型政府的借鉴》,载《辽宁行政学院学报》2008 年第 11 期。

[58]赵希斌、邹泓:《美国服务学习实践及研究综述》,载《比较教育研究》2001 年第 8 期。

[59]单玉:《"服务学习"(SL)与负责任公民的培养——美国学校公民教育中"服务学习"方法的运用及其启示》,载《外国教育研究》2004 年第 31 期。

[60]谭琳、田雨普:《现代都市人体育生活方式形成动的社会学分析》,载《体育文化导刊》2007 年第 5 期。

[61]孟森:《全面建设小康社会进程中高校体育功能的拓展》,载《武汉体育学院学报》2005 年第 7 期。

[62]任海、王凯珍、肖淑红等:《论体育资源配置模式——社会经济条件变革下的中国体育改革》,载《天津体育学院学报》2001 年第 2 期。

[63]曹可强:《高校体育场地的社会开放策略》,载《体育学刊》2004 年第 2 期。

[64]程燕飞、张文亮、陈元欣:《大型体育场馆服务外包运营的初步探究》,载《南京体育学院学报》2009 年第 3 期。

[65]谢英:《高校体育资源共享问题探究》,载《中国高等教育》2009 年第 20 期。

[66]牛寒松、刍议:《我国体育公共服务的供给主体与供给方式》,载《网络财富》2010 年第 7 期。

[67]宋敏敏、陈章跃:《对扩招后高校体育经费的现状思考》,载《内江科技》2010 年第 3 期。

[68]陈静文:《建立以高校为基地的社区体育服务中心的可行性研究》,载《林区教学》2009 年第 10 期。

[69]李佳、陈东、程虹:《我国普通高校体育管理体制研究》,载《科技信息》2007 年第 33 期。

[70]于嘉:《我国公共服务多元化供给模式的构建》,载《黑河学刊》2005 年第 6 期。

[71]丁元竹、江汛清:《社会公共服务供给与社会管理体制安排》,载《理论与现代化》2006 年第 5 期。

[72]鹿红娟、陈士俊:《影响区域高校开展社会服务的因素及对策研究》,载《科学·经济·社会》2005 年第 4 期。

[73]陈丛刊等:《英国公共体育服务供给体系建设的经验与启示》,载《成都体育学院学报》2012 年第 1 期。

[74]向韶举:《成都市高校体育与社区体育互动现状与发展研究》,四川师范大学体育学院硕士学位论文,2010 年。

[75]李巧灵:《河南省高校体育社团管理模式的研究》,河南大学硕士学位论文,2008 年。

[76]韩冬:《我国大学生体育社团的组织与活动建设》,载《上海体育学院学报》2008 年第 5 期。

[77]宋敏敏、陈章跃:《对扩招后高校体育经费的现状思考》,载《内江科技》2010 年第 3 期。

[78]Meyers & Susan, "Service learning in alternative education settings," *Clearing House*, Nov/Dec1999, 73(2).

[79]J. Anderson, "Service-learning and teacher education," *ERIC Educational Reports*, August 1, 1998.

[80]Rebecca Lynn Carver, "Theoretical underpinnings of service learning," *Theory into Practice*, Summer1997, 36(3).

[81] Shelley H. Billig, "Research on K-12 school-based service-learning," *Phi Delta Kappan*, May2000, 81(9).

[82] K. J. Swick, M. Rowls, "The voices of preservice teachers on the meaning and value of their service-learning," *Education*, Spring2000, 120(3).

[83] M. Prentice, R. M. Garcia, "Service learning: The next generation in education," *Community College Journal of Research & Practice*, Jan2000, 24(1).

[84] A. Ghobadian, J. Ashworth, "Performance measurement in Local government concept and practice," *International Journal of Operations & Production Management*, 1994, 14.

[85]李传军:《公共组织学》,中国人民大学出版社 2008 年版。

[86]王浦劬、[美]萨拉蒙等:《政府向社会组织购买公共服务研究》,北京大学出版社 2010 年版。

[87]句华:《公共服务中的市场化机制:理论、方式与技术》,北京大学出版社

2006年版。

[88]高丙军、袁瑞军:《中国公民社会蓝皮书》,北京大学出版社2008年版。

[89]康绍邦、赵黎青:《中国社会公共服务体制研究》,中共中央党校出版社2008年版。

[90]唐铁汉、袁曙:《公共服务创新》,国家行政学院出版社2004年版。

[91]李军鹏:《公共服务学》,国家行政学院出版社2007年版。

[92]李军鹏:《公共服务型政府建设指南》,中共党史出版社2006年版。

[93]赵立波:《公共事业管理》,山东人民出版社2005年版。

[94]黄恒学:《公共经济学》,北京大学出版社2002年版。

[95]刘厚金:《我国政府转型中的公共服务》,中央编译出版社2008年版。

[96]中国(海南)改革发展研究院:《中国基本公共服务建设路线图》,世界知识出版社2010年版。

[97]俞可平:《中国公民社会的制度环境》,北京大学出版社2006年版。

[98]国家体育总局编:《改革开放30年的中国体育》,人民体育出版社2008年版。

[99]王名:《中国社团改革——从政府选择到社会选择》,社会科学出版社2001年版。

[100]何增科:《公民社会与第三部门》,社会科学出版社2001年版。

[101]陈金罗、刘培峰:《转型社会中的非营利组织监管》,社会科学文献出版社2010年版。

[102]陈庆云:《公共政策分析》,北京大学出版社2009年版。

[103]郑杭生:《社会学概论新修》,中国人民大学出版社2003年版。

[104]阎维方:《高等教育运行机制研究》,人民教育出版社2002年版。

[105]石路:《政府公共决策与公民参与》,社会科学文献出版社2009年版。

[106]刘宇:《顾客满意度测评》,社会科学文献出版社2003年版。

[107]匡世明:《聚焦中国公共服务体质》,中国经济出版社2006年版。

[108]樊丽明:《中国公共产品市场与自愿供给分析》,上海人民出版社2005年版。

[109]许正中:《财政分权:理论基础与实践》,科学文献出版社2002年版。

[110]于晨:《2008年上海市体育社会科学研究成果报告》,上海大学出版社2008年版。

[111]王乐夫、蔡立辉:《公共管理学》,中国人民大学出版社2003年版。

[112]刘青:《政府体育事业职能界定》,电子科技大学出版社2004年版。

[113]李万来、闵健:《公共体育管理概论》,北京体育大学出版社2005年版。

[114]中国群众体育现状调查课题组:《中国群众体育现状调查》,北京体育大学出版社 2005 年版。

[115]裴立新:《全面小康社会多元化全民健身服务体系的研究》,北京体育大学出版社 2006 年版。

[116]林显鹏:《国外体育管理体制改革趋研究》,人民体育出版社 2002 年版。

[117]康绍邦、赵黎青:《中国社会公共服务体制研究》,中共中央党校出版社 2008 年版。

[118]贺新宇:《重塑公共管理的基本职能》,中国社会科学出版社 2006 年版。

[119]黄亚玲:《论中国体育社团——国家与社会关系转变下的体育社团改革》,北京体育大学出版社 2004 年版。

[120]国家体育总局编:《改革开放 30 年的中国体育》,人民体育出版社 2008 年版。

[121]于小千:《公共服务绩效考核理论探索与实践经验》,北京理工大学出版社 2008 年版。

[122]高丙中、袁瑞军:《中国公民社会发展蓝皮书》,北京大学出版社 2008 年版。

[123]邓国胜:《民间组织评估体系:理论、方法与指标体系》,北京大学出版社 2007 年版。

[124]王名:《非营利组织管理概论》(修订版),北京大学出版社 2009 年版。

[125]吴伟:《公共物品有效提供的经济学分析》,经济科学出版社 2008 年版。

[126]俞可平:《中国公民社会的制度环境》,北京大学出版社 2006 年版。

[127]郑德涛:《民主治理与公共服务价值的重塑》,中山大学出版社 2009 年版。

[128]孙晓莉:《中外公共服务体制比较》,国家行政学院出版社 2007 年版。

[129]王卓君:《政府公共服务职能与服务型政府研究》,广东人民出版社 2009 年版。

[130]张耘:《北京公共服务发展报告》,社会科学出版社 2010 年版。

[131][德]康保锐:《市场与国家之间的发展政策:公民社会组织的可能性与界限》,中国人民大学出版社 2009 年版。

[132][英]保罗·乔伊斯:《公共服务战略管理》,清华大学出版社 2008 年版。

[133][美]莱斯特·M.萨拉蒙:《公共服务中的伙伴关系》,田凯译,商务印书馆2008年版。

[134][英]菲利普·海恩斯:《公共服务管理的复杂性》,清华大学出版社2008年版。

[135][美]安瓦·沙:《公共服务提供》,清华大学出版社2008年版。

[136][美]萨拉蒙:《公共服务中的伙伴》,田凯译,商务印书馆2008年版。

[137][美]乔治.弗里德克森:《公共行政的精神》,张成福等译,中国人民大学出版社2003年版。

[138][法]莱昂·狄骥:《公法的变迁:法律与国家》,辽海出版社1999年版。

[139][美]彼得斯:《政府未来治理模式》,吴爱明等译,中国人民大学出版社2001年版。

[140][英]亚当·斯密:《国民财富的性质和原因的研究》,商务印书馆1981年版。

[141][美]埃莉诺·奥斯特罗姆等:《制度激励与可持续发展》,上海三联书店2000年版。

[142][美]赫伯特·西蒙:《今日世界中的公共管理:组织与市场》,经济社会体制比较2001年版。

[143][澳]欧文·休斯:《公共管理导论》,中国人民大学出版社2001年版。

[144][美]赛拉蒙:《全球公民社会——非营利部门视界》,贾西津等译,社会科学出版社2002年版。

[145][美]查尔斯·林德布洛姆:《决策过程》,上海译文出版社1988年版。

[146]Conference on vouchers and related delivery mechanisms, *Consumer Choice in the Provision of Public Service*, Brookings Institution, Washington, D. C., 1998.

[147]A. E. Kahn, *The Economics of Regulation: Principles and Institutions*, Cambridge, MA: MIT Press, 1970.

[148]C. Eugene Sturele, "Common Issues for Voucher Programs," Conference Papers, Conference on Vouchers and Related Delivery Mechanisms: Consumer Choice in the Provision of Public Service, Brookings Institution, Washington, D. C. 2—3 October, 1998.

[149]James E. Anderson, *Public Policy Making: An Introduction*, Boston: Houghton Mifflin Company, 2003.

[150]US Department of Health and Human Services, *Healthy People 2010*, International Medical Publishing Inc, 2000.

[151]C. Eugene Stuerle,"Common Issues for Voucher Programs,"Conference Papers,C. Hood. A Public Management for all Seasons. Public Administration,1991.

[152]O. Hughes,*Public Management and Administration: an Introduction*,London,Macmillan Press Ltd,ST. Martin's Press Inc,1998.

[153]金太军:《政府能力引论》,载《宁夏社会科学》1998 年第 6 期。

[154]王晓华、任胜洪:《知识社会:高等教育职能的超越与整合》,载《北京科技大学学报》(社会科学版)1999 年第 3 期。

[155]王晓华:《大学服务职能拓展的世界性努力——美国和中国个案研究》,载《比较教育研究》2002 年第 1 期。

[156]郝运、饶从满:《美国高校服务学习的特点、实施程序及对我国的启示》,载《东北师大学报》(哲学社会科学版)2010 年第 1 期。

[157]黄平波:《我国高校体育场馆市场化分析》,载《体育文化导刊》2008 年第 8 期。

[158]王景波:《加强体育行政部门体育公共服务职能的研究》,载《沈阳体育学院学报》2009 年第 1 期。

[159]肖文、余静:《对高校体育场馆社会化服务的研究》,载《江西教育》2010 年第 1 期。

[160]尹杰、邹婷:《对高校体育服务内容的探讨》,载《湖北体育科技》2007 年第 5 期。

[161]袁艺红、宋健华:《对江西省高校体育资源为社区服务的研究与分析》,载《教育学术月刊》2009 年第 12 期。

[162]张永昊:《发达国家区域高校社会服务现状分析》,载《徐州师范大学学报》(哲学社会科学版)2003 年第 3 期。

[163]李小燕等:《发挥高校优势为培养社会体育指导员服务》,载《武汉体育学院学报》2003 年第 1 期。

[164]刘成柏、迟晶:《高等学校的社会服务职能及其历史演进》,载《高教研究》2007 年第 5 期。

[165]闫学玲、赵恒章:《高校教学、科研和社会服务之间的关系及其协调》,载《辽宁教育行政学院学报》2006 年第 8 期。

[166]黄丽华:《多元主体互动关系视角中的公共服务改革山东行政学院山东省经济管理干部学院学报》2007 年第 4 期。

[167]李宇明、张相安、娄晶:《高校开展体育资源有偿服务的现状分析》,载《安阳工学院学报》2006 年第 2 期。

[168]周倩:《高校课外体育俱乐部有偿服务的探讨》,载《常熟高专学报》2000 年第 6 期。

[169]秦文明、王厚民:《高校体育设施社会化服务体系的构建》,载《山西师大体育学院学报》2006 年第 1 期。

[170]周亚琴、常生:《高校在发展社区体育健身服务中的作用》,载《山西师大体育学院学报》2003 年第 4 期。

[171]娄晶、李宇明:《吉林省高校开展体育资源有偿服务的现状及对策研究》,载《白城师范学院学报》2008 年第 3 期。

[172]乐建军:《湖北省高校体育场馆设施有偿服务现状与对策的研究》,载《化工高等教育》2004 年第 4 期。

[173]孙文琦:《河南普通高校体育资源服务社区体育现状及对策研究》,载《河南机电高等专科学校学报》2008 年第 4 期。

[174]齐敦禹:《我国社区体育发展服务的探衬》,载《齐齐哈尔师范高等专科学校学报》2005 年第 2 期。

[175]孙文琦:《高校体育资源服务社区体育现状及对策研究》,载《安徽体育科技》2009 年第 5 期。

[176]王永前、苑高兴:《高校体育资源服务城市社区体育发展的对策研究》,载《管理研究》2008 年第 1 期。

[177]陈敏雄:《高校体育院系与社区体育健身服务之研究——以浙江省调研为案例》,载《辽宁体育科技》2008 年第 5 期。

[178]武胜奇、马磊:《高校体育与多元化群众性体育服务体系的构建》,载《南阳师范学院学报》(自然科学版)2003 年第 12 期。

[179]张永刚、丛冬梅、程海东:《高校体育为社区体育支持服务的机制研究》,载《沈阳师范大学学报》(自然科学版)2004 年第 1 期。

[180]韩由发、孙传波:《高校体育投入到社区体育服务中推动社区体育改革的研究》,载《教书育人》2007 年第 36 期。

[181]贵永玲、李晓勇、陈洁冰:《加大学生体育干部的培养服务高校阳光体育运动》,载《中国电力教育》2008 年第 12 期。

[182]李霞:《袁宏高校体育社团在构建群众性多元化服务体系中的功能》,载《山东体育科技》2004 年第 4 期。

[183]姚洁:《高校体育社区服务功能研究》,载《山西师大体育学院学报》2006 年第 1 期。

[184]王云峰:《在体育教学中实现教师服务意识的转变》,载《卫生职业教育》2009 年第 7 期。

[185]吕金江、朱丽萍:《云南省高校学生参与体育活动的现状调查》,载《曲靖师范学院学报》2009 年第 6 期。

[186]刘欣然等:《影响高校体育志愿者参与志愿服务的因素分析》,载《内蒙古体育科技季刊》2007 年第 1 期。

[187]陈金圣:《一般地方高校社会服务动力机制构建问题初探》,载《开封大学学报》2007 年第 2 期。

[188]范叶飞:《学校体育资源服务社会的内容选择》,载《内蒙古体育科技》2007 年第 6 期。

[189]朱玉、田伟业:《徐州市普通高校有偿体育服务现状和对策研究》,载《中国科教创新导刊》2009 年第 5 期。

[190]程蔚:《信息化条件下高校体育信息服务的改革与创新》,载《黑龙江高教研究》2006 年第 3 期。

[191]李剑波:《网络时代体育高校图书馆开展社区信息服务的探讨》,载《科技信息》2008 年第 7 期。

[192]王永生:《网络环境下高校体育信息服务模式探析》,载《山西师大体育学院学报》2009 年第 2 期。

[193]贾文彤等:《体育公共服务均等化若干问题研究》,载《山东体育学院学报》2009 年第 12 期。

[194]孙泽堂:《体育场所服务质量的理论研究》,载《科学大众》2009 年第 1 期。

[195]林晓红:《试论高校开展有偿体育服务的可行性》,载《辽宁教育行政学院学报》2007 年第 10 期。

[196]赛娜:实现基本公共服务均等化的体制建设和机制保障的思考》,载《内蒙古民族大学学报》2007 年第 6 期。

[197]刘艳丽、苗大培:《社会资本与社区体育公共服务》,载《体育学刊》2005 年第 12 期。

[198]钟天朗等:《上海公共体育场(馆)提供公益性体育服务的现状及对策研究》,载《中国体育科技》2010 年第 1 期。

[199]仇晓春:《美国高校社会服务实施及启示》,载《西安邮电学院学报》2007 年第 4 期。

[200]徐同文:《美国地方高校社会服务现状及借鉴》,载《石油大学学报》(社会科学版)2003 年第 5 期。

[201]戴黍:《加拿大高校的社区服务职能:现状及启示》,载《华南理工大学学报》(社会科学版)2005 年第 6 期。

[202]熊萍:《武汉地区高校与周边社区体育资源的共享模式》,载《体育科学研究》2007 年第 4 期。

[203]赵克宁等:《我国高校全民健身服务人力资源开发利用的现状及对策》,载《武汉体育学院学报》2004 年第 6 期。

[204]武胜奇、马磊:《高校体育与多元化群众性体育服务体系的构建》,载《南阳师范学院学报》(自然科学版)2003 年第 12 期。

[205]王朝军等:《我国大学生体育服务市场新营销组合理论研究》,载《西安体育学院学报》2005 年第 4 期。

[206]李兴林:《普通高校体育教师信息保障机制的构建》,载《上海体育学院学报》2007 年第 3 期。

[207]黄晨曦、张宏成:《江苏大学城体育服务体系构建设想》,载《体育文化导刊》2008 年第 12 期。

[208]刘芳、苗耀祥:《高校体育资源与社会共享的可行性及对策的探讨》,载《沈阳体育学院学报》1999 年第 1 期。

[209]陈敏雄:《高校体育院系与社区体育健身服务之研究——以浙江省调研为案例》,载《辽宁体育科技》2008 年第 5 期。

[210]臧连明:《高校体育资源利用效率评价指标体系》,载《体育学刊》2001 年第 1 期。

[211]陈颖川、吉建秋:《大学体育公共服务体系平台的构建》,载《中国体育科技》2002 年第 11 期。

[212]汪博:《美国体育管理教育的特点及启示》,载《体育学刊》2005 年第 2 期。

[213]减超美:《中日体育场地设施兴建与管理的比较》,载《北京体育大学学报》1995 年第 2 期。

[214]凌平:《美国体育管理法规的历史沿革、立法形式和司法程序》,载《体育文史》2001 年第 2 期。

[215]熊欢:《城市化与市民体育的兴起——美中城市体育发展之比较》,载《体育科学》2008 年第 1 期。

[216]王晓露等:《美国城市社区体育的组织、发展模式及其启示——以 BELLEVUE 市公园与社区服务机构为例》,载《中国体育科技》2005 年第 1 期。

[217]于善旭:《保护公民体育权利:全民健身计划的法制透视》,载《天津体育学院学报》1995 年第 4 期。

[218]梁利民:《体育生活化之视角:大众体育权利和义务探析》,载《成都体育学院学报》2001 年第 6 期。

[219]郭为禄等:《修改〈体育法〉,完善我国体育法律体系》,载《体育学刊》2008 年第 4 期。

[220]童宪明:《体育权利特点与构成要素研究》,载《体育文化导刊》2007 年第 2 期。

[221]饶晓红、周爱光:《体育权利运作及我国运作现状之分析》,载《体育与科学》2008 年第 1 期。

[222]于善旭:《论体育法的基本特征》,载《天津体育学院学报》1994 年第 4 期。

[223]于善旭:《论公民体育权利的时代内涵》,载《北京体育大学学报》1998 年第 4 期。

[224]曹荣芳等:《中日体育志愿者现状及培养体系的比较研究》,载《武汉体育学院学报》2009 年第 7 期。

[225]吴树斌:《澳门大众体育公共服务目标研究》,载《西安体育学院学报》2009 年第 4 期。

[226]郑家鲲、沈建华:《长三角地区体育公共服务发展现状、基本矛盾与对策》,载《上海体育学院学报》2009 年第 3 期。

[227]范叶飞:《学校体育资源服务社会的内容选择》,载《内蒙古体育科技》2007 年第 3 期。

[228]樊炳有:《我国体育公共服务供给制度及实践路径选择探讨》,载《体育与科学》2009 年第 4 期。

[229]刘庆山:《我国体育公共服务体系研究述评上海体育学院学报》2008 年第 3 期。

[230]胡茵:《我国社区体育公共服务体系的建设与完善》,载《北京体育大学学报》2009 年第 5 期。

[231]李萍美、许玲:《我国公共体育服务市场化分析及路径选择》,载《西安体育学院学报》2008 年第 6 期。

[232]杨风华:《我国城市公共体育场馆服务特征研究》,载《武汉商业服务学院学报》2009 年第 1 期。

[233]陈静霜:《我国公共体育服务模式选择与供给主体分析》,载《成都体育学院学报》2009 年第 6 期。

[234]赵文杰等:《完善上海体育公共服务体系的宏观背景》,载《体育科研》2008 年第 2 期。

[235]冯国有:《体育公共服务均等化及其财政政策选择》,载《上海体育学院学报》2007 年第 6 期。

[236]蔡景台:《体育公共服务均等化发展问题的理性思考》,载《浙江体育科学》2009 年第 4 期。

[237]樊炳有:《体育公共服务的理论框架及系统结构》,载《体育学刊》2009 年第 6 期。

[238]刘艳丽、苗大培:《社会资本与社区体育公共服务》,载《体育学刊》2005 年第 3 期。

[239]李静:《试论体育公共服务体系建设》,载《南京体育学院学报》2009 年第 1 期。

[240]陈玉忠:《社会转型与体育公共服务管理体制改革》,载《体育文化导刊》2008 年第 3 期。

[241]郑家鲲等:《上海市体育公共服务现状调查与分析》,载《体育学刊》2009 年第 8 期。

[242]蔡景台等:《城市体育公共服务居民满意度调查分析—以河南省 10 个城市为例》,载《北京体育大学学报》2009 年第 6 期。

[243]沈建华:《上海市体育公共服务的需求》,载《体育科研》2008 年第 2 期。

[244]林敏等:《群众性多元化体育服务体系相关因素的分析》,载《武汉体育学院学报》2009 年第 2 期。

[245]汪波等:《贫困地区城市化进程中社区体育公共服务体系建设现状分析——以安徽省六安地区为研究个案:首都体育学院学报》2008 年第 6 期。

[246]黄晨曦、张宏成:《江苏大学城体育服务体系构建设想》,载《体育文化导刊》2008 年第 12 期。

[247]王景波:《加强体育行政部门体育公共服务职能的研究》,载《沈阳体育学院学报》2009 年第 1 期。

[248]王伯超:《构建我国体育公共服务体系的理论思考》,载《广州体育学院学报》2009 年第 1 期。

[249]刘玉兰、张明:《公共投入对社区体育服务体系建设的影响》,载《上海体育学院学报》2008 年第 6 期。

[250]尹维增、张德利:《对构建和谐社会环境下公共体育服务的基本责任研》,载《体育与科学》2009 年第 1 期。

[251]陈颖川、吉建秋:《大学体育公共服务体系平台的构建》,载《中国体育科技》2002 年第 11 期。

[252]黄聚云:《对体育院校参与社区体育服务的思考》,载《上海体育学院学报》2000 年第 2 期。

[253]周志忍:《正确认识并强化公共服务中的市场机制》,载《学习与探索》2010年第1期。

[254]吴长春、张雅静:《中国公共服务市场化存在的问题及对策》,载《大连海事大学学报》(社会科学版)2008年第6期。

[255]刘玉:《我国体育公共服务发展中体育非营利组织参与困境与对策研究》,载《山东体育学院学报》2010年第9期。

[256]周志忍:《社会服务承诺制需要理论思考》,载《中国行政管理》1997年第1期。

[257]邓国胜:《非营利组织"APC"评估理论》,载《中国行政管理》2004年第10期。

[258]柏良泽:《"公共服务"界说》,载《中国行政管理》2008年第2期。

[259] 贾文彤等:《高校体育改革若干政策法规的回顾与分析——从改革开放后谈起》,载《河北师范大学学报》(教育科学版)2009年第2期。

[260]吴双:《建设公共服务型政府问题综述》,载《信息与研究》2005年第3期。

[261]王锋、陶学荣:《政府公共服务职能的界定、问题分析及对策》,载《甘肃社会科学》2005年第4期。

[262]刘爱丽:《政府公共服务研究综述》,载《黑龙江对外经贸》2006年第6期。

[263]马庆钰:《关于"公共服务"的解读》,载《中国行政管理》2005年第2期。

[264]马庆钰:《公共服务的几个基本理论问题》,载《中共中央党校学报》2005年第1期。

[265]刘旭涛:《行政改革新理论、公共服务市场化》,载《中国改革》1999年第3期。

[266]李朝祥:《政府公共服务职能的市场化》,载《广西社会科学》2003年第4期。

[267]柏良泽:《公共服务研究的逻辑和视角》,载《中国人才》2007年第3期。

[268]陈庆云:《公共管理基本模式初探》,载《中国行政管理》2000年第8期。

[269]陈振明:《加强对公共服务提供机制与方式的研究》,载《东南学术》2007年第2期。

[270]冯济富:《构建经济发达地区农村公共卫生服务体系》,载《中国初级卫

生保健》2008年第4期。

[271]徐钦福、希象:《构建高水平教育公共服务体系》,载《教育发展研究》2008年第9期。

[272]徐焕新:《全民性多元化体育服务体系的指标体系研究》,载《首都体育学院学报》2005年第4期。

[273]张莹、周梦祥:《论社区体育服务》,载《山东体育科技》2004年第2期。

[274]何颖、徐明:《城市社区体育服务满意度测评模型的理论和实证研究》,载《武汉体育学院学报》2007年第11期。

[275]吴耘:《论小康社会城市社区体育服务的有序化发展》,载《南京体育学院学报》2006年第1期。

[276]申存生:《小康社会城市社区体育服务的定位思考》,载《西安体育学院学报》2007年第4期。

[277]刘永刚、汪浩:《对多元化体育服务体系内涵的研究》,载《体育文化导刊》2007年第4期。

[278]晓敏:《对构建群众性多元化体育服务体系的思考》,载《体育文化导刊》2003年第8期。

[279]刘欣然:《对构建群众性多元化体育服务体系的理论分析》,载《武汉体育学院学报》2007年第9期。

[280]续川:《以科学发展观构建和完善全民健身服务体系》,载《体育文化导刊》2006年第5期。

[281]沈亚宁:《构建面向大众的苏北体育服务体系研究》,载《南京体育学院学报》2006年第4期。

[282]陈瑞玉:《城市社区体育服务网络建设研究》,载《成都体育学院学报》2006年第6期。

[283]罗旭:《我国全面健身服务体系的理论与实证研究》,载《体育科学》2008年第8期。

[284]曹原、王晓贞:《江苏省群众性多元化体育服务体系现状研究》,载《山东体育学院学报》2009年第4期。

[285]王园园、孟晓泉:《贵阳市全民健身服务体系运行机制初探》,载《贵州体育科技》2007年第3期。

[286]刘艳丽、姚从容:《从经济学视角试论我国体育公共服务产业生产主体的多元化》,载《西安体育学院学报》2004年第5期。

[287]王才兴:《上海市体育公共服务的实践与探索》,载《体育科研》2008年第2期。

[288]王伯超:《构建我国体育公共服务体系的理论思考》,载《广州体育学院学报》2009 年第 1 期。

[289]王景波:《加强体育行政部门体育公共服务职能的研究》,载《沈阳体育学院学报》2009 年第 1 期。

[290]李静:《试论体育公共服务体系建设》,载《南京体育学院学报》2009 年第 1 期。

[291]胡茵:《我国社区体育公共服务体系的建设与完善》,载《北京体育大学学报》2009 年第 5 期。

[292]蔡景台、樊炳有:《城市体育公共服务居民满意度调查分析》,载《北京体育大学学报》2009 年第 6 期。

[293]赵立波:《公共事业管理》,山东人民出版社 2005 年版。

[294]齐立斌:《非政府组织与农村体育服务体系建设》,载《军事体育进修学院学报》2008 年第 10 期。

[295]汪波、周学荣、李慧萌:《贫困地区城市化进程中社区体育公共服务体系建设现状分析》,载《首都体育学院学报》2008 年第 6 期。

[296]冯国有:《体育公共服务均等化及其财政政策选择》,载《上海体育学院学报》2007 年第 6 期。

[297]黄晓:《和谐社会语境下公共体育服务均等化发展研究》,载《成都体育学院学报》2008 年第 5 期。

[298]李艳:《农村公共体育服务存在的问题与思考》,载《成都体育学院学报》2008 年第 10 期。

[299]张琼、倪明:《构建和谐社区中的公共体育服务》,载《上海党史与党建》2008 年第 12 期。

[300]王才兴:《体育公共服务国际比较及启示》,载《体育科研》2008 年第 2 期。

[301]石磊:《美国基层大众体育的管理模式和运行方式》,载《中外群众体育信息》2002 年第 1 期。

[302]石磊:《德国大众体育管理体制和运行机制初探》,载《中外群众体育信息》2002 年第 1 期。

[303]葛萌:《英国体育现状及发展战略》,载《中外群众体育信息》2004 年第 23 期。

[304]葛萌:《美国最新调查结果、俱乐部会员超过 3900 万》,载《中外群众体育信息》2004 年第 14 期。

[305]郭道久:《第三部门公共服务供给的“二重性”及发展方向》,载《中国人

民大学学报》2009 年第 2 期。

[306]张序:《与“公共服务”相关概念的辨析》,载《管理学刊》2010 年第 2 期。

[307]詹建芬:《公共需求与政府经济职能的转变》,载《中共中央党校学报》2006 年第 5 期。

[308]陈志楣、陈拓:《公共需求的传递和满足机制研究》,载《北京工商大学学报》(社会科学版)2007 年第 1 期。

[309]曹剑光:《我国公共服务基本制度建构探析》,载《福建行政学院福建经济管理干部学院学报》2008 年第 2 期。

[310]张桂琳:《论我国公共文化服务均等化的基本原则》,载《中国政法大学学报》2009 年第 5 期。

[311]于凤荣:《论公共服务的本质、秩序与正义》,载《理论探讨》2008 年第 2 期。

[312]沈建华:《上海市体育公共服务的需求》,载《体育科研》2008 年第 2 期。

[313]田雨普:《稳定和谐发展、后北京奥运会时期我国体育的正确抉择》,载《体育文化导刊》2009 年第 3 期。

[314]黄海平:《论全面建设小康社会的国民体质监测服务体系》,载《中国体育科技》2007 年第 2 期。

[315]宋继新:《寻觅体育的“类”文明、论公共体育精神》,载《体育文化导刊》2005 年第 8 期。

[316]吴亚东:《试论现代城市体育精神》,载《体育与科学》2005 年第 2 期。

[317]魏来、石春健:《体育非营利组织的界定》,载《体育学刊》2005 年第 3 期。

[318]俞琳、曹可强:《非营利性组织在体育公共服务中的作用》,载《体育科研》2008 年第 2 期。

[319]王名:《非营利组织的社会功能及其分类》,载《学术月刊》2006 年第 9 期。

[320]钱振明:《促进政府决策机制优化的制度安排》,载《江苏社学科学研究》2007 年第 6 期。

[321]吴绍琪、郑红莉:《公民参与公共政策制定的制约因素及其对策研究》,载《辽宁行政学院学报》2008 年第 6 期。

[322]王旭光等:《我国地方体育社团的现状、面临问题和发展对策研究》,载《天津体育学院学报》2008 年第 4 期。

[323]姚丽华:《高校体育场馆多元化全民健身服务体系研究》,载《安阳工学院学报》2009 年第 4 期。

[324]詹国彬:《凭单制在我国教育领域中的适用性分析》,载《长江论坛》2005 年第 1 期。

[325]李红霞:《理解凭单制、渊源、机制、模式及运用》,载《福建经济管理干部学院学报》2005 年第 1 期。

[326]邹晓东:《从公共服务的政府垄断到多元化供给——面向新公共管理的政府管制研究》,复旦大学博士论文,2007 年。

[327]郝晓宁:《中国城市社区卫生服务运行机制与制度建设研究》,山东大学博士学位论文,2007 年。

[328]辛静:《新公共服务理论评析一兼论对中国服务政府建设的启示》,吉林大学博士学位论文,2008 年。

[329]邹晓东:《从公共服务的政府垄断到多元化供给——面向新公共管理的政府管制研究》,复旦大学博士学位论文,2007 年。

[330]金南顺:《城市公共服务研究》,东北财经大学博士学位论文,2006 年。

[331]贾鹏:《成长期体育企业人力资源开发与管理系统研究》,北京体育大学博士学位论文,2006 年。

[332]夏义堃:《公共信息资源的多元化管理体制研究》,武汉大学博士学位论文,2005 年。

[333]邵昱:《宏观人力资源开发与配置研究》,西南财经大学博士学位论文,2000 年。

[334]马燕:《基于网格社区的教育资源管理研究》,西南大学博士学位论文,2008 年。

[335]孟文娣:《中国群众体育公共服务市场机制引入方式的研究》,北京体育大学博士学位论文,2008 年。

[336]闫越:《我国公共服务供给的体制机制研究》,吉林大学博士学位论文,2008 年。

[337]姚春华:《对苏州市学校体育资源与社会共享的研究》,苏州大学硕士学位论文,2006 年。

[338]张艺:《江西省农村公共卫生体系构建研究》,南昌大学硕士学位论文,2007 年。

[339]张哲:《论我国公共文化服务体系的完善》,吉林大学硕士学位论文,2007 年。

[340]夏成前:《构建江苏省城市社区多元化体育服务体系的研究》,南京师

范大学硕士学位论文,2004 年。

[341]韩昌松:《湖北省高校体育场馆资源现及开发利用的研究》,华中师范大学硕士学位论文,2008 年。

[342]于洋:《吉林省高校体育场馆利用现状及影响因素分析》,东北师范大学硕士学位论文,2006 年。

[343]李刚:《吉林省高校体育教师人力资源管理的理论研究》,东北师范大学硕士学位论文,2006 年。

[344]杨家坤:《江苏省高校体育教师人力资源开发与管理现状研究》,苏州大学硕士学位论文,2007 年。

[345]戴杰:《苏州市中小学体育场地对社会开放的可行性研究》,苏州大学硕士学位论文,2008 年。

[346]王美:《体育场馆设施在城市发展中的作用分析》,华中师范大学硕士学位论文,2008 年。

[347]韩春利:《我国高校体育教育人力资源开发与管理机制现状分析及运作模式的研究》,曲阜师范大学硕士学位论文,2000 年。

[348]方春妮:《我国教育系统体育场地现状及发展对策研究》,华中师范大学硕士学位论文,2006 年。

[349]李莉:《我国普通高等学校体育工作综合评价及诊断方法的研究》,武汉体育学院硕士学位论文,2008 年。

[350]杨彦华:《中国城市公共政策执行中的公民参与问题研究》,上海师范大学硕士学位论文,2007 年。

[351]于湘虹:《中小学体育场馆向社会开放的风险规避和管理策略》,武汉体育学院硕士学位论文,2008 年。

[352]李燕:《美国高等学校的服务学习研究》,浙江师范大学硕士学位论文,2006 年。

[353]雷厉:《对北京高校体育场馆资源利用现状及影响因素的研究》,北京体育大学硕士学位论文,2000 年。

[354]李军鹏:《政府公共服务模式的国际比较与中国的对策》,载唐铁汉、袁曙宏主编:《公共服务创新:首届中欧政府管理高层论坛论文集》,国家行政学院出版社 2004 年版。

[355]陈昌盛、蔡跃洲:《中国公共服务综合评估报告(摘要)》,载 2007 年 1 月 22 日《中国经济时报》。

[356]高世揖:《完善公共服务监管体制》,载 2005 年 9 月 19 日《经济日报》。

[357]江南:《教育券:能否助推教育投入改革》,载 2003 年 1 月 7 日《人民日

报》。

[358]易颖:《监利教育变法》,载 2004 年 1 月 29 日《南方周末》。

[359]丁元竹:《界定基本公共服务的五个原则》,载 http://theory. people. com. cn.

[360] 刘鹏:《在 2009 年全国体育局长会议上的讲话》,载 http://www. sports. cn.

[361]汤敏轩、李习彬:《政府公共服务职能的科学界定》,载唐铁汉、袁曙宏主编:《公共服务创新:首届中欧政府管理高层论坛论文集》,国家行政学院出版社 2004 年版。

[362]中共中央国务院:《关于进一步加强和改进新时期体育工作的意见》,载 2002 年 8 月 22 日《中国体育报》。

[363]《普陀区"新上海人"社区公共运动场建成》,载上海市普陀区体育局网站:http://www. ptq. sh. gov. cn.

[364]《国家中长期教育改革和发展规划纲要》,载新华网:http://news. xinhuanet. com/2010-07/29/c_12389254. htm.

[365]《国外大众体育场地设施》,载国际大众体育信息数据库:http://www. sportinfo. net. cn.

[366]胡锦涛:《在中央人口资源环境工作座谈会上的讲话》,载 http://news. xinhuanet. com.

[367]温家宝:《提高认识,统一思想,牢固树立和认真落实科学发展观—在省部级主要领导干部"树立和落实科学发展观"专题研究班结业式上的讲话》,载 http://news. xinhuanet. com.

[368]上海市杨浦区人民政府办公室:《区体育局等四部门关于进一步完善公共资源向社区开放补充意见的通知》,杨府办发[2009]44 号文件,2009 年 12 月 30 日。

[369]上海市杨浦区人民政府办公室:《区社区公共服务资源开放工作联席会议办公室〈关于积极推进区域内高校体育资源向社区开放的若干意见〉的通知》,杨府办[2008]72 号文件,2008 年 11 月 21 日。

[370]上海市杨浦区人民政府办公室:《贯彻落实〈关于本市体育文化教育设施资源向社区开放的指导意见〉实施意见的通知》,杨府办发[2007]24 号,2007 年 7 月 14 日。

[371]中共上海市科技教育工作委员会课题组:《完善公共服务体系研究》。

[372]国家体育总局、民政部:《体育类民办非企业单位登记审查与管理暂行办法》,2000 年 11 月 10 日公布。

[373]唐斌:《中国非营利组织研究的新进展》,2006 年度中国汽车摩托车配件用品行业年度报告。

[374]《教育部负责人解读〈高等学校体育工作基本标准〉》,载 2014 年 7 月 9 日《中国教育报》。

[375]《中华人民共和国高等教育法》,1998 年 8 月 29 日公布。

[376]温家宝:《在"树立和落实科学发展观"专题研究班结业式上的讲话》2004 年 2 月 21 日。

[377]教育部:《国家学生体质健康标准》,载教育部网站:http://www.moe.gov.cn/publicfiles/business/htmlfiles/moe/s3273/201407/xxgk_171692.html.